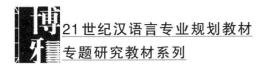
21世纪汉语言专业规划教材
专题研究教材系列

音韵学研究方法导论

耿振生 著

北京大学出版社
PEKING UNIVERSITY PRESS

图书在版编目(CIP)数据

音韵学研究方法导论/耿振生著. —北京:北京大学出版社,2016.10
(21世纪汉语言专业规划教材·专题研究教材系列)
ISBN 978-7-301-27593-1

Ⅰ.①音… Ⅱ.①耿… Ⅲ.①汉语—音韵学—高等学校—教材 Ⅳ.①H11

中国版本图书馆CIP数据核字(2016)第229953号

书　　名	音韵学研究方法导论 YINYUNXUE YANJIU FANGFA DAOLUN
著作责任者	耿振生　著
责 任 编 辑	王铁军　孙　娴
标 准 书 号	ISBN 978-7-301-27593-1
出 版 发 行	北京大学出版社
地　　址	北京市海淀区成府路205号　100871
网　　址	http://www.pup.cn　新浪微博:@北京大学出版社
电 子 信 箱	zpup@pup.pku.edu.cn
电　　话	邮购部 62752015　发行部 62750672　编辑部 62754144
印 刷 者	三河市博文印刷有限公司
经 销 者	新华书店
	650毫米×980毫米　16开本　20印张　308千字 2016年10月第1版　2016年10月第1次印刷
定　　价	48.00元

未经许可,不得以任何方式复制或抄袭本书之部分或全部内容。
版权所有,侵权必究
举报电话:010-62752024　电子信箱:fd@pup.pku.edu.cn
图书如有印装质量问题,请与出版部联系,电话:010-62756370

目 录

前 言 ··· 1

第一章 韵脚字归纳法 ·· 1
 一、概说 ·· 1
 二、具体运用步骤和要解决的几个问题 ················ 5
 三、诗义韵部与实际语音的关系 ·························· 14

第二章 反切系联法和音注类比法 ································ 26
 一、概说 ·· 26
 二、运用的细则 ·· 28
 三、遇到的问题和解决方法 ·································· 33
 四、音注类比法 ·· 42

第三章 谐声推演法 ··· 52
 一、概说 ·· 52
 二、谐声原则问题 ·· 54
 三、意义关联或形态关联不属于谐声原则 ············ 69
 四、从研究实践看谐声推演法的效用 ··················· 88
 五、谐声推演法的局限和研究中要注意的问题 ····· 97

第四章 异文通假声训集证法 ······································ 105
 一、概说 ·· 105
 二、传世上古文献异文通假声训的音韵研究 ······· 107
 三、出土文献异文通假字的音韵研究 ··················· 113

四、避讳字、谐音字的音韵研究 …………………………… 120
　　　五、异文通假声训的效用 ………………………………………… 123

第五章　统计法 ……………………………………………………… 127
　　　一、概说 ………………………………………………………… 127
　　　二、音类相关度的统计（算术统计法） ………………………… 129
　　　三、等位分布的统计（算术统计法） …………………………… 134
　　　四、概率统计法 ………………………………………………… 138
　　　五、数理统计法 ………………………………………………… 147

第六章　审音法 ……………………………………………………… 157
　　　一、概说 ………………………………………………………… 157
　　　二、侈弇洪细推证法 …………………………………………… 160
　　　三、韵类对转相配推证法 ……………………………………… 162
　　　四、邻部合韵推证法 …………………………………………… 167
　　　五、声韵相配关系推证法 ……………………………………… 170
　　　六、历时对应关系推证法 ……………………………………… 173
　　　七、音位分布格局推证法 ……………………………………… 177

第七章　历史比较法 ………………………………………………… 182
　　　一、概说 ………………………………………………………… 182
　　　二、《切韵》音系的构拟
　　　　　——以汉语方音为主的历史比较 …………………………… 183
　　　三、汉语方言原始音系的构拟 ………………………………… 196
　　　四、上古和远古汉语构拟中的方言比较 ……………………… 202
　　　五、汉语与亲属语言的历史比较 ……………………………… 206

第八章　内部拟测法 ………………………………………………… 226
　　　一、概说 ………………………………………………………… 226
　　　二、"投射式"拟测法 …………………………………………… 228

三、根据特定的音位聚合关系拟测古音 …………… 233
　　四、根据特定的声韵组合关系拟测古音 ……………… 234
　　五、根据特定的韵母内部组合关系拟测古音 ………… 245
　　六、内部拟测法用于上古和远古汉语研究的效用 …… 253

第九章　译音对勘法 ……………………………………… 256
　　一、概说 ………………………………………………… 256
　　二、利用梵汉对音和西域对音局部地构拟汉语古音 … 262
　　三、利用梵汉对音构拟古汉语某一完整音系 ………… 270
　　四、汉语与少数民族古代语言对音的研究 …………… 278
　　五、近代注音资料的研究 ……………………………… 282

第十章　研究汉语音韵史的几条通例 …………………… 290
　　一、传统方法和现代方法相结合 ……………………… 290
　　二、文献材料与活语言材料相结合 …………………… 294
　　三、内部分析和外部考察相结合 ……………………… 299

前　言

对于一门学科而言,研究方法是其中的重要构成部分,音韵学也同样如此。汉语音韵学是一门古老的学科,它经历一千数百年的发展之后,留给我们的不仅有丰厚的论著成果,还有一系列有效的研究方法。在早期韵书和等韵图的阶段,音韵学著作中体现的是通过汉字分类而表现出的音类成分和音系结构,其中所包含的研究方法主要是语音分析的方法;到了清代,由于意识到古今语音的差别,学者们运用了多种专门方法以研究古代语音,如反切上下字的系联、诗文韵脚字的系联、谐声偏旁的系联等。进入20世纪以后,这门历史悠久的学科走上了中西结合的道路,在继承丰厚历史传统的基础上吸收了西方历史语言学的理论观念,引进并创造了一些新的方法,使得这门学科成为20世纪的中国语言学诸学科中最富于生气和活力、发展较为充分的几个学科之一。随着学科的发展,人们从各个方面对它进行总结,为未来的学科建设提供参考借鉴,研究方法就是其中的一个方面。

20世纪的汉语音韵学有两个兴盛时期,一个在二三十年代,一个在70年代末到90年代末,关于研究方法的探讨也主要出现在这两个时期,而且每个时期的方法论探讨都有时代的印记。

在二三十年代这门学科转型进入了"现代音韵学"的时代,它的性质、理论、观念、方法都要重新评估,如何让广大的学人认识它,是当时音韵学者所面临的任务之一。因此,那个时期有关研究方法的论述,也往往同时做了指引入门路径的工作。

罗常培在1933年发表《音韵学研究法》一文,共谈到了四条方法:审音、正名、明变、旁征。

1. 审音,即掌握现代语音学的知识。"对于一个语音现象,都用生理的或物理的道理来解释它,对于从前讲得玄妙不可测的东西,都可以把它'质言',于是音韵学才能从玄学走向科学了。""最要紧的,对于常用的国际音标得要经过靠得住的口授。"

2. 正名,即正确认识传统音韵学的名词概念。"旧的韵学书里往往有许多同名异实或异名同实的情形,闹得人越看越糊涂,甚至于有些学问很好的人也会上了名实不清的当。……对于正名这件事,自然得需要专家们尽一番努力,把所有同名异实和异名同实的例都胪列起来,用语音学的术语给它们每个确定一个清晰的概念,以后就不至于使初学的人枉费很多心血了。"

3. 明变,即要从历史发展的眼光看待古音。"人类语音是随着时间空间演变的。……我们不单要客观的认清一时期的现象,而且要根据音理来解释各种现象。""至于推测古音的读法和通转,尤其要顾到后代演变的情形,要让它在整个的演进历程上可以讲得通。"

4. 旁征,即用不同的语言、不同的方言的对比去了解古音。可比较的材料至少有下面的三种:a. 现代方音;b. 借字及译音;c. 西洋人关于中国音韵学的著作。

罗氏所谈的头两条,是告诉音韵学者怎样从现代语言科学的角度去认识汉语音韵学、怎样用现代语音学的知识改造传统音韵学,后两条是告诉音韵学者怎样从宏观的视野掌握研究古音的方法。这种做法在当时的环境下具有很强的现实意义和针对性。

魏建功的《古音系研究》(1934)一书所谈的研究方法详细得多。该书第四章为"研究古音系的方法",提出了四大项,各包含若干条。

甲,分部的方法。魏氏所说的分部,不仅仅限于韵部的划分,也包括声母的分类。所列举的方法共七条:(1)反切系联法;(2)等列异同分部法;(3)行韵相叶分部法;(4)谐声系统分部法;(5)同音假借分部法;(6)异体重文分部法;(7)韵书分合分部法。

乙,审音的方法。这一部分所说的审音与分部难于脱离,有时似乎跟上节所说有些重复。所谈共十条:(1)沿革比较;(2)叶韵及异文假借合证;(3)连绵词及古成语释音;(4)方言释音;(5)语根转变考释;(6)音训字释音;(7)译语还音释;(8)同语族语对照;(9)汉字支音参考,所谓"支音",指的是日本、朝鲜、越南等国家在历史上借入汉语文字和词语的读音;(10)等列推证。

丙,论变。共四条:(1)进化推移,本条是从进化论的观点解释语言变化的原因;(2)音便自然,这条的大意是说,人们说话时免不了求简易省力,由此而产生某些字音的变化;(3)约定俗成,讲的是方言形成的原因;(4)音轨原则,所谓"音轨"指的是声音变化的具体规律。

丁,探源。有两条:(1)语根,试图结合了字形和词语来探求语源;(2)语法,"我们可以由声音的转变研究语法的变化,也可以由语法的同异研究声音的沿革。"

魏氏所说的研究方法也不限于直接求证古音的方法,还包括语音构造、音变规则等基础性知识。甲乙两大类是研究古音的主要方法,丙丁两大类则是讲语音的变化条件和演变规律,还牵涉到方言和语法等,这当然也跟古音的研究有关。和罗常培一样,魏氏也是从所处时代的要求出发,为改造传统音韵学和建立新的科学的音韵学而设计音韵学的发展道路,从尽可能广泛的意义上谈研究方法。

自20世纪40年代到70年代这段漫长的时间内,音韵学研究方法的讨论较少。到了70年代末期以后,随着音韵学的复兴,研究方法再度引起重视。这个时期,人们所谈的方法,是把学习的方法跟研究的方法区别开的,主要讨论直接用于研究汉语古音的方法。除了音韵学专著里边常常涉及研究方法,也有不少专门介绍或分析研究方法的文章发表。其中有的是单独讨论某一种方法,如叶蜚声、徐通锵的《历史比较法和切韵音系的研究》(1980)、《译音对勘与汉语的音韵研究》(1980)、《内部拟测方法和汉语上古音系的研究》(1981),李方桂的《上古音研究中声韵结合的方法》(1983),陈亚川的《反切比较法例说》(1986);有的针对某一类研究材料或某一时期内的研究对象讨论研究方法,如李露蕾的《南北朝韵部研究方法论略》(1991)谈的是南北朝韵文诗歌押韵的研究问题;耿振生的《论近代书面音系研究方法》(1993)谈的是元明清时期韵图韵书音系的研究方法问题;储泰松《梵汉对音概说》(1995)谈的是研究历代梵汉对音的方法。有的较全面地探讨古音研究各种方法,如杨耐思的《音韵学的研究方法》(1987)和冯蒸的《汉语音韵研究方法论》(1989)。下面以杨、冯两人的文章为例,说明一下这一时期音韵学方法论方面的时代特色。

杨氏的文章共介绍了九种方法。

1. 结构分析法。传统有声、韵、调三分法,近代有"头、颈、腹、尾、神"五分法,根据这种方法,所有的汉语音节可以概括在八种类型之内,在此基础上理解传统音韵学的繁杂费解的名词术语,收到驭繁就简之效。

2. 丝贯绳牵法。即以诗歌韵文中的入韵字为对象归纳韵部。使用这个方法需要注意的问题有:弄清韵例、区别合韵与本部押韵、注意材料的一致性。

3. 系联法。即陈澧《切韵考》所发明的反切上下字系联方法。

4. 历史比较法。19世纪的西方语言学家用此方法研究印欧语,高本汉用这一方法研究汉语取得成功。

5. 比勘互证法。用相关的音韵材料互相比较和校勘,订正文字上的讹误,解决音韵上的一些问题。

6. 归纳法与内部分析法。这里边包括归纳法和内部分析法:A. "归纳法是由一系列具体的事实概括出一般原理的一种推理方法";B. "内部分析法的主要内容,是以《中原音韵》本身,包括《韵谱》和《正语作词起例》以及同出一源的《类编》为主要分析对象,以历史的考察作为一种辅助性的手段"。

7. 统计研究法。

8. 对音互证法。即用其他文字的音译词和借词考定汉语古音的译音对勘法。

9. 就同注异法。

冯蒸的文章认为,音韵学的方法论大致包含三个层次:哲学上的方法论、逻辑学上的方法论、学科方法论。哲学上的方法论指的是"唯物辩证法在汉语音韵研究中的体现",逻辑学上的方法论指的是"一般的归纳法、演绎法、类比法等在汉语音韵研究中的体现"。学科方法论是"处理汉语音韵资料而采取的特殊方法论",分为求音类法、求音值法和求音变法。求音类法有八种:反切系联法、反切比较法、音位归纳法、丝联绳引法、离析唐韵法、审音法、音系表解法、统计法;求音值法有五种:历史比较法、内部构拟法、时空投影法、对音法、类型拟测法;求音变法有两种:古今音对比法、时空投影法。

杨氏和冯氏的文章是在现代音韵学成熟时期所作的总结,跟奠基时期的30年代有显著不同。跟罗常培相比,他们所总结的这些方法更为详明、具体,实践中的可操作性强;跟魏建功相比,他们的论述方法更加简明,能够抓住核心,没有芜枝蔓节。他们的共同特点是主要讨论研究古音和历史音变的方法,而不再把指示音韵学入门路径和如何改造传统音韵学作为重要内容,也不把一般的语音学规律看作研究方法。

从前人关于音韵学方法论的各种各样的说法,我们可以看到,这一课题是颇有伸缩性的,既可以围绕"汉语古音研究"来加以限定,也可以延伸到音韵学外围的相邻学科,还可以把自然科学与人文科学都要遵循的哲学、逻辑学的普遍性原则结合进来。本书的写作以实用性作为首要目标,所探讨的只限于本学科的方法论;所说的"学科方法论"也只取狭义,讨论对象只有研究汉语历史语音学的方法,也就是研究古汉语语音的方法。选取的是有普遍意义的主要研究方法,用了九个条目。这样就不涉及以前曾被看作音韵学研究法的某些内容,如普通语音学的基础知识、汉语方言调查的方法、哲学意义上的方法论、逻辑学意义上的方法论,以及很多针对特定对象的、非常具体的方法,都没有列入讨论范围。

从以前研究的广度来说,本学科所用到过的各种研究方法前人已经几乎都有所涉及了,再从外延上加以扩张的必要性不是很大;而从研究的深度来看,还是有一定空间。本书试图在追求深度上多做一些,尽量对各种方法展开全面的比较深刻透彻的分析评述。书中各章先对每一种方法的原理作一个简要的概括提示,主要的篇幅则是通过实际的研究例证说明该方法的功效,也指出需要克服的问题。真知来自于实践,从前人的实践过程与结果去认识真理把握规律,得到感悟与启示,吸取正反两方面的经验,是掌握研究方法的必要途径。因此书中就把"实证"作为重心,讲得详细一些。也就是说,书中"述"前人经验的内容占了主要部分,辅以一些"论",即对例证的分析评介,审辨得失，指摘正误，以期发扬成功的经验。所谓"论"，也不过是作者一得之愚、一己之见，仅供读者参考而已。"野人献曝"，也就是希望它有一些参考作用。至于因作者的"学""识"的局限而导致的认识上的差误，自己未必能够察觉，希望内行专家予以指正。就是"述"的部分也有是否得当的问题，同样期待行家指出。

本书原名《20世纪汉语音韵学方法论》，当时用那个书名，因为撰写之初的想法是在世纪之交对于本学科的一个方面做回顾总结，由此而承担了一个研究项目，书名随着项目而定。实际上汉语音韵学这个学科经历了一千几百年的发展延续，虽然在20世纪发生过重要变化和重大进展，但是它的研究方法是在继承的基础上有所增补，书中讨论的内容也必然溯源沿流，很多地方要从传统部分讲起，不只是局限在一个百年之内。这次对原书做一些修订，书名也去掉时间定语，改为《音韵学研究方法导论》，交付出版，以冀方家指正。

第一章　韵脚字归纳法

一、概　说

　　韵脚字归纳法,过去叫"丝贯绳牵法"。它是通过考察诗歌和其他韵文的用韵情况,总结出某一时代的韵部系统的一种方法。在中国古代多种多样的语音材料中,诗文用韵是最重要的种类之一。诗歌韵文涵盖的范围广大,从上古到近代,每一时期都有大量的诗歌和其他韵文体裁的作品流传至今。从押韵字归纳韵部系统的方法适用于任何时代,是研究古音的重要途径。南北朝以前没有韵书之类的音韵专著流传下来,从用韵考求韵部成了主要方法。隋唐以后的韵书和等韵图有完整的音系,包含了声母、韵母、声调,但是它们对语音的记录也很有局限,如唐宋时期作为书面标准音的《切韵》一系韵书,跟口语就是脱节的。因此,即使在有韵书的时代,押韵也是韵书韵图以外的重要补充材料。

　　汉语诗歌的基本押韵规律,是把韵腹、韵尾相同的字,放在诗句的末尾,朗读吟诵时产生韵律和谐的美感。一般情况下,能够在一起押韵的就是同一韵的字。把大量作品的入韵字辗转牵连,可以得到一个大范围内的韵部系统。

　　试以《诗经》的用韵作一个示范。

　　《邶风·绿衣》二章:丝、治、訧;

　　《邶风·终风》二章:霾、来、来、思;

　　《邶风·雄雉》三章:思、来;

　　《邶风·泉水》一章:淇、思、姬、谋;

　　《卫风·氓》一章:蚩、丝、丝、谋、淇、丘、期、媒、期;

《卫风·氓》六章：思、哉；

《卫风·竹竿》一章：淇、思、之；

《秦风·终南》一章：梅、裘、哉；

《王风·君子于役》一章：期、哉、坶、来、思；

《鄘风·载驰》四章：尤、思、之；

《小雅·四月》四章：梅、尤；

《小雅·黍苗》二章：牛、哉。

各组韵脚辗转牵连："丝治洍"在一起押韵，"丝"又和"谋淇丘期"在一起押韵，"淇思姬谋"在一起押韵，"思"又和"来霾"在一起押韵……它们就是同一韵部。

这些入韵字，现代读音相差较远，它们的现代韵母分别是：

ai：霾、来、哉

ɿ：思、丝

ʅ：之、蚩、坶

i：淇、姬、期

ou：谋

iou：尤、丘、裘

ei：媒、梅

这些字在现代是不能在一起押韵的。在中古时代，它们也分属于好几韵：

皆韵：霾

咍韵：来、哉

之韵：思、丝、之、蚩、淇、姬、期

尤韵：谋、尤、丘、裘

灰韵：媒、梅

但在《诗经》里，它们显然都是同一韵，这就意味着《诗经》有跟现代、中古时代都不同的韵部系统。按照现代语言学方法的推测，上面这个韵部在先秦时期的主要元音是[ə]，没有韵尾(即零韵尾)。

押韵的条件是字音的韵腹、韵尾相同，而介音不一定相同，因此，用丝贯绳牵法系联出的类别，只知道它们是同韵，而区别不了不同介音的韵母。而现代语言学家常常用中古时代的"四等""开合"为上古音构拟介音,也分出了不同的韵母。上面的这些字,包含了ə、iə、wə、iwə等韵母。

本方法起源得很早。清代的古音学家们用这种方法建立起先秦韵部系统,取得了重大成就。顾炎武的《音学五书》是开山之作,他考察了《诗经》《周易》的入韵字,参考了先秦两汉以至魏晋南北朝的大量韵文,将上古音总结为十部;后来经江永、段玉裁、孔广森、王念孙、江有诰等几代学者的持续努力,分到了二十二部,把先秦的汉语韵部系统大体搞清楚了,近代章炳麟、王力等又加以补苴,使之更加精密。

清代古音学家主要关注先秦音系。他们的研究虽然也用到两汉以下的材料,却是作为次要的参考材料看待,也没有具体地分析出汉代音系跟先秦音系的差异。进入20世纪以来,汉语音韵学的观念改变了,历代音系都被看作汉语史的一个组成部分而受到同样的重视。丝贯绳牵法被推广运用到了汉语史的各个时期,两汉、魏晋、南北朝、隋唐五代、宋元明清,每个时代的韵文材料都有人研究过。

关于两汉的用韵,20世纪30年代于安澜曾著《汉魏六朝韵谱》,搜罗的材料相当丰富。50年代,罗常培、周祖谟合著《汉魏晋南北朝韵部演变研究》,计划把两汉至隋代的押韵情况作全面而科学的考察,揭示历史的演变。1958年出版了第一分册即两汉部分,该书把汉代韵部定为二十七部,既从历史的角度分析了从先秦到汉代的变化,分析了西汉跟东汉的差异,也从地域的角度考察了各个地区文人押韵的特点。80年代王力的《汉语语音史》则划定两汉韵部为二十九部,跟罗、周的结果不同。邵荣芬的《古韵鱼侯两部在前汉时期的分合》和《古韵鱼侯两部在后汉时期的分合》两篇文章很值得注意,文中用了很多精确的数字统计,所提出的不同于罗、周的看法都有坚实基础。

关于魏晋阶段,重要著作有周祖谟的《魏晋南北朝韵部之演变》和丁邦新的《魏晋音韵研究》。周书是罗、周二人"汉魏晋南北朝韵部演变研究"计划的后一部分,因罗常培早于1958年去世,遂由周氏独自完成。此书出版之前,周氏将其要点撰为文章发表在刊物上,关于魏晋音系的一篇是《魏晋宋时期诗文韵部的演变》(1983年),分魏(三国)时期三十三部、两晋三十九部、南朝宋三十九部。丁邦新的书是作者在美国攻读学位时的博士论文,用英文写成,将三国和晋代合并考察,分三十六部。

南北朝诗文韵部的研究,30年代,王力写过《南北朝诗人用韵考》,分析了南北朝时代诗歌的韵部系统,分出五十四部;周祖谟《魏晋南北朝韵部之演变》一书的后半部分是齐梁陈隋时期的诗文韵部,另在此前发表过《齐梁陈隋时期诗文韵部研究》(1982年),分为五十五部。还有李荣、何大安、李露蕾等人的文章,各有自己的独立见解。

隋代诗歌用韵的研究有李荣的《隋韵谱》等。李文以十六摄为纲,就《广韵》韵目分析各韵间的同用、独用情况,没有明确划定韵部。"同用"的范围都超出《切韵》分韵,实际的韵部系统跟南北朝差不多。

唐诗数量很大,有很多学者参与了唐诗用韵的研究。一些作品多的著名诗人,如李白、杜甫、白居易等,往往被多家研究过,有关白居易诗韵的文章数量最多。唐作藩指导北京大学汉语专业的研究生和本科生将大多数唐代主要诗人的作品都分析过了,一些单篇文章分别发表过。鲍明炜研究了唐代前期诗人的作品,出版了《唐代诗文韵部研究》一书。台湾耿志坚也在唐诗韵部的研究上用了很大功夫。口语性较强的白话诗备受关注,如唐作藩研究过寒山子诗韵,刘丽川、都兴宙等研究过王梵志诗韵,周大璞、周祖谟等研究过敦煌变文用韵等。以上诸家的研究成果揭示了唐五代各个时段上的韵部面貌。唐作藩定唐代诗韵为三十二部;耿振生只用洛阳、长安一带的诗歌作根据,定中原地区诗文韵部为二十八部;周祖谟定变文韵部为二十三部;先后演变的轨迹清晰可见。

词韵是研究宋代语音的重头。鲁国尧对存世全部宋词作了穷尽性的考察,分析出十八韵部。此外,宋代诗人的古体诗也是重要对象,如唐作藩研究过苏轼的用韵,冯志白研究过陆游的诗韵。鲁国尧指导研究生分地区研究其他宋代诗人的用韵,称得上一项大工程。

元明清时期有可靠的口语韵书,但诗文用韵仍然可以作为一种重要的补充材料而发挥作用。廖珣英等人的研究表明,元代关汉卿等名家的杂剧和散曲的用韵跟《中原音韵》的归字有微小出入,反映出曲韵有一定程度的灵活性。明代方言民歌如《山歌》《挂枝儿》的用韵可看出吴音的特色。清代北方鼓词、子弟书的用韵可以印证民间流传的"十三辙"。还有些用韵语的启蒙教材，出于"便俗"、上口的目的，也能反映实际语音。例如明代王荔的《正音捃言》，也有其价值，所以唐作藩就对它做过仔细的研究。

本法运用如此广泛，充分说明了它在古音研究中的重要性。

二、具体运用步骤和要解决的几个问题

从学者们的研究结果来看，每个时代的用韵现象都有程度不同的复杂性，归纳韵部的工作并不容易。必须充分考虑了种种因素之后，才能够正确地归纳一个时代的韵部。杨耐思《音韵学的研究方法》中把本方法称作"串连"的方法，提到运用本方法需要注意三个问题：其一，区别韵与非韵，"串连必须是互相押韵的字，不可去串连那些非押韵的字，所以必须把韵文材料的韵例弄清楚"；其二，不能因合韵而混淆韵部界限，"采用这个方法，不能拘泥于单纯的串连，还要考虑可能发生的其他因素的影响。韵文的韵例不能想象是那么绝对严格，那么滴水不漏，而相反，常常发生出韵的现象。……要善于区别一般和特殊。就《诗经》来说，还有一种'合韵'现象，所谓合韵，就是语音相近的韵部里的字，可以互相通押。……不只是《诗经》，唐诗、宋词、元曲、明传奇、现代戏曲、民歌都存在这种通押现象。"其三，串连只能用同一性质的材料，"还要注意材料的一致性问题，不同性质、不同类型的材料不可拿来串连。比如词和曲是两种性质不同的材料，即使是同时出现也不能合在一起串连。不同时期的材料，就更不用说了。即使是同一个类型同一个性质的材料，由于作者非一时一地的人，也还要注意有无时、空差异的问题。"[①]这里说的第一项是准确认识韵例的问题，第二项主要是处理不合常规的例外用韵（包括合韵）问题，第三项主要是识别押韵的性质问题，主要从"时空差异"和"文体差异"加以区别。三者

---

① 《语文导报》1987年第3期，50页。

当中最复杂的是第二项,需要详细审查;第一和第三项也不容忽视。

本方法的操作程序可分四个步骤:选定研究对象,分析韵例,归纳韵部,分析"异部互押"的性质、原因。

第一步是确定研究对象,把同样性质的材料放在一起研究。

所谓材料性质的同一性,指押韵材料属于同一音系。为此要考虑时间因素、地域因素、文体因素。语言随着时间的推移而不断变化,有些韵文材料比较及时比较敏感地反映着韵母的变迁,所以不同时代的韵文不能直接系联。其次,有些韵文夹带方音,个别的甚至全用方音,不同地区的押韵差别就可能反映了方言差别,因此也不宜直接系联。开始系联时先从同时同地的材料着手,是比较稳妥的。同一时代,不同体裁的韵文的押韵性质有所不同,也要区别对待。特别是唐代以后,有的作品押韵顺乎自然口语,有的作品押韵远离了口语,这些情况必须加以区别。

押韵性质跟文体有关,但不完全取决于文体。诚然,有的文体总按照某种规定或惯例押韵,而同一时代的不同文体押相同的韵部系统也是常见的,所以需要区别的应该是押韵性质:主要分为"程式化的押韵"和"自然押韵"两大类。前者在不同程度上脱离口语,后者跟口语大体上保持一致。

程式化的押韵,有的出自官方的规定,例如唐宋以后的近体诗都遵守官韵;有的是由于一种文体性的因袭,例如元杂剧的后期作品沿袭前期的十九部系统。

自然押韵也分出共同语和方音。方言韵是一个地区的语音在诗歌中的反映,不同方言的用韵,即使在同一时代也不算是同质的。

研究诗文押韵的目的是探寻古代语言的真实面目,那么程式化押韵的价值就远远比不上自然押韵了。所以,最受重视的是自然押韵的作品,而程式化的押韵就居于次要地位,官韵尤其无足轻重。

在确定材料的时候,还有一些校勘的工作应该作,辨别作者真伪、流传中是否有错讹,

例如古代题为西汉苏武、李陵所作的五言诗和题为东汉蔡琰所作的《胡笳十八拍》,已经被怀疑是伪托,当然就得另外考虑它们的时间

归属。

第二步,材料的范围确定以后,就要对所用的材料的韵例进行分析。

韵例即押韵字出现位置的规律,或者叫做押韵的格式。不同的诗歌体裁有不同的韵例,系联韵脚应首先准确认识韵例,摘出押韵的字,排除不押韵的字。有的文体韵例简单,如五言诗和七言诗,它们总是在偶句的末字押韵,韵例是固定的;虽然也有个别的例外,如"柏梁体"句句用韵,但数量很少;所以,研究五言诗和七言诗的韵部,不需要在韵例上费多少心思。有的文体韵例比较复杂,如《诗经》、汉赋,韵例不止单纯的一种,在对这些材料进行系联时就要多加注意。如果把非韵当作入韵,或者把换韵当作一韵到底,就会归错韵部。早期的研究中搞错韵例的情况比较多,如清代顾炎武《诗本音》就把下面的《诗经》篇章的押韵规律看错了:

《诗经·周南·葛覃》:

言告师氏,言告言归。
薄污我私,薄浣我衣。
害浣害否,归宁父母。

"氏"支部,"私"脂部,"归、衣"微部,"否、母"之部,顾氏以为全章"氏归私衣否母"六字"以平上通为一韵",混淆了支、脂、微、之四部的界限。

《诗经·召南·殷其雷》:

殷其雷,在南山之阳;
何斯违斯,莫敢或遑。
振振君子,归哉归哉。

"雷"微部,"斯"支部,二字本不入韵,顾炎武以为跟末两句的"子哉"押韵,把微、支、之三部当作了同部。

《诗经·卫风·硕人》:

硕人其颀,衣锦褧衣。
齐侯之子,卫侯之妻。

> 东宫之妹,邢侯之姨。
> 谭公维私。

"顾、衣"微部字自韵,"妻、姨、私"脂部字自韵,全章换韵,也可以认为是脂、微合韵。顾炎武认作同部相押,并认为"妹"字也入韵,不当。

《诗经·郑风·将仲子》首章:

> 将仲子兮,无逾我里,
> 无折我树杞。
> 岂敢爱之,畏我父母。
> 仲可怀也;
> 父母之言,亦可畏也。

"子、里、杞、母"之部字为一韵,"怀、畏"微部字为一韵。一章内换韵,顾炎武认作同一韵,也就把两部看成了一部。

清代江永、孔广森和近代王力等人对《诗经》的韵例做过分析总结,就是为了减少系联中的失误。

江永的《古韵标准·诗韵举例》总结了十八条(不算"无韵"几条),包括:连句韵,间句韵,一章一韵,一章易韵,隔韵,三句一韵,四声通韵,三句见韵,四句见韵,五句见韵,隔数句遥韵,隔韵遥韵,隔章尾句遥韵,隔章章首遥韵,分应韵,交错韵,句中韵,叠句韵。孔广森《诗声分例》总结了二十六条;王力《诗经韵读》分了几个层次,大小共有几十条。

借鉴了前代研究《诗经》韵例的经验,20世纪研究押韵的音韵学家都注重韵例的分析。

汉赋的韵例更复杂一些,它的起韵位置不定,押韵句数不定,换韵位置不定,结尾的无韵句数不定。罗常培、周祖谟的《汉魏晋南北朝韵部演变研究》第一分册对汉赋的韵例作了总结,主要有:每句押韵例,隔句押韵例,虚字不入韵例,虚字入韵例,句中字与句尾字押韵例,两韵间迭相叶例,前后一韵相叶、中间另隔一韵例,交错前后互叶例。[①]

---

① 科学出版社1958年,122—124页。

五七言诗的押韵比较简单,主要有偶句押韵、偶句押韵加首句入韵、句句押韵,但在长篇的换韵问题上也还要注意某些易于混淆的地方。

词有词谱,似乎押韵位置都有据可依,按照前人的词谱就能够准确识别押韵字和押韵规则。然而事实却不是那么单纯。鲁国尧指出,历代词谱虽然收集的词牌很丰富,但是失收的古词调也不在少数,如晁端礼的《春晴》《脱银袍》,辛弃疾的《江神子·暗香横路》《踏歌·颠厥》。还有词谱中标错韵脚的,有一调多体,押韵字的数目、韵脚位置、是否换韵,都不固定的[①]。这些问题都需要研究者认真解决。

对待韵例复杂的诗歌体裁,在开始归部的时候,应该先把常规的押韵作为依据,进行系联。少见的韵例,不合乎常规的押韵方式,如单句与偶句交错用韵时的单句用韵、句中押韵之类,姑且搁置。因为这类韵例是否可靠,只能在大体定了韵部以后才有判断的依据,此前没有什么明确标准可以凭借;再者这类用韵字数少,对分部影响不大。为减少误差起见,分部之初把它们搁置在外,是比较稳妥的办法。

第三步是归部。

韵例明确了,押韵字收集起来了,就可正式地划分韵部。研究范围的大小不同,在归部时遇到的问题或困难也会不同。以下各位学者所谈都涉及分部的复杂性。

王力在《古韵脂微质物月五部的分野》中说:"我们把先秦韵文中押韵的字系联起来成为一个韵部,这是正常的做法。但是,我们不能不注意两种偶然性。一方面,要注意偶然的合韵不能串联,否则势必牵连不断,成为大韵。脂微物月之所以被段玉裁合为一部,就是这个缘故。其实质部与月部何尝没有纠葛,否则江有诰就不会反对王念孙的质部了。另一方面,要注意偶然的不碰头不能就认为不同韵部,因为那样做是不合逻辑的。事实上古音学家们也不是处处这样拘泥的。例如谈部,《诗经》入韵字是那样少,古音学家们仍然划得出一个韵部来。兼声、金声、笑声等,都可以从语音系统而知道它们属于谈

[①] 《南京大学学报(哲学社会科学版)》1979年第2期,105页。

部。由此看来语音系统应该是一个重要的标准。"①罗常培在《汉魏晋南北朝韵部演变研究》的序言中指出:汉魏晋南北朝的诗歌、赋以及散文中的韵语,"所有这些材料都是相当纷繁相当复杂的,就是同一时代的材料所表现的语音现象也并不是完全一致的,惟有即异以求同,找出其中的共同性,才能定出当时语音分韵的大类。"②周祖谟在《魏晋宋时期诗文韵部的演变》一文中说:"魏晋宋这一个时期作家很多,诗文押韵的情况也很复杂,要确定韵类的分合,只能从普遍性着眼;有些特殊的现象,其中也许有方音的问题,当另作讨论。分别韵部,有些容易定,有些不容易定。譬如有两类字,是一部呢,还是两部呢?主要看作家们分用的多,还是合用的多,以作家的多少和用韵分合的比例与次数来定。"③鲁国尧《论宋词韵及其与金元词韵的比较》说:"我们也应承认宋词用韵确实歧异纷杂,颇令人目眩,然而如果只注视那些超乎常规的用例,是会走上词韵否定派的道路的。"④他们在指出困难的同时,也提出了解决问题的办法,如罗常培说的"即异以求同,找出其中的共同性",周祖谟说的"以作家的多少和用韵分合的比例与次数来定",就是分部的基本原则。鲁国尧也说:"现存宋词数量甚巨,其用韵确是纷繁复杂,但笔者分地区研究宋词用韵以后认为,虽然有的词人(特别是闽、赣、吴地区词人)或以方音入韵,或有若干特殊用韵现象,但据其大体,可分为十八部。"⑤他们的分部实践都贯彻了这一原则。以罗、周所列的两汉"之"部韵谱和之部与其他各部的合韵谱为例,该部本部自押的韵数是平声128例,上声108例,去声56例,共292例;与幽、鱼、脂、支、歌、宵、职等部的合韵多达100例;二者之间的比例约为三比一。

从原则上说,"以作家的多少和用韵分合的比例与次数"来决定分部,似乎不产生什么异议,但具体操作却不那么容易,可能在局部地方难于定夺。所谓"普遍性""共同性"究竟有没有客观的尺度?究竟多

---

① 《王力文集》第17卷,山东教育出版社1989年,288—289页。
② 科学出版社1958年,1页。
③ 《周祖谟语言学论文集》,商务印书馆2001年,174页。
④ 《中国语言学报》第4期,商务印书馆1991年,132页。
⑤ 同上,129页。

大比例算是"合韵",多大比例算是"同部相押"？以前的古音学家和近代相当不少的研究者没有交代这种分与合的数量上的界限,由此而引起的问题是对于个别韵部的分别方法不统一。现在人们比较注意定量化的方法,以精确的数字统计和数字对比来说明分部的理由,提高了科学性。如邵荣芬关于两汉时期鱼、侯两部的分合,是在全面而精密的数量计算的基础上作结论的,显然有很强的说服力。关于统计方法,后面有专章进一步讨论。

总之,因为诗文用韵有许多复杂现象,从中归纳韵部系统时就要区别一般与个别,分别共性与个性,取其一般,取其共性,依照多数作者的多数作品押韵而决定如何分部。

归部的时候也常常用到审音的手段。罗常培、周祖谟提到:"有时候材料太少,不易下结论;有时材料太多,通合较广,不易定分合;那么在考证之外就要注意审音了。"①所谓审音,包括好几个方面,后边也将有专章进一步讨论。

一些学者在研究隋唐诗文用韵的时候采用了另外一种方式,他们没有分韵部,而是以等韵学的十六摄为纲,以广韵的206韵为目,分别统计各韵独用的数量、韵与韵同用的数量,以此反映出用韵系统跟《广韵》音系的异同。李荣《隋韵谱》、唐作藩《寒山子诗韵》、鲍明炜《唐代诗文韵部研究》等就采用这种方法。因为隋代是陆法言编纂《切韵》的时代,唐代在时间上与《切韵》相近并且政府把《切韵》定为官韵,所以这种方法很适用。到其他时代就不适于用这种方法了。

第四步是对异部互押现象加以分析。

韵部分定之后,就知道哪些韵段是同部相押,哪些韵段不是同部相押。异部互押虽然从数量说是少数,但其中情况却很复杂。其中可能包含着对语音史研究很有用处的信息,所以还要作进一步的探究。

异部互押往往被笼统地称为"合韵"。从清代以来,人们都十分重视分辨合韵,段玉裁说:"不知有合韵,则或以为无韵。"(《六书音韵表·古十七部合用类分表》)"谓之合而其分乃愈明,有权而经乃不废。"

---

① 《汉魏晋南北朝韵部演变研究》(第一分册),科学出版社1958年,7页。

(《答江晋三论韵书》)研究诗文韵部一定会面对合韵的问题。但是造成合韵的原因有多种,大致说来,可以分为"方音入韵""仿古押韵"和普通的押宽韵。

从研究汉语语音史的目的出发,能够从押韵中发现古代的方音系统是音韵学者的目标之一;然而古代的诗歌韵文以方音入韵的作品是少数,多数文人趋向于押共同语的韵部。王力先生《南北朝诗人用韵考》指出:"作官的人就是喜欢打官腔,也许还喜欢依照官音押韵。虽然有时候在蓝青官话里可以留些土音的痕迹,但已经很难代表一地的方音了。因此,我们发现时代对于用韵的影响大,而地域对于用韵的影响小。"[①]鲁国尧在研究了全部宋代词韵之后的结论是"多数词人都是以当时的通语为准绳"[②],同一地区,可能只有个别作者有方音入韵的作品;同一作者,以方音入韵也可能是偶尔为之。而与此同时,无论方言区还是共同语地区,押宽韵的作品却占有相当的比例。可见从诗文押韵中辨别方音不很容易。

要辨认方音,无疑需要从作者籍贯和生平经历入手,了解他的童年语言环境、所用母语、成年后长期居住地点等。这项工作有一定难度,因为在史籍中有详细生平记载的古代作家只是少数,更多的作者则只有很简略的介绍或者没有任何记载。此外还有古书所记籍贯不实的问题,因为古人所称的籍贯有不少是祖籍,还有的是地望,本人甚至从来没有在那里生活过;也有相反的情形,即史书记载的是某人的后来居住地而不是出生地。不过,只要在有条件的情况下,就应把籍贯、生活经历跟特殊押韵联系起来考虑。

对于以上问题的解决,鲁国尧提出了一些办法,他说:"有些通叶现象在某些地区比较普遍,就令人怀疑是方言的问题;但在另一些地区则是个别现象,可能是个人特点,也可能因游宦偶或以他地音入韵。"又说:"有些可根据古代典籍对宋代方音的记载及现代方言直指为当时词人确是根据方音押韵。"[③]由此可知他的判断方法包含三条:

---

① 《王力文集》第18卷,山东教育出版社1991年,9页。
② 《中国语言学报》第4期,商务印书馆1991年,139页。
③ 同上,132页。

一是看同乡中使用一种押韵方式是否比较多,二是其他书籍有没有同类记载,三是看现代方音是否有类似现象。

例如宋代福建籍的词人作品中,歌戈部(果摄)与萧豪部(效摄)通叶是比较普遍的现象。"福建词人用韵中出现此种现象达十一次",同时宋人笔记里边也有"闽人以高为歌"的记录,并且现代福建话仍然有"歌豪相混"的现象,各种材料互证,方音性质就可以确定下来。

黄庭坚曾居住蜀地,他的词中有把"笛"字押入屋韵的,陆游《老学庵笔记》卷二:"鲁直在戎州,作乐府曰:'老子平生,江南江北,爱听临风笛。孙郎微笑,坐来声喷霜竹。'予在蜀见其稿。今俗本改笛为曲以协韵,非也。然亦疑笛字太不入韵,及居蜀久,习其语音,乃知泸戎间谓笛为独,故鲁直得借用,亦因以戏之耳。"

北宋江西人黄庭坚,南宋时长期寓居江西的山东人辛弃疾,都把"儿"字押入家麻韵,这是以江西方音入韵。

除了方音入韵,还有人模仿古代作品押韵,也是"合韵"的一个成因。中古时代的人模仿上古是"仿古",近代人模仿中古或上古都是"仿古"。例如中古的韩愈诗文有仿古的例子:《复志赋》押"南心寻任","南"字在《广韵》覃韵,"心寻任"在《对于》侵韵,中古时期不同韵,但在上古同属于"侵部",《诗经》中就有不少押韵的韵段,韩愈这首作品的押韵就是仿古。然而,喜欢仿古的作家不一定真正懂得上古韵部系统,他们的仿古行为就不大成功,所押的韵既不合乎自己时代的实际读音,也不合乎上古时代的韵部系统,并且还不合乎流行的"官韵",可以说是"四不像"。再举一个韩愈的作品例子,《息国夫人墓志铭》押"元天勋人门婚"。以中古音而言,"元"字在元韵,"天"字在先韵,"勋"字在文韵,"人"字在真韵,"门婚"在魂韵,六字分属五韵,正常情况下不会在一起押韵;以上古音而言,"元"字在元部,"天人"在真部,"勋门婚"在文部,正常情况下三部字也不会在一起押韵。韩愈的押韵就既不合乎古、又不合乎"今"。这种押韵对于语音史研究没有用处。

如果既不是方音入韵,又不是仿古押韵,这样的合韵就可以判断为押宽韵,即把韵母比较接近的字放在一起押韵。例如,杜甫的诗歌里有山摄字跟臻摄字同押的,《义鹘行》以臻摄的"存"字与山摄的"巅餐酸烟宣拳……"相押。又如宋词韵的侵寻、真文、庚青三部,各地作者都有互叶的,但"是否通叶,叶多叶少,因人而异",同为河南人,朱敦儒三部之间互叶甚多,曾觌则仅仅有两次,同为吴方言区人,周密等人有很多互叶,周邦彦等人很少,蒋捷等人没有互叶的[①]。这种情况下,将三部通押明显地是押宽韵而不是方音入韵。

跟合韵相反,还有押窄韵的现象,即所押韵部分得比常规韵部更细致。这种情况大多跟方音有关,也有的是个别作者审音过细而致。南北朝时的沈约、何逊、王僧孺等人分部很细,如鱼、虞、模分用,与同时代多数人不一致,大概是审音太细的一种风格。

三、诗文韵部与实际语音的关系

前文说到,历代诗歌用韵的性质有相当的复杂性,不同的"韵体"对于实际语音的反映程度也必然差别很大。有两类作品的押韵似乎容易有定论,一种是真正的民歌,其用韵跟实际口语最密合;另一种是唐宋以来的近体诗,其用韵恪守官韵,跟口语脱节。

除了民歌和近体诗之外,那些按照某一时代的大量作品归纳出的韵部系统,到底跟实际的语音是什么关系,可以从不同的角度去评判。以下几种关系是比较重要的。

第一,押韵主要依照共同语而不是方音。将某一时代各地的作家的大量作品分别进行考察,得到的分部结果大体是一样的。据此可知,各地的作家基本上遵循共同的押韵标准,这个标准只能是共同语音系。真正以方音入韵的还是少数。对这一点,不少研究者有一致的认识。

前文所引王力《南北朝诗人用韵考》的话说,文人"也许还喜欢依照官音押韵。虽然有时候在蓝青官话里可以留些土音的痕迹,但已经很难代表一地的方音了。因此,我们发现时代对于用韵的影响大,而

---

① 鲁国尧《论宋词韵及其与金元词韵的比较》,《中国语言学报》第4期,商务印书馆1991年,136页。

地域对于用韵的影响小"。①措辞虽然含蓄,但已经明确地肯定了诗文韵部主要反映通语的音系。

鲁国尧说:"我们从汉语语音史的角度对宋词用韵进行了穷尽式的研究,分为18部,虽然有些词人的某些作品并不全合,但大多数词人的大多数作品是符合我们所归纳、分析出的18部的。其所以如此,并非因为当时有一本大家遵循、人人翻检的词韵书,而是因为多数词人都是以当时的通语为准绳。例如闽音歌豪无别,林外据以押韵,但大多数福建人并不仿效;吴文英以庚青叶江阳,但其同乡史浩却依然依通语截然分用。北宋时期,经济发达,文化繁荣,汴洛的中州之音当即通语的基础。南宋虽偏安江左,并不以吴语为通语,词人按照通语押韵,相从成风,相沿成习,于是造成了宋词用韵18部的模式。"②

第二,诗文韵部反映的是韵母的大类,不能完备、精确地反映韵母。罗常培和周祖谟在《汉魏晋南北朝韵部演变研究》绪论中对这个问题有一番分析:"韵文所表现的语音真确的程度问题,换句话来说,就是韵文用韵是否完全跟语音相合,它是一种什么性质?根据韵文来考察语音是否完全可靠?这个问题当然不是一个简单的问题。然而我们首先要承认大部分的韵文是充分表现语音的真相的。因为韵文本身须要读得上口,如果根本读不上口,那就失去了韵文的意义,尤其是民歌大都是人民口头创作,当然不会和语音不一致。所以用韵文作为研究语音的资料是可以的。其中可以顾虑的是文人的作品有没有拟古的作品,因为文人一向是贵古贱今的,它们受了古人的影响就会去摹拟古人。"③罗、周二先生的研究对象是汉代至南北朝的作品,那时还没有韵书,也没有科举的功令,押韵不会受到外来的强制性干预,自由的程度大一些,但是已经有不同风格的押韵,民歌押自然韵是一种,文人的仿古押韵是另一种。可是文人的作品占了大多数,说"大部分的韵文是充分表现语音的真相的"也就意味着仿古押韵只是少数。

---

① 《王力文集》第18卷,山东教育出版社1991年,9页。
② 鲁国尧《论宋词韵及其与金元词韵的比较》,《中国语言学报》第4期,商务印书馆1991年,139页。
③ 科学出版社1958年,5页。

诗歌韵文是书面语,书面语跟口语一向是有些距离的。在总体上说,诗文韵部以实际语音为基础,大体上与口语保持一致,但不一定很全面地反映出口语的所有韵母。一是押韵的韵部是一种大类,不是细类,一些介音不同的韵母会在一起押韵;二是在实际语言中有个别的韵母字很少,难于单独押韵,就跟相近的韵母合为一部押韵,像现代普通话的[ɚ]韵母的"儿"类字不容易单独押韵,这种情形在古时也极有存在的可能。《切韵》的"窄韵"如洽韵、狎韵,因为字少在南北朝后期极少用作韵脚字,它们到底是独立的韵部还是跟另外一韵同部,不容易下断语。还有就是上边说的文人有时会模仿古代作品,押韵用字不合乎实际语音。由此看来,诗文的用韵不能全部地反映实际语音,也不能够精确地反映实际语音。罗、周说:"一个时代的韵文对于当时语音所表现的真确程度是不够的。在作为研究语音的资料的时候,对于这些性质我们必须要认识清楚,才不致为其所误。"①

第三,一种在长时期内盛行的诗歌韵文体裁可能形成固定的押韵模式,滞后于实际语音的变化,其押韵性质在前期与后期是不一样的,前期合乎口语,后期脱离口语。古代几种主要的诗歌体裁,最初都产生于民间,前期的语言是大众化通俗化的;后来情况就复杂了,有的人可以随着自己所处时代的口语押韵,有人喜欢模仿前代同类文体的押韵,在不同程度上跟口语拉开距离。而到了后期,因袭和模仿常常成为惯例,其结果是,在修辞、语法、声律诸方面都形成固定的甚至是僵化的模式,逐渐脱离了已经变化的口头活语言。尽管没有行政力量或其他什么人的强制性干预,这种程式化过程也会发生,原因在于一种文体的盛行一定是它得到了大多数人的喜爱,后来者的创作为了获得社会的认可,或者出于自己的爱好,不仅在体裁上遵守已有的格式,还要在语言风格等方面仿效前代的作品。这样的程式化过程在前期对于一种文体提高地位和的大范围推广有十分积极的意义,在后期就成为它衰落的象征。这一规律体现在押韵上,是前期的押韵大体跟口语吻合,后期的押韵跟已经变化了的口语拉开了距离。两汉的诗赋,两

---

① 《汉魏晋南北朝韵部演变研究》(第一分册),科学出版社1958年,7页。

宋的词,元明的杂剧,似乎都有过这样的经历。

据罗常培、周祖谟的研究,两汉四百年的时间内,二十七韵部的格局没有明显的改变,所看得出的变化是在几个韵部之间发生了部分字的转移,如鱼部里的麻韵字(家华类)转入歌部,歌部里的支韵字(奇为类)转入支部,蒸部的东韵字(雄弓类)转入东部,阳部的庚韵字(京明类)转入耕部,这些变化应该说不算大。但是到了魏晋时期,诗文韵部一下子增加到三十三部。为什么四百年的变化远远比不上几十年?合理的解释不是汉语发生了突变,也不是共同语基础方言发生了转移(魏、西晋时期的文化中心仍在以洛阳为中心的中原地区),而是文学语言的标准改变了,以前长期沿袭下来的押韵传统被抛弃了,文人的用韵以生活中的语言为依据而不是以从前的作品为准绳。罗、周所总结的汉代二十七部的系统主要反映的是西汉时代的语音,东汉时的文学作品还在一定程度上沿袭西汉文学语言而改变不大。

两宋词的十八韵部大概也是这样。三百年时间内的词韵变化很小,推想原因,因袭守旧的习气起着一定的作用,不是实际语音停滞不变,而是后人遵循前人的押韵模式,有些音变已经发生了,在词韵中却无所反映。南宋时毛晃编的韵书《增修互注礼部韵略》指出麻韵三等字("遮车奢且写"之类)与麻韵二等字已经分为两韵(相当于《中原音韵》的家麻与车遮),词韵则仍为一韵。可知十八韵部跟北宋时期的实际语音更为密切吻合而跟南宋的实际语音有了一些差别。南宋时的词仍然押十八部是沿用旧时的模式,鲁国尧称南宋词人押韵"相从成风,相沿成习",是造成宋词用韵十八部模式经久不变的重要原因。但是到了金元之际,如白朴的词,用韵就是另外一个系统,分成了二十一部,这可能跟改朝换代有关系。

另一个明显的例子是近代杂剧的用韵。杂剧和散曲产生于民间,发展起来以后才由文人的创作助成声势,政府从来没有为这种文体规定出押韵规范,可是它却有一个行业规约性的押韵模式。早期元杂剧的天籁之韵,被后来的仿效者视为典范,北曲韵书将其划定为十九部(以周德清的《中原音韵》为代表),大家都一直按照那个模式造词选韵,几百年间"兢兢无敢出入"。其影响之大甚至超出了杂剧本身,后来连产生于南方的南戏,竟然也改变原有的南音,要遵守《中原音韵》系统,而且成为南曲能够广泛传播的一个前提。

我们或许可以说,在一个较巩固的政权长期统治之下,社会相对稳定,文化上的延续性起主导作用,特别是在占据主流地位的文学体裁尤其显著;一旦改朝换代,文化上也会有一种变革随之发生,文体的用韵变化即属于此范围。

第四,押韵的宽严跟时尚有关。

在三千多年的历史上,汉语诗歌的押韵原则不是始终一贯的。历代押韵由于受时代风尚的影响而有宽严的不同,这一点清人已经注意到了。段玉裁《六书音韵表》说:"汉人用韵甚宽,离为十七部者几不可别识。"所谓"宽"与"严"指的是押韵规则的运用问题。按照我们的理解,在一起押韵的字不局限于"韵基"(即"韵腹+韵尾"这样的单位)相同,而是把韵基相近的字常常互押就叫做宽;在一起押韵的字要求有相同的韵基,很少把韵基相近的字互押就叫做严;甚至韵基相同而仅仅是介音不同的字也分开押韵,这就更是严中之严了。这都不是语音系统本身的问题,而跟时尚很有关系。

近代以来学者们研究也看重押韵的时尚。王力在《南北朝诗人用韵考》一文里曾说:"用韵的宽严似乎是一时的风尚,《诗经》时代用韵严,汉魏晋宋用韵宽,齐梁陈隋用韵严,初唐用韵宽。"[①]周祖谟在《齐梁陈隋时期诗文韵部研究》一文中说:"我们还认为齐梁人用韵日趋严整也是一时的风气。这种风气逐渐由南方传到北方,所以北齐、北周时代北方的作家用韵也跟南人相近。"[②]他在《切韵的性质和它的音系基础》一文中说:"同时我们也看到文人用韵有宽有严,而谢朓、沈约都是用韵较严的,这正是从齐永明起文人精于审辨音韵的表现。……足见用韵精细是当时的风尚。"[③]由于时尚不同,我们看待不同时期的韵部系统也应从性质上有所区别。

南北朝后期的押韵严,分部细密。依照王力的分部,有五十四部,

---

① 《王力文集》第18卷,68页。
② 《周祖谟语言学论文集》,商务印书馆2001年,181—182页。
③ 同上,245页。

周祖谟分了五十五部。南北朝时期这样多的韵部,跟以前和以后的语音系统相比差距悬殊,成为一个两头细、中间粗的所谓"橄榄现象"。是什么原因造成了这种现象呢?我们认为,使南北朝韵部分得格外多的原因主要有两个,一个是实际语言自身的变化,从东汉以后汉语韵母的发展趋势是分化,原先的二十七部(王力分二十九部)到三国就已经变为三十三部,到两晋更进一步分为三十九部,这是语言本身的自然变化趋势,不是外部力量发生作用的结果;另一个因素是诗文用韵兼顾南北音,有意求密,分类多一些,每类的字少一些。后者是个值得探讨的问题。学术界普遍认为,南朝上层社会的通用语言是洛阳旧音,即南渡的时候把北方的共同语带到了南方并且一直保持下来。但是,我们也应该考虑,此时吴地土著的士大夫阶层也是有一定势力的,吴音对上层社会和文学语言不会毫无触动,而可能会渗透和影响"雅言",使得上流阶层的语言也发生一定程度的变化。在两种方言共存的环境中,南朝文学家取韵时比较容易做到兼顾南音和北音,以获得更大范围的认同而扩大影响。周祖谟所说的用韵"严整""精细",就是韵部分得多,在一起押韵的字的范围窄。这种风气,其直接起源是当时文学界以讲究声律为高,特别注意在分辨音韵上下功夫;其客观基础仍然在于实际的语言环境,南北方音的同地共存为文人提供了很大的方便。在北朝,遭受五胡乱华惨重破坏的文化自北魏以后缓慢复苏,汉族文人视南朝文化为正统,诗文创作也仿效南方,比较有名的文人往往不免于摹仿(典型事例如魏收与邢邵互相攻讦,魏说邢在沈约集中作贼,邢说魏偷窃了任昉),北方的韵部随南方的风气而变,所以如王力先生说的"地域对于用韵的影响小"。李露蕾认为南北朝诗文的韵部系统也具有综合性质:"以雅言为主体和基础,而又考虑南北是非、古今通塞的","齐梁之世,以声律衡文之风大炽,文人纷纷以分韵之多来炫耀自己审音之精切。"[①]张琨也说过:"南朝的文人诗韵也不能反映南朝人们说的活语言,只能代表一种同时反映南北方言特点的书

[①] 《南北朝诗文韵部研究方法论略》,《华东师范大学学报(哲学社会科学)》1991年第2期,91页,93页。

面语的传统。"① 这种观点大致可以接受。如谢朓、沈约的作品中支、脂、之、微四韵分用,鱼、虞、模三韵分用,或许出于这样的原因。尽管汉以后的韵母变化以分化为大势,但如果不是兼顾了金陵雅言和土著吴语,甚至更多的方言,诗文韵部达不到五十五部之多。当时共同语的实际韵部应该少于此数。

第五,同一系统内各韵部的内涵并不划一。从诗文押韵归纳出的韵部是韵母条件分的大类,不能反映更细致的韵母差别。一个韵部包含着不同韵母,这是肯定的;但是一部内的韵母究竟有哪些区别?还需要做进一步的推敲,而且在这个问题上有两种互相对立的意见。一种意见认为,同韵部的字都具有共同的韵腹和韵尾(二者合为一个单位就是"韵基"),韵部内的韵母差别只在于韵头,只要把韵头区别开,韵母的类别就辨别清楚了。另一种意见认为,一个韵部内的韵母不限于同一种主要元音,而是可以有两个或更多的主要元音。

这个问题的争论集中在先秦古音的研究中。上古音的一个韵部内究竟只有一个主要元音还是有几个主要元音,分成两种观点。一派是"多元音派",高本汉、陆志韦等人的拟音系统中差不多每个韵部都有两个以上韵腹,俞敏等人从理论上宣传多元音的主张。李方桂、王力等人是"单元音派",他们的拟音系统中每个韵部都只有一个韵腹。两种观点的对立至今在音韵学界延续。

我们认为,在一般情况下,后一种观点是正确的,即一个韵部内的韵母只有一个元音音位作韵腹。但是,语言学中许多规律具有相对性,即一条规律适合于大部分对象而不一定适合于所有同类对象,同类对象中存在着该规律所不能约束的部分。韵部的定义,来自于诗歌押韵的普遍规则——同韵基、同声调的字在一起押韵,这一定义其实也是一种相对意义的规律。中国的诗歌传统延续数千年,出现过多种诗歌体裁,而押韵规则不一定是绝对一贯的。不同的时代,不同的体裁,或许有不同的押韵习惯。此外,同一时代同一体裁的押韵也可能有宽严的差异,有的韵部内涵单纯,都由相同韵基的字构成;有的韵部

---

① 《张琨教授谈汉藏系语言和汉语史的研究》,《语言学论丛》第十三辑,商务印书馆1984年,240页。

内涵复杂,所包含的字有不同的韵基(多半是韵腹有差别而韵尾没有差别);前者可以说是常例,后者可以说是变例。在运用诗文韵部分析古代韵母的时候,既不可因变例而否定常例,也不可以因常例而抹杀变例,而需要区别对待。对于某些韵部来说,构拟音值不是只区分介音,还应该分出不同的韵腹。下面以古代几个看上去有些特别的韵部为例,证明上述情况的存在。

第一个例证是《中原音韵》支思、齐微两部到清代北曲十三辙之间的转变所显示的韵母问题。

《中原音韵》代表元曲的韵部系统,它的语音基础是元代大都(北京)地区的语音。近代学者对该书有一些不同的看法,但对支思、齐微两部的拟音基本上一致:支思韵的韵母是ɿ和ʅ,或者用一个含糊的符号ï来表示;齐微韵的韵母包括了i、eɿ、uei。(见赵荫棠1957,陆志韦1948,王力1958和1985,杨耐思1981,李新魁1983,宁继福1986等)。

若从语音学上分析,齐微韵就不合乎韵部通例。这个韵部的字事实上可以分为两类:i韵母的"齐"类和ei、uei韵母的"微"类,在押韵中两类是分不开的,然而又无法说它们有共同的韵腹。i是单元音韵母,韵头和韵尾都是零形式;而ei和uei是以e为韵腹、i为韵尾的复合韵母。除非否定e的韵腹地位,本部的内部结构总是跟通行的韵部定义相互抵触。

清代北音是元代音到现代音的中间环节,两头共有的读音,在这个中间环节上不会改变成其他读音,可是支思、齐微两部的组合却发生重大变化:在十三辙里边,元代齐微韵分成了两部分,微类字单独构成一个韵部即"灰堆辙";齐类字转移到支思韵,加上从鱼模韵转来的y韵母字,合成一个"衣期辙"。从内部构成说,灰堆辙是一个单纯的韵部,而衣期辙则包含着不同的韵腹(ï、i、y)。

第二个例证是宋词宋诗韵部的寒先部和监廉部。元曲和清代北曲的韵部都是当时的人划定的,又有大量韵文为证,其可靠性无可置疑。再往前追溯,宋朝以前的诗文韵部都是后人从很多作品中归纳出来的,其中的不确定性可能更多一些。那些韵部的内涵不大容易直接观察,但把不同侧面的间接材料加以分析综合,大体上可以推论,今人所归纳出的宋朝的诗词韵部中,也有包含两个以上韵腹的韵部。

鲁国尧教授定宋代词韵为十八部,其中的寒先部包括了十六摄中山摄全部阳声韵(即《广韵》寒桓山删先仙元这七个韵系的字),监廉部包括了十六摄中咸摄全部阳声韵(即覃谈咸衔盐严添凡这八个韵系的字)。这一结果也得到其他学者的进一步证实。因为山摄、咸摄到现代普通话合并成了一个韵部,在音位层面上有共同的韵基,很容易使人们把宋代的这两个韵部也看作各包含一套韵基的单纯韵部。然而,拿元明时代各种韵书一对比,疑问就产生了。从元代到明初中原地区的韵书,都把山摄、咸摄各分成两个以上的韵部。例如:

山摄分部:《中原音韵》分寒山、桓欢、先天三部;

《中原雅音》分寒、山、先三部;

《洪武正韵》分寒、删、先三部;

《韵略易通》分山寒、端桓、先全三部。

咸摄分部:《中原音韵》分监咸、廉纤二部;

《中原雅音》分覃、盐二部;

《洪武正韵》分覃、盐二部;

《韵略易通》分缄咸、纤廉二部。

以上是元末明初的韵书分部,那个时期主要韵书都把山摄、咸摄字各分为两个以上韵部。直到16世纪,有的官话区韵书仍然存在着跟中古的"等"相关联的差别。如河南宁陵人吕坤的《交泰韵》分寒、删、先三部,江苏上元(今属南京市)人李登的《书文音义便考私编》分寒、桓、先、元四部。

这些例证说明,山、咸两摄内部的主要元音差别保持得相当长久,元代和明初还是北方话的普遍现象。而且这些元音差别跟中古音的四等、开合一脉相承直接联系。由此引起的问题就是,宋词韵部的寒先、监廉两部是否各自只包含一个韵腹?现在学者公认宋词押韵一般采用雅言,如果是宋代雅言已经合并了的韵腹后来又出现了分化,那么后来的分化结果不可能跟中古音的四等直接对应而是有另外的分化条件和另外的结局。所以,我们不认为宋以后到元明期间这两部的主要元音有过分化的经历,而认为宋词韵部有的本身押韵宽,寒先部、监廉部各包含两个以上韵腹,在韵尾相同的条件下,韵腹相近的字常常在一起押韵,成为一个韵部。

先秦古音距离我们太遥远,有些东西很难看清楚,存在不同意见时也不容易通过争论达到一致。宋元明清在时间上离我们近,可参考的语音材料也多,那些对上古音来说是疑难的问题在近代就比较容易解决。从宋词韵、元曲韵和明清北曲韵的情况看,各时期的韵部系统中都有包含不同韵腹的韵部,但是这样的韵部是少数,只能说是个别现象;系统内的多数韵部还是只含一个韵腹。换句话说,"同一韵部有共同韵基"是常例,违反这一规律的是变例。在看待诗文韵部内涵时,既不能以常例抹杀变例,更不能以变例否定常例。

主要参考文献:

鲍明炜《初唐诗文的韵系》,《音韵学研究》第二辑,中华书局1986年。
    《唐代诗文韵部研究》,江苏古籍出版社1990年。
丁邦新《魏晋音韵研究》,《史语所专刊》之六十五,1975年。
李露蕾《南北朝韵部研究方法论略》,《华东师范大学学报》(哲学社会科学版)1991年2期。
李　荣《庾信诗文用韵研究》,《音韵存稿》,商务印书馆1982年。
    《隋韵谱》,同上。
李新魁《中原音韵音系研究》,中州书画社1983年。
廖珣英《关汉卿戏曲的用韵》,《中国语文》1963年4期。
    《诸宫调的用韵》,《中国语文》1964年1期。
刘丽川《王梵志白话诗的用韵》,中国人民大学《语言论丛》第二辑,1984年。
鲁国尧《宋代辛弃疾等山东词人用韵考》,《南京大学学报》(社会科学版)1979年2期。
    《宋代苏轼等四川词人用韵考》,《语言学论丛》第八辑,商务印书馆1981年。
    《宋代福建词人用韵考》,《语言文字学术论文集》,知识出版社1989年。

《白朴的词韵和曲韵及其同异》,《王力先生纪念论文集》,商务印书馆1990年。

《论宋词韵及其与金元词韵的比较》,《中国语言学报》第四期,商务印书馆1991年。

陆志韦 《诗韵谱》,《陆志韦语言学著作集》(二),中华书局1999年。

罗常培、周祖谟《汉魏晋南北朝韵部演变研究》(第一分册),科学出版社1958年。

宁继福《中原音韵表稿》,吉林文史出版社1986年。

邵荣芬《古韵鱼侯两部在前汉时期的分合》,《邵荣芬音韵学论文集》,首都师范大学出版社1997年。

《古韵鱼侯两部在后汉时期的演变》,同上。

唐作藩《寒山子诗韵》(附拾得诗韵),《语言学论丛》第五辑,商务印书馆1963年。

《正音捃言的韵母系统》,《中国语文》1980年1期。

《苏轼诗韵考》,《王力先生纪念论文集》,商务印书馆1990年。

王 力《南北朝诗人用韵考》,《王力文集》第十八卷,山东教育出版社1991年。

《上古韵母系统研究》,《王力文集》第十七卷,山东教育出版社1989年。

《诗经韵读》,《王力文集》第六卷,山东教育出版社1986年。

《楚辞韵读》,同上。

熊 燕《子弟书用韵研究》,《语言学论丛》第二十二辑,商务印书馆1999年。

薛凤生《中原音韵的音位系统》,北京语言学院出版社1990年。

荀春荣《韩愈的诗歌用韵》,《语言学论丛》第九辑,商务印书馆1982年。

《韩愈的韵文用韵》,《语言学论丛》第十五辑,商务印书馆1988年。

杨耐思《中原音韵音系》,中国社会科学出版社1981年。

《音韵学的研究方法》,《语文导报》1987年第3—4期。

虞万里《从古方音看歌支的关系及其演变》,《音韵学研究》第三辑,1994年。

张　琨《张琨教授谈汉藏系语言和汉语史的研究》(徐通锵记录整理)，《语言学论丛》第十三辑，商务印书馆1984年。
张世禄《杜甫诗的韵系》，《中央大学文史哲季刊》第二卷第一期，1944年。
张洵如《北平音系十三辙》，中国大辞典编纂处1933年。
赵荫棠《中原音韵研究》，商务印书馆1957年。
周大璞《董西厢用韵考》，《武汉大学学报》(人文科学版)1963年第2期。
　　　《敦煌变文用韵考》，《武汉大学学报》(人文科学版)1979年第3—5期。
周祖谟《魏晋宋时期诗文韵部的演变》，《周祖谟语言学论文集》，商务印书馆2001年。
　　　《齐梁陈隋时期诗文韵部研究》，同上。
　　　《切韵的性质和它的音系基础》，同上。
　　　《变文的押韵和唐代语音研究》，《语言文字学术论文集》，知识出版社1989年。
　　　《魏晋南北朝韵部之演变》，东大图书公司1996年。

第二章 反切系联法和音注类比法

一、概　说

　　反切是古代最重要的注音方法,反切系联法就是通过分析反切上、下字而研究古代某一音系里的声母类别和韵母类别的方法。本方法的应用条件在于反切上字跟被切字的声母相同,反切下字跟被切字的韵母和声调都相同。应用本方法的必要性在于:很多韵书、字书和音注材料里,声母和韵母的类别不是明显的、直观的,而是处于隐蔽状态,同时反切上下字的使用有一定的随意性,同样的声母用了较多的上字,同样的韵母和声调用了较多的下字。在这样的前提下,根据反切上字的同用、互用、递用关系可以把相同声母的小韵联系起来,根据反切下字的同用、互用、递用关系可以把相同韵母和相同声调的小韵联系起来。对一部书的全部反切进行系联,可以发现全书的声母类别和韵母类别。系联法的原理遵循着形式逻辑上的几种推理规律,这将在下文细讲。

　　这一方法适用于某些韵书、字书、音义书中的切语。

　　韵书的编纂源远流长,韵书的体例也经历了由粗疏到精密的发展过程。早期的韵书如《切韵》《广韵》,还有一部分后来的韵书如《洪武正韵》等,体例还比较粗疏,没有把所有的音节成分都明确地区别标注。它们以声调分卷,每卷内分韵,每韵内分同音字组(叫做"小韵"或叫"纽")。这样的体例,只揭示出了声调和"韵基"(即韵腹加上韵尾)的类别,至于声母和韵头的类别则没有揭示出来。而且由于一韵之内排列小韵时没有固定的规则,先后次序是随意的,读者不能一目了然地辨别出哪些字有相同的声母,哪些字有相同的韵头,唯有从反切上下字的关联中去考察,才能解决问题。反切系联法最初就是针对这类韵书而发明。

到金代,韩道昭的《五音集韵》对韵书体例作了重要改进,该书采用了等韵学的原理,在按照声调分卷、按照韵基分韵之后,又有明确的下级分类,一韵之内,以三十六字母标示每个小韵的声母,以开合四等标示韵母的小类,这样就把所有的音节成分都揭示出来了。此后的多数韵书沿用了这种体例,对这样的韵书,反切系联法的用处不大。

古代很多字书用反切注音。字书的体例是以部首和笔画作为分类的纲目,每字单独注音,同音类的字在书中分散多处,一般不考虑读音的联系,语音系统完全处在隐蔽状态。但是这样的隐蔽音系也能够考证出来:字书收字多,覆盖范围广,如果一部字书的反切是按照一个语音系统制作的,那么把全部反切收集起来而加以系联,就可以整理出该音系。

"音义书"是为特定对象注音释义的一种著作。一部音义书,或者是为一部书里边的字注音释义,或者为同类性质的若干书注音释义。音义书的反切数量也比较多,把它们收集整理,往往也能发现一个音系。

反切系联法由清末陈澧发明,在20世纪,音韵学工作者广泛地运用了这一方法,取得了辉煌成就。

《广韵》和《切韵》作为汉语音韵学的经典,一直是20世纪研究的热门。陈澧的系联结果得到补充修订,黄侃、高本汉、周祖谟、董同龢等,重新系联了《广韵》反切,所得到的类别互相有出入。1947年,人们发现了故宫收藏的完整的唐人写本王仁煦《刊谬补缺切韵》,比《广韵》更古老的《切韵》系韵书重见天日,人们对这部书的热情可想而知。在众多的研究者中,李荣、邵荣芬等人的著作影响大。其他韵书,如宋代的《集韵》和明代的《洪武正韵》,也曾经有人使用过系联法来研究其声韵类别。后期韵书的系联,较重要的是邵荣芬的《中原雅音研究》。

古代的字书反切,有些是字书的作者自己制作的,有些是采用了某一种现成的。南北朝梁代顾野王《玉篇》的反切,保存在日本人空海所编的《篆隶万象名义》中,另外存世的原本《玉篇》残卷还有数千字。

周祖谟曾撰文《万象名义中之原本玉篇音系》,周祖庠著《玉篇零卷音韵》。汉代许慎的《说文解字》是最早的字书,但原书没有反切,五代时徐铉用《唐韵》的反切拿来逐字为《说文》加上了反切,这是大徐本《说文》的切语;其弟徐锴用朱翱的反切为《说文》注音,这是小徐本《说文》的切语。前者有严学宭的研究,后者有严学宭、王力、张世禄等人的研究。宋以后的字书大多跟一种韵书配套,用的是韵书的反切,没有独立的系联价值。也有少数例外,如张自烈《正字通》,有日本学者古屋昭弘的系列文章。

一般音义书的反切数量多。陆德明《经典释文》既有他本人的反切,也有大量的南北朝经师的注音,资料丰富。王力、蒋希文、邵荣芬等人研究了陆德明反切。其余各家经师反切的研究也很有成就,如徐邈、刘昌宗、沈重诸家。隋曹宪《博雅音》是另外一种重要音义书,研究者有黄典诚、丁锋等。唐代的慧琳和尚《一切经音义》是很有影响的佛教典籍,黄淬伯早在20世纪30年代之初写了《慧琳一切经音义反切考》,开音义研究之先河。此外还有玄应的《一切经音义》,周法高、王力等做过研究。

二、运用的细则

介绍反切系联法要从发明人陈澧(1810—1882)说起。陈氏认为"《切韵》虽亡,而存于《广韵》",他想从《广韵》中研究出陆法言《切韵》的原来面目,于是著《切韵考》一书,把《广韵》的反切上下字作为研究对象,提出了一套完整的研究方法。

《切韵考》卷一"条例"部分对研究方法讲得很仔细,当代学者把他的方法概括为基本条例、分析条例和补充条例三部分。

1. 基本条例是根据反切上下字的同用、互用、递用三种关系而直接系联同音类的反切上下字。

甲,同用。几个反切共同用一个上字,则这几个被切字的声母属于同类。例如:

冬,都宗切;当,都郎切;登,都滕切;的,都历切。"冬、当、登、的"诸字和它们共用的反切上字"都"的声母一定相同。

孤,古胡切;坚,古贤切;夹,古洽切;高,古劳切。"古、孤、坚、夹、高"的声母一定相同。

几个反切共同用一个切下字,那么这几个被切字属于相同的韵类。例如:

东,德红切;公,古红切。"东、公、红"一定属于同一韵类。

邦,博江切;双,所江切;腔,苦江切;幢,宅江切。"邦、双、腔、幢"诸字和它们共用的反切下字"江"一定属于同一韵类。

乙,互用。两个字互相作对方的反切上字,是切上字的互用。每对互用的反切上字一定属于同一声母。例如:

当,都郎切;都,当孤切。"当"和"都"为互用。

博,补各切;补,博古切。"博"和"补"为互用。

两个字互相作对方的反切下字,是切下字的互用,每对互用的反切下字一定属于同一韵类。例如:

止,诸市切;市,时止切。"止"和"市"为互用。

江,古双切;双,所江切。"江"和"双"为互用。

丙,递用。三个以上的反切,每个被切字依次作另外一个反切的切上字,是反切上字的递用。递用的反切上字属于相同的声类。例如:

冬,都宗切;都,当孤切。"冬、都、当"为同一声类。

西,先稽切;先,苏前切;苏,素姑切;素,桑故切;桑,息郎切。"西、先、苏、素、桑、息"为同一声类。

三个以上的反切,每个被切字依次作另外一个反切的切下字,是反切下字的递用,递用的反切下字属于相同的韵类。例如:

干,古寒切;寒,胡安切。"干、寒、安"为同一韵类。

秋,七由切;由,以周切;周,职流切;流,力求切;求,巨鸠切。"秋、由、周、流、求、鸠"为同一韵类。

从逻辑学的角度衡量,三个条件的系联是在运用"关系推理法"进行推理。

以"同用"和"互用"为条件的系联属于对称性关系的推理。反切上字的同用或反切下字的同用,相当于对称性关系中的"同一关系",即:对象 A 等于 C,对象 B 也等于 C,则对象 A 就等于对象 B;反切上字的互用或反切下字的互用,相当于对称性关系中的"等于关系",即:对象 A 等于对象 B,则对象 B 也等于对象 A。

以"递用"为条件的系联属于传递性关系的推理。反切上字的递用或反切下字的递用,相当于传递性关系中的"相等关系",即:如果对象 A 等于对象 B,对象 B 等于对象 C,则对象 A 也等于对象 C。

在同一个语音系统之内,所有反切上字与反切上字之间的关系,反切下字与反切下字之间的关系,大抵都可以纳入同用、互用、递用三种关系中,因此就可以按照"同一关系"、"等于关系"和"传递关系"进行推理。靠这三项推理系联起来的声类和韵类,可以说是直接的系联。

由于古代韵书、字书反切用字的随意性和其他复杂因素,单纯的直接系联会遇到一些困难,必须用其他方法作为补充。陈澧本人就设计了分析条例和补充条例。

2. 分析条例是把可能系联而实际上不同类的反切上下字区分开。

陈澧说:"《广韵》同音之字不分两切语,此必陆氏旧例也。其两切语下字同类者,则上字必不同类,如红、户公切,烘、呼东切,公东韵同类,则户呼声不同类。今分析切语上字不同类者,据此定之也。上字同类者,下字必不同类,如公、古红切,弓、居戎切,古居声同类,则红戎韵不同类。今分析每韵二类三类四类者,据此定之也。"

本条例合乎形式逻辑中的"不矛盾律",即:在同一思维过程中,两个互相反对的或互相矛盾的判断不能同时都真,其中必有一个是假的。陈氏先确定"《广韵》同音之字不分两切语"这一判断是真实的,那么就不容许两个反切的上字同类并且下字也同类(若双双同类,两条切语就成为同音的,违反了前一判断。由此而推理:如果两个反切的上字同一声类,则下字必不同韵类;反之,如果两个反切的下字同一韵类了,则上字必不同声类,这样才能区别不同音的两个音节。

这一条例只适用于韵书,而不能适用于字书或其他的反切。字书或音义书的同音字分散在几个地方,一般情况下就要出几个反切,既然反切上下字的选用是随意的,同音异切的现象也就不可避免。这样的著作不存在"同音之字不分两切语"这个作为推理前提的判断,自然也就不能用这一推理。字书两条切语的上字同类了,下字仍然可能同类;下字同类了,上字仍然可能同类;因此是不能用分析条例对待的。

3. 补充条例要解决实际上同类却不能直接系联的情况。

陈澧的补充条例,用于反切上字和反切下字的补充条例不同,反切上字的补充条例是以"同音异切"为证据把直接系联的两组字联为一类,反切下字的补充条例是以"四声相承"的关系而类推。

"同音异切"指的是一个字的同一个读音,用了不同的反切上下字。《广韵》这样的韵书,对于多音字的处理方式是有规律的,一字有几个读音,就在几个地方分别出现,每一个地方除了本音的反切之外,还用反切或直音注明它的另外的读音。例如"涷"字有平声和去声两种读音,在平声东韵"东"小韵内它的反切是"德红切",还注明"又都贡切";在去声"送"韵,"涷"字的去声读音用"多贡切"注音,又以直音方式说明它还有平声一音:"又音东"。"都贡""多贡"是同一读音的两个反切,所用反切上字不同。陈澧把这种"又音互见"用在系联上。《切韵考》卷一"条例"六:"切语上字既系联为同类矣,然有实同类而不能系联者,以其切语上字两两互用故也。如多、得、都、当四字,声本同类。多,得何切;得,多则切;都,当孤切;当,都郎切。多与得,都与当,两两互用,遂不能四字系联矣。今考《广韵》,一字两音者互注切语,其同一音之两切语,上二字声必同类。如一东'涷'德红切又都贡切,一送'涷'多贡切,'都贡''多贡'同一音,则都多二字实同一类也。今于切语上字不系联而实同类者,据此以定之。"

声类系联的补充条例,合乎形式逻辑中的对称性关系里的"同一关系"推理。

"四声相承"指的是《广韵》同一韵系的平、上、去、入四个韵在多数情况下各自所包含的韵类数目是对等的,平声有几个韵类,上去入也分别有几个韵类。陈澧以此作为决定疑难韵类的根据。《切韵考》卷一"条例"七:"切语下字既系联为同类矣,然亦有实同类而不能系联者,以其切语下字两两互用故也。如朱、俱、无、夫四字,韵本同类。朱,章俱切;俱,举朱切;无,武夫切;夫,甫无切。朱与俱,无与夫,两两互用,遂不能四字系联矣。今考平上去入四韵相承者,其每韵分类亦多相承。切语下字既不能系联,而相承之韵又分类,乃据以定其分类;否则虽不系联实同类耳。"陈澧举的是虞韵的例子。跟虞韵相承的是上声麌韵和去声遇韵,按照陈澧的观点,如果麌、遇二韵也各分两个韵类,那么平声虞韵的"朱俱""无夫"可以分二类;因为麌、遇二韵都只有一个韵类,那么"朱俱无夫"就应该合为一类。

韵类系联的补充条例,从逻辑原理看是一种"类比推理",即:A 和 B 这两个事物,都具有属性 a、b、c,又知 A 事物还具有属性 d,那么就推论 B 事物也具有属性 d。陈澧的类比根据是:一般情况下,每个韵系(即平上去入相承的四个或三个韵)内几个韵都包含着数量相等的韵类,"平上去入四韵相承者,其每韵分类亦多相承",那么遇到相承各韵的韵类数目的系联结果不相等的,也要假定它们实际上相等,要把系联结果加以修正,或分某韵,或合某韵,使得它们一致起来。

发明以上三个条例,是陈澧的重要贡献。三者的效用是不同的。基本条例很严谨很科学,就逻辑推理而言没有漏洞,具体运用时遇到的问题,乃是材料的原因,是由于研究对象有种种复杂因素,归咎不到方法本身。分析条例的运用取决于韵书内部条件,在体例完善的韵书里,如果反切下字的类别是清楚的,可以作为辨别反切上字是否同类的依据;反之,如果反切上字的类别是清楚的,可以作为辨别反切下字的依据。对付韵书之外的反切,如字书、音义书、传注之类,分析条例就没有用武之地了。

用于反切下字的补充条例根据不足,推理不能得到确实的支持。从逻辑意义上说,类比推理只能得出"或然性"的结论,而不能得出必然性的结论。因为推理所根据的条件不是充分条件。同属于一类事物,各个对象所包含的属性并非完全相同,也会存在彼此不同的属性,A 事物的一部分属性,可能 B 事物不具有。因此,类比推理的结论是否可靠,还有待验证,不能作为下一步推理的根据。依照陈澧的设想,韵书里边相承的四声各韵总是包含同等数量的韵类;然而事实上相承的四韵或三韵,韵类虽然有对应关系,可是这种关系并不是处处整齐的。就以陈澧所系联的韵类而言,也有同韵系而韵类不相等的情况。例如:

东韵系:平声东、去声送、入声屋各有两类,上声董则只有一类。

齐韵系:平声齐、去声霁各分两类,上声荠只有一类。

真韵系:平声真、上声轸、入声质各分三类,去声震只有一类。

戈韵系:平声戈分两类,上声果、去声过各一类。

以上这些韵系,陈澧自己也无法把两三类的合为一类,也不能把一类的分为两三类。这就意味着本条例难于贯彻。

用于反切上字的补充条例却是有道理的。在同一个音系之内,为一个读音作了两个反切,其反切上字(乃至于下字)不会不同类。和基本条例相似,这一方法的适用性很广,韵书以外的反切也可以用。

总的说来,反切系联法是成功的方法,除了下字的补充条例之外,其余的方法都很有成效。它的广泛运用已经说明了它的重要性。

三、遇到的问题和解决方法

1. 系联反切遇到的主要问题

系联法是重要的,但是这种方法也受一定的局限。它的局限性来自于所面对的材料的复杂性。

古人制作反切的时候,目的在于为被切字注出读音,而没有想到让后人用它考订音类,当然也就没有考虑用字的统一,更不考虑同类上字或同类下字形成严密的连绵递转关系。反切上字和下字都是随意选择的,即使在以审音为目标并且编纂体例比较严格的韵书里边,同一个声类的反切上字或同一个韵类的反切下字也会有不发生同用、互用、递用的,甚至有以补充条例也不能够系联的。至于字书和音义书,本来就是逐字注音,更没把语音的系统性反映出来。

同样麻烦的问题还有怎样把本不同类却互相牵连的反切用字区分开。就《广韵》的反切而言,有多种因素使得系联中有可能将非同类误作同类。如:

A. 沿袭旧有反切。韵书编者往往参考以前的韵书，有些地方直接采用以前的反切，没有按照自己的音系彻底改造。如隋唐时舌头音跟舌上音已经分化了，但《切韵》仍然存在所谓"类隔"切。知母"卓""胝"二字的反切分别是"丁角反"和"丁私反"，用端母"丁"作反切上字。

B. 唇音不分开合。在有开、合对立的韵内，唇音字只有一类而无开合对立，用在反切上既可属开口又可属合口，没有一定界限：被切字是唇音字时，有的用了开口字作反切下字，有的用了合口字作反切下字；反过来，唇音字作反切下字时，既可以用作开口字的反切下字，也可以用作合口字的反切下字。这影响到大范围的系联。

C. 附韵。有少数韵母，在某一声调的字很少，没有单独设立一个韵，而把它们放在相邻的韵内，并且用该韵字作为反切下字。如臻韵系的上声字"䟆"放在了隐韵，用的反切下字是隐韵的"谨"字；去声字"齔"放在震韵，用的反切下字是震韵的"觐"字。

D. 借用。有时反切的作者选字没有严格遵守反切规则，使用的下字跟被切字不是相同的韵类。如《刊谬补缺切韵》送韵"凤，冯贡切"，凤为三等，贡为一等；敬韵"敬，居孟反"，敬为三等，孟为二等；养韵"往，王两反"，往为合口，两为开口；径韵"荧，胡定反"，荧为合口，定为开口。①

E. 错讹。在韵书的流传和改编过程中出现韵字归属的错误和反切用字的错误。如《广韵》山韵"鳏，古顽切"，"顽"在删韵而非山韵，不应用作山韵反切下字，但唐代写本《切韵》"顽"字正在山韵，本来不误。脂韵"尸，式之切"，"之"为之韵字，不应用作脂韵的反切下字，《刊谬补缺切韵》"尸，式脂反"，本来不误。

以上只是从《广韵》和《切韵》作为例证而提出的问题，此类问题在其他韵书、字书、音义书里也普遍存在，甚至更加严重。这就意味着，

---

① 这一条，有的学者看做一种习惯。周祖谟《陈澧切韵考辨误》："所谓古人为音之惯例者，即晓匣二母合之字每以开口字切之；或牙喉音之开口字而以唇音合口字切之，是也。即如支韵为蓰支切，养韵往于两切，庚韵横у盲切，昔韵役营隻切。……"(《问学集》541页)龙宇纯《例外反切的研究》内有"凭上字定韵母等第洪细""凭上字定韵母开合"的类型，认为："因为早先确实有这凭上字定韵母的习惯，只要无乖于其字的实际音读，便可以产生各种可能的例外反切。"(《史语所集刊》第三十六本，340页)

单纯的系联法是不足够的,必须有另外的方法作为补充。主要的辅助方法,一种是"旁征",即参照相关著作,通过对比,寻找合理的分类结果;另一种是"审音",从语音系统的规律性来断定音类的分合。

2. 辅助方法之一:旁征

研究反切者一般都会运用这一方法。征引的范围根据不同的研究对象而不同。

黄淬伯《慧琳一切经音义反切考》较多参考韵图。该文前言说:"一类之中,兼分数系者,依据诸切上字系联之迹象,参核《指掌图》之等位,不意此种材料,竟能翕然有合,故各系之先后,即依等位之数定之"。①除了每一系分四等之外,《音义》反切上字有许多不能系联起来的,也靠韵图的分等归在每类之下。"其既无切可徵,而又不见他字用之为直音可替代者,惟附书本类之后也。又以切语稀少,致不能彼此系联者,则斟酌其类而比次之。"②既然无法系联,则所谓"斟酌其类"实际上是参考别的著作而定的,否则无所谓"本类"。我们看到,他的每一个声类都有很多"无切语可稽"的反切上字,如居类有42个、羌类有21个、渠类有11个、鱼类有20个,少者如敕类二字、楚类一字;这些字之所以被毫不犹豫地分在各类下,无非是按照等韵图的归类,加上《广韵》反切上字的系联,否则无所依凭。

周祖谟在研究《万象名义》反切时较多参考原本《玉篇》残卷、宋本《玉篇》和《切韵》:"《名义》收字一万六千余,欲探求其声韵系统,唯有依据反切系联。……即取反切上下字之同用、互用、递用者丝牵而绳引之,以判其类别,复旁与《切韵》一系韵书参证,则全书反切之声韵系统以明。"③"系联之时,乃有本非一类,因一二用字之疏,易混淆为一者;亦有因反切用字只有同用或互用之例,而无递用之例,以致音为同类而不能系联者,势必在系联之外详审分合,参互比证,以定其类别焉。"④他所用的"参互比证"方法有六条,择要如下:

---

① 《慧琳一切经音义反切声类考》,《史语所集刊》第一本第二分,165页。
② 同上,166页。
③ 《万象名义中之原本玉篇音系》,《问学集》,中华书局1966年,276页。
④ 同上,277页。

（1）"以原本《玉篇》一字之两切语互证。原本《玉篇》一字有两切语，依例必不同音。其上字声同者，下字必不同韵；其下字韵同者，上字必不同声。两相比证，可以定其声韵之类别。如'警'音五劳、五交二反，豪肴有别；'䪒'音虚园、呼丸二反，元寒有别；'䃣'音才合、才阖二反，合盍有别；'䚢'音力均、力昆二反，真魂有别；'溓'音理兼、理添二反，盐添有别；'䌫'音似陵、似登二反，蒸登有别；由一字二音可以推知。"这一条，原理跟陈澧的分析条例相同，但是不在《名义》本书内而是从《玉篇》去找证据。

（2）"以正文反切与或体反切比证。原本《玉篇》下每注'或为某字''今为某字''与某字同'，《名义》字下亦时出或体，今一一辑出，取其意义相近而又通用者，比其反切，分别其音类是否相同（例已见上文）。"所谓"上文"是274页的举例："例如原本《玉篇》言部'誖'字音'补溃反'，注云'或为悖字，在心部。'今检《名义》心部'悖'下正音'补溃反'，与原本《玉篇》言部'誖'下字音相同。"

（3）"以《名义》每卷卷首部目之反切与卷中部目之反切比证。《名义》部首之反切，有卷首与卷中不同者。如'见'字卷首音'古荐反'，卷中作'居荐反'；'牙'字卷首音'午加反'，卷中作'鱼加反'；'云'字卷首音'于勋反'，卷中作'胡勋反'；'二'字卷首音'如至反'，卷中作'耳冀反'；'矢'字卷首音'尸耳反'，卷中作'尸旨反'；此类与《广韵》之互注切语者相似，两相比证，可以见其音类之是否相同。"

（4）"以今本《玉篇》之反切互相参证。今本《玉篇》虽经唐宋两代重修增改，而其中保存原本反切者尚多。原本《玉篇》与《名义》之反切有阙误者，可参考今本《玉篇》，确定其音类。例如'厂'部'庡'，《名义》与原本《玉篇》皆作'於□反'，阙反切下字，今本《玉篇》作'於恺切'；糸部'纘'，《名义》与原本《玉篇》皆作'子□反'，阙反切下字，今本《玉篇》作'子卵切'；……足见今本《玉篇》可供比勘者甚多，未可忽略。"

但是，今本《玉篇》的比勘材料也不是随意可用的，有些字今本《玉篇》的反切已经不代表原本的读音，就不能作为参照。"今本《玉篇》声韵系统与《名义》并非全同，遇有可疑，皆参考《切韵》《广韵》，斟酌异同。"

(5)"参考《玉篇》之逸文。唐代古书中引及《玉篇》者,大半出自顾氏原书。日本古籍中亦颇有引及《玉篇》者,尤与今日所见之《玉篇》残卷体制相合。日人冈井慎吾辑有《玉篇》逸文,见所著《玉篇之研究》中,尚称赅备(其中亦有失收者,余别有考)。逸文中凡引及反切者,皆可与《名义》比证。唯冈井所辑亦有出自宋修广益本者,未容混淆,当分别观之耳。"

(6)"参考《广韵》之声韵部类。《玉篇》与《名义》为字书,而非韵书,今于系联《名义》反切之后欲比类而次之,定为系统,则不能不借韵书以为审音考校之资。韵书四声分韵之类例至为明显,《名义》之反切有如散沙,系联之后,类别已分,而审定韵之开合以及四声之条贯,皆须参照韵书以明其异同。《广韵》一书乃承陆法言《切韵》而来,《切韵》分声析韵颇为精密,且与《玉篇》著作之时代相近,故即以《广韵》为参考。"①

上述六条,第三是本书自证,第一、二、四、五是同系书互证,第六是旁系书互证。

"《切韵》—《广韵》"音系是研究其他音系时的重要根据,但是这个音系自身的研究也可以参考其他著作。例如:

三十六字母的泥、娘二母,有人以为在《切韵》里应该合并成一个。邵荣芬从《切韵》《广韵》的反切上字的统计以及多种旁证的分析,否定了上述说法,坚持泥娘分立的主张。首先,在《刊谬补缺切韵》和《广韵》里,泥娘之间的类隔切并不比端知之间的类隔切更多,《王三》的端知类隔切有11个(二母小韵总数156个),泥娘类隔切有10个(二母小韵总数116个);《广韵》的端知类隔切有9个(二母小韵总数162个),泥娘类隔切有9个(二母小韵总数123个),以比例计算,看不出有意义的差距(透彻、定澄的类隔切少,略去)。此外,隋代的《博雅音》、唐代的《晋书音义》也分别呈现出近似的状态:

---

① 以上六条,引自《问学集》277—279页。

	博雅音		晋书音义	
	反切数	类隔切	反切数	类隔切
端知	102	7	194	16
泥娘	99	8	115	13

颜师古注《汉书》的反切上字中,泥母和娘母几乎无牵涉。梵汉对音、汉藏对音在泥娘二母各有不同的译法。可见隋唐时期泥娘的区别是普遍存在的,不能因为现代方音中没有区分的痕迹就把它们合一。①

3. 辅助方法之二:审音

审音的手段在任何地方都有可能用得上。所谓审音,是通过观察一个语音系统自身的结构规律,或者结合语音发展的通例而参考不同时代的音系,看某一音类是否具有独立存在的条件,或者合并于另一音类后是否合乎语音规律。例如一些学者从《切韵》正齿音二等分析出一个擦音"俟"母,除了从反切上字的互用考虑,更多地是从音系的结构上作解释。

在《广韵》中,上声"止"韵的"俟,床史切"是跟"士,鉏里切"相对立的一个小韵,但是"床鉏"二字同一声类;平声"之"韵有一个小韵用"俟"作了反切上字:"漦,俟甾切",是跟"茌,士之切"相对立的小韵。陈澧《切韵考》认为这是《广韵》的错误,"俟士"和"茌漦"分别是同音字,不该分为不同的小韵。近代学者们从敦煌出土的《切韵》残卷和王仁煦《刊谬补缺切韵》发现,唐以前的写本里,"俟、漦"的反切上字原来不跟床母系联,《切三》:"俟,漦史反","漦,俟之反",两两互用;《王三》:"俟,漦史反","漦,俟淄反",也是两两互用。这到底是因为互用而失去与同类的联系,还是本来就是独立的声类呢?董同龢《广韵重纽试释》作了如下推测:"从一方面看,《通志·七音略》《四声等子》与《切韵指掌图》是把'漦俟'二字收在禅母二等的地位。因为在《切韵》里这两个字不跟别的声母联系(就现在所能见的《切韵》残卷而言),那么很可能,它们就是真如《七音略》等书所示,即属于一个我们前所未知的中古声母,禅二等。(依高本汉的系统可以写作z)。这个假定的好

---

① 《切韵研究》,中国社会科学出版社1982年,33—34页。

处在于:1.可以解释《释文》《玉篇》与徐锴何故以'茬'与'漦'以及'士'与'俟'为同音字,同时也可以解释为什么从王仁煦以后韵书会把'俟'的反切上字跟'床'字混了。我们知道,从很早的时候床三等字就有跟禅三等互混的,所以如果有个禅二等声母,它岂不是也可以很早就跟床二等混呢? 上述诸书大都比《切韵》晚,(《释文》或许更有方言的关系),因此就把它们认作同音字。王仁煦《刊谬补缺切韵》与《广韵》仍分两切不过是在面目上保存《切韵》之旧而已。2.就我所知的现代方言说,'士''俟'二字的声母不是全读s就是全读ʂ。dzʻ与z同变s或ʂ是很自然的事。"①董氏的两条理由都在于语音的变化规律,尽管他还对自己的推测有所保留,他的方法不失为一个审音的范例。后来在《汉语音韵学》中,董氏定这个声母的音值为ʒ。

李荣的《切韵音系》在系联之外还重视互补关系。他说:"向来作反切上下字表的办法只管反切上下字本身系联的情形不管反切上下字在整本韵书里所有小韵里的用法。这种办法看起来简单整齐,简单整齐免不了抹杀一些事实。……拿匣母说吧,看§36系联的情形,一共分为四组:

 (1)何(韩柯)韩(胡安)户(胡古)侯(胡沟)黄(胡光)下(胡雅)胡(户吴)痕(户恩)谐(户皆)鞵(户佳)

 (2)雲云(王分)筠(王麘)韦(王非)王(雨方,于放)羽雨(于矩)尤(羽求)于(羽俱)

 (3)蔫(为委)为(蔫支,荣伪)

 (4)洧(荣美)永(荣丙)荣(永兵)

因为出现的机会互补,我们给并成一类。"②

邵荣芬把《切韵》的凡韵系并入严韵系,把臻韵并入真韵开口三等韵类、栉韵并入质韵开口三等韵类,也把互补关系作为一种重要理由。严韵系和凡韵系只在上声、入声的溪母有对立,而这种对立是靠不住的,是后人增加了小韵造成的;臻韵系只有庄组字,跟真韵系的庄

---

① 《史语所集刊》第十三本,15—16页。
② 《切韵音系·绪论》,科学出版社1956年,1页。

组字出现机会是互补的。因此而推论:"现代方言韵母因声调而异读的极其常见。显然在《切韵》的基础方言里,真与臻,严与凡,都有在特定的声母条件下,韵母主元音随着声调的不同(这里是平入对上去)而有所改变。""严韵系和凡韵系,臻韵系和真韵系的区别既然是在一定声母条件下的异调异读,所以我们认为可以把严韵系并入凡韵系,臻韵系并入真韵系。"①

4. 关于辅助方法的效用

在系联法之外运用了辅助方法,也不见得彻底解决了问题。由于对材料的看法有所不同,还会产生不同的结论。在这个层面上,往往有主观因素起作用。当两类之间的界限不太清楚的时候,不同的研究者受先入为主的理念所支配,决断有分歧。

陈澧系联《广韵》声类韵类时出问题,最被后人指责者,即因为其主观性。周祖谟在谈到陈澧的系联结果时说:"然就其所定者案核之,实与《广韵》之音系不合。非其例不善也,端在用之不得其分际耳。盖据其正例以分之,则为类当多于四十;据其变例以合之,为类当不及四十。今就其所合者而言:如陈氏所定古与居,康与去,呼与香,卢与力,据正例判然为二者也,陈氏则均从变例以定其合;次就其所分者而言,又未尝不能证其合,如多与张,徒与除,奴与尼,方与边,敷与滂,房与蒲等十二类,亦可以据互注切语之字并之为六。如此之俦,陈氏又不一一合之,是分合之例不能划一也。"因此批评陈澧说:"盖陈氏于其所欲合者则据变例以证其合,于其所不欲合者则据其正例以定其分。虽皆有凭据。而意自己出,未能权其轻重。"②这段话的意思是说陈澧运用变例没有一贯的准则,同样是有变例可用,但是有的地方用,有的地方不用。真正的原因在于"广韵之又音至为凌杂,不能与小韵之反语齐观,以其中往往有类隔切"。类隔切是前代音的残迹,不是本音系的同质成分,如陆志韦所说:"又切所保存之声韵未必与正切同一系统,且每一又切各自有其来历,亦不必自成系统。"③来源不同的反切自

---

① 《切韵研究》81—83页。
② 《陈澧切韵考辨误》,《问学集》518—519页。
③ 《证广韵五十一声类》,《燕京学报》第25期,12页。

然应该分别处理,但是从形式上,却跟同质的类隔切没有分别。如何区分出两种又音,自然不容易。

但是周祖谟自己的系联也因存在同样的问题而受到批评与修正。邵荣芬在《切韵研究》一书谈到《万象名义》切上字的特点时指出,周祖谟认为端、透、定与知、彻、澄已经分化,而泥、娘仍然合一,这是不对的。实际上泥、娘混切的并不多。按照邵荣芬的统计,泥娘两母在《名义》共有278个反切,混切只有12次,占总数的百分之四点三多一些;而端透定跟知彻澄的混切比例更高,总共1992个反切中,两类之间的混切有137次,占百分之七弱;透彻两母的混切竟然高达百分之十五点五。"可见从混切数字的多少来看,认为端知六母当分,泥娘应合,是没有根据的"。①

如果两个音类相混的反切很少,更需要谨慎对待,一般不宜轻易合为一类。黄淬伯《一切经音义反切声类考》中,把同一声类按四等分为三小类,一、二等一类,三等一类,四等一类。各小类之间多有混切,如居类一二等字偶然用了三等字"吉"作反切上字,四等开口则多处用一等"古"作反切上字,这种情况下"从分"是可以的;但与此同时,四等合口只用四等合口的切上字,完全不用其他类字,当然也不跟四等开口相混,这种情况下,黄氏把四等的开口跟合口并为一类是有问题的。还有,三等的"于"类(喻三)和四等的"以"类(喻四)的反切用字完全不混,黄氏却合二而一,这样的主观处理方式似乎没有什么道理。另一个典型的例子是从、邪两类的分合。黄氏研究《一切经音义》反切上字,把《切韵》从母、邪母合为一类,仅仅根据一个并非又音的切语,即作出断语,说:"按《一切经音义》八十三卷十八页与八十五卷十页著录之'酋'字,其义俱训酋长,其音一作就由切,一作似由切。据此一字,当时之音,情(从母四等)循(邪母)两系之发声或相同也。又以第三组舌面前部带音摩擦之禅母,与破裂摩擦之乘母(床母之别一类)相合之现象例之,则舌尖前带音摩擦之邪母(于本编为循系)与破裂摩擦之从母(从母四等字,于本编为情类之情系)融浑为一,其可能性,未尝

---

① 《切韵研究》14页。

不强。此根据禅乘浑一之迹,参取当时语音家之说,酋字之切,与似同用,乃一可贵之材料也。"① 他的"声类表"把从、邪合一,但是《音义》中更多的是反面证据,以黄氏自己举到的例子而言,去声焮韵"烬"字,共二十一见,屡注夕刃、辞进等切,并注秦刃切者三见,但在四十六卷十二页"灰烬"下注云"寺进、秦刃二反",八十八卷三页"同烬"下注"秦进反,俗音似进反,非也",显然,从、邪是对立的两个声母。"酋"字的两个反切很可能就是一字两音,不必看作同音。

退一步讲,即使"酋"字的两个反切是注同一个读音,也不能作为合并声类的证据。仅仅凭个别反切就合并声类,危险性太大。在没有其他佐证的情况下,宁可从分,不可从合。

四、音注类比法

除了韵书、字书、音义书以外,古人为典籍所作的注释里边也包含着不少注音的内容。那些"注、传、疏、正义"等名义下的古书注释,在解释字义之外,也常常需要为某些字注音。注音的方式,主要是反切和"直音"。这些音注资料也很有语音史上的价值,因此受到重视。但一部书的音注往往是有限的,一般是碰到难识字、多音多义字、通假字时才注音;反切和直音的数量少了就无法通过系联而得出语音系统,甚至完全无法系联。有些音义书,后代只有残卷保存下来,里边的注音材料数量也不多。对以上这类情况,人们所用的方法是把研究对象跟某种参照系统进行对比,从注音用字的类别异同来分析语音特点。过去有人把这种方法叫做"反切比较法"。不过,所研究的材料不仅有反切,还有很多直音,所以我们更换一个名称,叫做"音注类比法"。选取哪一种参照系统,主要看研究对象的时代而定。中古时期的音注研究是把《切韵》音系作为参照系统,近代阶段的音注研究则主要参照《中原音韵》《洪武正韵》等系统。

1. 比较对象的确定

本方法的第一步骤是确定比较的对象。汉字有一字多音多义的

---

① 《史语所集刊》第一本第二分,177页。

特点,并非字形相同就可以比较,只有音、义对应才能比较。要准确认识作音人的语音特点,必须分析所比较的读音是不是同一个词。如果两音不是同一个词,甚至没有继承关系或者同源关系,那么两者就不具有比较的价值。如果两音是同一个词,或者有继承关系或同源关系,才可以进行比较。下面转述两位学者总结的比较条件。

邵荣芬的《五经文字的直音和反切》,是把唐代张参的《五经文字》音注跟《广韵》作比较,他提出了以下标准。

(一)两书同收某字,而且这两个字还必须在意义上相同。如《五经文字》和《广韵》都收了一个"㮹"字,《文字》音"丁果反",义为"捶也";《广韵》音"市缘切",义为"木也";字形虽然是一个,但两个音的意义不同,不可比较。

(二)两书所收一个字的意义相同,但是所收的音有多有少。这时,如果属于少数一边的音切都能在多数的一边找到,可以认为这个字在两书的读音基本相同,所不同的只是一边多出了又音而已。可是当少数一边的音切和多数一边的音切都不相同的时候,就把两个最相近的音切拿来做比较。如"甈"字,《文字》"五势反"(疑母祭韵),《广韵》"去例切"(溪母祭韵)又"五计切"(疑母霁韵),就拿"五计切"来和"五势反"作比较而不拿"去例切"作比较。

(三)《广韵》唇音字不分开合,对《文字》的唇音也不作开合的分辨,并且不拿唇音反切下字定开合。

陈亚川《反切比较法例说》一文对本方法有更详尽的论述。该文提出字形、字义、字音三方面的比较条件。

字形方面的条件是:(1)两书同收某字,被切字的字形在原则上应该相同。(2)有的被切字的字形两书虽然不同,但系异体字,也符合比较的条件。如《方言》"芋,大也",郭璞注"香于反";《广韵》虞韵"訏,大也,况于切";"芋""訏"二字意义相同,在音注相同或相近的条件下可以比较。(3)有的被切字两书字形不同,并且还不一定是异体字,但字义相同、字音相当,可以进行比较。如《方言》"蟒,……南楚之外谓之蟅蟒",郭注:"即蝗也,莫鲠反";《广韵》梗韵"蟒,莫杏切,蚱蜢虫";"蟒蜢"二字可以比较。

字义方面的条件是:(1)如意义不同,即使字形完全相同也不可比较;(2)一个字两书的音义可能有多有少,意义相同的两个音才能匹配比较。

字音方面的条件是:(1)一个字的形、义相应条件具备时,即可进行字音对比,其结果可能是两书完全同音,也可能显现出声韵调的不同特点,如声类不同、韵类不同或调类不同。(2)同一字两书的意义相同,所收读音有多有少,则首先看有无同音反切可以匹配。(3),如果没有同音反切,再看有无音近的反切可以匹配。(4)如果没有音近反切或远近难分,就看能否从语音演变的趋势上决定配偶。[①]

注意了以上这些条件,比较才有可靠的基础。

2. 比较实例

中古音注跟《广韵》的比较,是看反切上字跟被切字的声母在《广韵》音系是否属于同一个声母,若属于同一个声母,则看不出注音者的音系有什么特点;若不属于同一个声母,就可能反映了注音者所根据的语音的声母特点。同理,若反切下字跟被切字的韵类在《广韵》属于同一个韵类,就看不出注音者的音系在韵母上有什么特点;若不属于同一个韵类,就可能反映了注音者所用音系的韵母特点。

例如西晋郭璞注《尔雅》的反切:

《释训》:"萌,武耕反。""萌武"二字的《广韵》声母都是明母,"萌耕"二字的《广韵》韵类都是耕韵开口二等(唇音不分开合,与反切下字视为同类),这个反切在声母和韵母上都不反映郭璞音系有什么特点。

《释天》:"滩,敕丹反。""滩"的《广韵》声母是透母,"敕"的《广韵》声母是彻母,二字在《广韵》音系属于两个声母而在郭璞语音里是同一个声母,即反映了声母的差别。"滩丹"在《广韵》都是寒韵开口一等,为同一韵类,这个反切不反映韵母方面的差别。

《释言》:"毙,步计反。""毙步"在《广韵》的声母都是并母;而韵母则不同类,"毙"在《广韵》属于祭韵,而"计"属于霁韵,这说明郭璞语音里可能祭霁二韵不分。

[①] 《中国语文》1986年第2期,143—147页。

直音的用处跟反切相等,比较的方法也相同,即看被注字跟注音字的声母在《广韵》是否为同一声母、韵类在《广韵》是否为同一韵类。如郭璞的《方言注》:

卷五:"络,音洛。""络洛"二字在《广韵》同属来母、铎韵开口一等,声母和韵母都不反映什么差别。

卷三:"噎,音翳。"《广韵》"噎,乌结切",影母、屑韵四等开口;"翳,于计切又乌奚切",前者影母霁韵四等开口,后音影母齐韵四等开口。"噎翳"二字在《广韵》的声母相同而韵类不相同,郭璞的注音跟《广韵》韵类不一致。

从语音史的眼光看待比较的结果,大致有以下几种情况。

第一,那些跟《广韵》的声类韵类完全一致的注音,不反映语音的历时变化,也不反映语音的地域差别。A.早于《切韵》的音注中存在的这种情况,一种可能是所注字音到《切韵》时代没有发生过音类的改变,另一种可能是《切韵》的反切沿袭了从前经师的音注反切。B.晚于《切韵》的音注中存在的这种情况,一种可能是所注字音自《切韵》到注音时代没有发生过音类的改变,另一种可能是注音者的反切沿袭了《切韵》或《广韵》的反切。C.产生时间近于《切韵》的音注若存在这种情况,则说明注音者所用的读音在类别上与《切韵》一致,甚至有可能注音者直接使用《切韵》的注音。

第二,音注中与《广韵》音系有差别的部分,也有两种可能,一种是代表了音类的变化,另一种仅仅属于个别字的读音变化而不是音类的变化。前者体现某种音变规律;后者也许并不代表某种音变规律,或者虽能反映某种音变规律但该规律已经超出两个音系的对比范围了。前文举例的郭璞以"噎"与"翳"同音,也许只是一个字的读音问题,而不是音类的混同,即不能以这一个注音来证明屑韵和霁韵是同一个韵类。这就意味着两个读音的差别不代表某种音变规律。再比如《方言》卷六"佚愓,缓也",郭璞注"跌唐两音",注音字跟被注音字的关系看来更像是联绵词的异文,或许是"跌荡"的另外写法,这对异文来源于上古的"喻四归定"现象,而不一定是郭璞时代"佚"字只读"跌"这个音,更不是喻母跟定母不分。

要得出一个结论说某些音注差别代表着一种音类的变化,应该在同类的现象出现比较多的时候才能下定论。当然若有外部的充足材料作旁证就更加可靠,比如根据注音说南北朝以前"舌头舌上不分""轻重唇不分",能够找到很多旁证,这当然是可信的。"多重证据"总是汉语史研究中的指导原则。

3."枚举归纳推理法"

蒋希文在研究东晋徐邈音切的时候,提出了名叫"简单枚举归纳推理"的方法,事实上就是把音注类比的方法从逻辑学上加以理论化,跟"反切比较法"异名而同实。蒋氏的论点可以分三层意思。

第一,由于《切韵》《广韵》音系的研究比较成熟,研究中古音其他材料有了可靠的比较对象:"'五四'以来,经过中外学者努力,中古汉语语音的研究取得了很大的成绩,这使从事汉语语言工作的学者,对《切韵》《广韵》一系韵书所代表的语音系统有了一个比较清楚的认识,这对我们研究徐邈的音切来说,也有了一个重要的参照系。"①

第二,参照《切韵》《广韵》音系,并采用逻辑上的简单枚举归纳推理,可以解决"实同类而不能系联"的问题:"'枚举归纳推理'是一种不完全的归纳推理,对某类事物而言,我们只要考察该类事物的部分对象,从而就可以作出有关该类事物的全部对象的结论。说得稍微详细一点,我们考察某类事物,发现其中部分对象具有某种属性,在没有反例的情况下,即可以进而推断该类事物全部对象也应具有这种属性。比方说,我们归纳徐邈的声类、韵类,在徐邈现存的音切里,按反切上(下)字系联,可获得若干小组。我们可以挑出某些小组或某一小组作为徐音的某些声类(韵类)的抽样,然后考察各抽样或某一抽样每一音切的被切字和反切上(下)字所具有的共同'特征',并把这种'特征'看成是各抽样一种特有的属性,以作为进行归纳的基础。在没有反例的情况下,可以进而推断,各抽样所属的声类(韵类)全部对象都应具有这种属性"②

第三,对于完全孤立而不能跟其他任何抽样系联的切语,也用这

---

① 《徐邈音切研究》,贵州教育出版社1999年,5页。
② 同上,5—6页。

一办法归类:"特别是,在徐邈现存的音切里,有些切语和任一抽样都不能系联,我们可以分别的进行考察,只要某一切语和某一抽样具有相同的属性,即可据以推断,该切语和该抽样,虽不系联,实为同类。"①

下面以"帮"母字的归纳为例,看蒋氏这一方法的实际应用。

(一) 秕甫止 陂甫寄 贲甫寄……纰补移 比补履 黼音补

本组共六十例。通过反切上字"甫""方"联成一组。本组被切字,反切上字或直音字,相当于《切韵》《广韵》的帮母字或非母字,或帮、非两母的混切字,现即以这些特点,作为本类声母的归纳基础,亦即以本组字作为本类声母的抽样。

为了区别在徐邈的反切系统里还有一些和本组同类而不能系联的切语,现称本组为帮类一组。

(二) 弊府世 簸府佐 柎音府

(三) 发音废 袚音废

(四) 贲音奋 攒音奋

上面七例通过直音和反切上字"府废奋"分别地联成三个小组,我们依次地管这三个小组叫做帮类二组、帮类三组、帮类四组。帮类二、三、四组三组字互不系联,和一组字也不系联。但帮类二、三、四组被切字,或被音字,反切上字或直音字也都是中古的帮母字、非母字或帮非两母混切字。根据枚举归纳推理,帮类一、二、三、四组虽互不系联,实为同类。

另有:诽音非 棐音匪……版音板 风福 凤杸必遥

十例互不系联,和一、二、三、四组字也不系联。但以上十例被切字和被音字,反切上字和直音字也都限于中古的帮母字、非母字,根据枚举归纳推理,以上十例和一、二、三、字组字,虽不系联,实亦同类。②

由上例可知,蒋书所说的"某类事物",即预先就能设定为同类的

---

① 《徐邈音切研究》,6页。
② 同上,7—8页。

特定研究对象,完全是根据《切韵》《广韵》来定的。《切韵》《广韵》同声母的字("帮""非"二分,不甚妥当)就作为声类系联的同类对象;《切韵》《广韵》同韵类的字,就作为归纳韵类的同类对象。他所说的该类对象具有的"某种属性",就是反切上字或反切下字是否属于《切韵》《广韵》的同一声母或同一韵类。总之,"简单枚举归纳推理"的研究方法完全依赖于跟《切韵》音系的对比,就实质而言这一方法还是"音注类比法",但在理论上有所升华。

我们先谈一下逻辑学上的这一方法,再从理论和实践上分析这一方法的效用。

逻辑学上的简单归纳推理,是说某一属性在一些同类对象中重复而没有遇到矛盾的情况,于是就对该类所有对象作出一般性的结论。这一推理可以概括为下列的形式:

S_1 是(或不是)P

S_2 是(或不是)P

S_3 是(或不是)P

Sn 是(或不是)P

(S_1……Sn 是 A 类的部分对象,

<u>在简单枚举中没有遇到与之相矛盾的情况</u>)

所以,整个 A 类对象都是(或不是)P

在逻辑学上这一方法跟完全归纳推理有很大区别。完全归纳推理是以充分的根据为前提进行推理,不完全归纳推理是以不充分的条件为前提进行推理,前者可以得出必然性的结论,后者只能得出可能性的结论而不能得出必然性的结论。当我们观察了一些同类对象并且没有遇到矛盾情况时,还不能断定根本不存在矛盾情况;如果没有被发现的同类对象恰好就是跟已知的对象是矛盾的,那么,推理就不成立了。因此,简单枚举归纳推理的方法不能作为科学的证明方法来使用,我们只能借助于这一方法提出假设,这些假设还有待于进一步的研究和验证。如果进一步的研究一直没有出现反证,就证实了原先的假设;如果进一步的研究发现了反证(矛盾现象),原先的假设就必须推翻。

在音注的研究中,由于不能找到整类对象的全部根据,在现有的不充分的条件下,用简单枚举归纳推理,是一种有意义的方法。但是,对这一方法所得到的结论还应有所保留,不能看作确实可靠的定论。

由此看来,蒋希文对这一方法的作用所作的估价偏高了一些。他认为只要考察一类事物的部分对象,就可以对该类事物的全部对象作出肯定的结论。有时难免以偏概全,把可能性当作必然性,从逻辑上说是超越了这一方法的有效范围,在实践中也容易出差错。蒋希文的实际操作中也出现过一些问题。徐邈的反切中有些特别现象,究竟是"共同属性"还是"反例",并不容易用简单枚举归纳的方法解释。如声母中的舌音"透"类,以《广韵》透母切透母的5例,以彻母切彻母的10例,以彻母切定母的5例,最后一组比较特别,无论是看作本类的"属性"还是看作"反例",处理起来都困难。如当作本类属性,就得把定母跟彻母合为一个声母,这难以跟学科内的古音知识吻合;如看作反例,彻母字就失去了系联成一类的理由。蒋希文对此解释为"彻母字的读音和定母字的音值相去还不太远",这是无法自圆其说的,若是读音相近为条件,则知、澄应该跟彻母更接近,为什么反而没有混切?其他还有以母字跟定、邪、船、书、云五母混切,更不能用简单枚举归纳推理解决。

总之,对于这一方法的效用应该有恰如其分的评价,它只能作为音注研究中间的一个步骤,得到的推论还不一定是确实可靠的定论。

主要参考文献:
白涤洲《集韵声类考》,《史语所集刊》第三本第一分,1931年。
陈　澧《切韵考》,中国书店1984年。
陈亚川《方言郭璞注的反切下字》,《中国语文》1983年第6期。
　　　《反切比较法例说》,《中国语文》1986年第2期。
陈　燕《陈澧切韵考辨析重组方法的得失》,《天津师大学报》1993年
　　　第6期。
丁　锋《博雅音音系研究》,北京大学出版社1995年。
董同龢《汉语音韵学》,中华书局2001年。

高本汉《中国音韵学研究》,商务印书馆1940年。
葛信益《广韵丛考》,北京师范大学出版社1993年。
黄淬伯《慧琳一切经音义反切声类考》,《史语所集刊第一本第二分,1930年。
　　《慧琳一切经音义反切考韵表》,《国学论丛》第二卷二期,1930年。
黄典诚《曹宪博雅音研究》,《音韵学研究》第二辑,中华书局1986年。
简启贤《郭璞音》,《云南教育学院学报》1990年第3期。
蒋希文《整理反切的方法》,《贵州大学学报》1992年第2期。
　　《徐邈音切研究》,贵州教育出版社1999年。
李　荣《切韵音系》,科学出版社1956年。
刘文锦《洪武正韵声类考》,《史语所集刊》第三本第二分,1931年。
龙宇纯《例外反切的研究》,《史语所集刊》第三十六本,1965年。
　　《陈澧以来几家反切系联法商榷》,(台湾)《清华学报》第十四卷一、二期合刊,1982年。
陆志韦《古反切是怎样构造的》,《中国语文》1963年5期。
　　《证广韵五十一声类》,《燕京学报》第五期,1939年。
罗常培《反切的方法及其应用》,《国文月刊》第二十七期,1944年。
马重奇《颜师古汉书注反切考》,《福建师大学报》1990年第3期。
宁继福《古今韵会举要及相关韵书》,中华书局1997年。
欧阳宗书《汉书音注的声母系统》,《江西大学学报》1990年第4期。
　　《汉书音注的韵母系统及其语音基础》,《江西大学研究生学刊》1988年第2期。
平山久雄《敦煌毛诗音残卷反切的结构特点》,《古汉语研究》1990年第3期。
邵荣芬《切韵研究》,中国社会科学出版社1982年。
　　《中原雅音研究》,山东人民出版社1981年。
　　《五经文字的直音和反切》,《中国语文》1964年第3期。
施文涛《关于汉语音韵研究的几个问题》,《中国语文》1964年第1期。
孙玉文《李贤后汉书音注的音系研究》,《湖北大学学报》1993年第5—

6期。

唐作藩《音韵学教程》,北京大学出版社1991年。

王　力《玄应一切经音义反切考》,《龙虫并雕斋文集》第三册,中华书局1982年。

　　《朱熹反切考》,同上。

　　《朱翱反切考》,同上。

　　《经典释文反切考》,同上。

严学宭《大徐本说文反切的音系》,《国学季刊》第六卷第一期,1936年。

　　《小徐本说文反切的音系》,《中山大学师范学院季刊》第一卷第二期,1943年。

张世禄《朱翱反切声类考》,《中山大学研究院文科研究所集刊》第一期,1943年。

　　《朱翱反切考》,《说文月刊》第四卷,1944年。

周法高《玄应反切考》,《史语所集刊》第二十本(上),1948年。

周祖谟《陈澧切韵考辨误》,《问学集》,中华书局1966年。

　　《万象名义中之原本玉篇音系》,同上。

　　《唐五代韵书集存》,中华书局1985年。

周祖庠《原本玉篇零卷音韵》,贵州教育出版社1995年。

第三章 谐声推演法

一、概　说

"谐声推演法"是利用汉字字形的造字规律研究古音的一种方法。

谐声字就是形声字。两个名称都是汉代出现的,作为六书当中的一种,所指对象相同,但古代不同的书里用了不同的名称。《汉书·艺文志》的六书是"象形、象事、象意、象声、转注、假借","象声"是第四种。《周礼·地官·保氏》郑玄引郑众注:"六书:象形、会意、转注、处事、假借、谐声也","谐声"是第六种。许慎《说文解字叙》的六书分别是"指事、象形、形声、会意、转注、假借","形声"是第三种。"形声""谐声""象声"三者都指同一类对象,但中古以来研究古音的人主要用"谐声"一词,有侧重名称内在含义的意思。"形声字"是从字的形体结构来说的,一个合体字由表示意义范畴的形符(也叫意符、形旁)和表示读音的声符(也叫音符、声旁)构成,叫做形声字。"谐声字"是从字的读音关系来说的,一个包含了声符的合体字跟它的声符之间必定有读音上的联系,这是"声音和谐"的关系,就叫做谐声字。不同的命名的着眼点不一样,是从不同的角度看待同一对象的。一个声符,可以用作很多字的声符,具有相同声符的一组字就成为一个谐声系列。声符也被称作"主谐字"或"声首",包含声符的合体字称作"被谐字"。谐声推演法就是参照《切韵》音系去分析各个谐声系列的读音关系,总结出一定的规律,再根据规律去解决古音研究中的问题。

这一研究方法属于逻辑学上的演绎法。演绎推理要有确定的前提,前提则由归纳而来,所以本方法的全过程可以分成两个步骤,前一步是归纳,后一步是演绎。通过归纳,得出一般性的规律,这些规律就成为推理的根据;再通过演绎,解决一些具体的问题,达到研究的目的。谐声推演法所根据的前提是"同一个谐声系列的字当初的声母和韵母都是相同或很相近的",只有在这条规律是确定无误的前提下,演绎推理才是有效的。这条规律来自于人们对汉字造字原则的认识:造字时拿一个声符来指示形声字的读音,这声符跟形声字一定是读音相同或是很接近的。这一认识当然来自于对大量谐声字的观察,但要作为一般性原则来运用,其正确性还需要经过检验。关于声母,因为缺少参照性的标志物,还不好直接进行检验;而在韵母方面,有《诗经》等韵文材料作为参照,谐声系列的音同音近关系就可以得到验证。检验的过程也就是归纳的过程。段玉裁《六书音韵表》对此有精辟的论述:"六书之有谐声,文字之所以日滋也。考周秦有韵之文,某声必在某部,至啧而不可乱。故视其偏旁以何字为声,而知其音在某部,易简而天下之理得也"。这段话里,"考周秦有韵之文,某声必在某部,至啧而不可乱"是归纳推理,也可以是对最初一个假设的检验;"视其偏旁以何字为声,而知其音在某部"就是演绎推理;一段话把整个过程都包括了。

下面以从"台"得声的谐声字为例作一分析。

以"台"为声符的字有"怡诒饴贻治始笞胎苔怠殆迨给骀"等,我们很容易看出,这个谐声系列的字,在中古音以至现代音,韵母有几种读法,有的读音差别还很大。现代读音,它们的韵母分别为[i][ʅ][ai];在中古音的《切韵》时代,它们分别属于之韵系(韵母为[i]或近似的音)和咍韵系(韵母为[ɒi]),读音差别也是很大的。可是在《诗经》的押韵中,它们总是在相同的范围里押韵。如:

《邶风·绿衣》三章:丝、治、詉;

《邶风·静女》三章:异、饴;

《小雅·节南山》四章:仕、子、已、殆、仕;

《小雅·雨无正》六章:仕、殆、使、子、使、友;

《大雅·宾之初筵》五章:否、史、耻、怠;

《商颂·玄鸟》三章:始、有、子。

这些诗章里,中古音的之韵系的"始治饴贻"等和咍韵系的"怠殆"等,都跟"子丝"类的字押韵,它们在押韵上表现为同一大类,属于同一个韵部。古音学上称之为"之部"。

这种"同谐声者必同韵部"的规律,是古人长期地仔细地观察之后所发现的,是归纳法的结果。有了归纳的结论作前提,就可以进行演绎,解决未知的现象。同样是从"台"得声的字,"绐骀"等字没有被用作《诗经》押韵字,就根据声旁也归入相同的韵部。

谐声系列跟上古声母的关系虽然缺乏直接的验证,但是根据谐声字在韵母方面的表现,可以类推出声母方面也会遵循同样的道理:同一个声符的谐声字,在中古音以及现代汉语里边的声母即使差得较远,在上古音里一定是很接近的。上文所举从"台"声的那些字,现代音的声母分别是[t][t'][tʂ][tʂ'][ʂ]和零声母[ø],在中古音分别属于透母[t']、定母[d]、澄母[ɖ]、彻母[ʈ']、以母[j],但在上古音不会有这样大的差距;至于它们的上古具体读音如何,那正是研究的课题。

本方法主要用在上古音的研究中。一者因为上古时代没有音韵著作,可用的成系统材料只有诗文押韵和谐声字;二者是因为上古音距离造字时代较近,早期形成的谐声字更能反映古音面貌。中古以后的音韵著作较多,有很多材料可用,即使有后出的谐声字,所起的作用也不大。为了可靠,研究上古音所用的谐声字大抵以两汉以前出现的文字为对象,包括《说文解字》里的小篆和出土的甲骨文、金文、竹简文字等。

谐声字与古音之间的关系,很早就有人认识到了。从宋代起就有人谈过,但是全面运用谐声字研究上古韵音却是清代才开始的,全面运用谐声字研究上古声母则是20世纪的事情。

二、谐声原则问题

高本汉等学者提出了"谐声原则"的概念,但是究竟什么是谐声原则,音韵学家们的认识有很大出入。依我们的看法,把谐声字跟声符之间的种种读音关系加以概括,总结出具有普遍意义的规律,这些一般性的规律就是谐声原则。以这些原则为出发点和衡量标准,分析各组谐声字,得出音类和音值的结论,就是谐声推演法的实施过程。

古人造字时都会遵循着一定的规则,但是古人并没有留下关于造字规则的具体说明,而且汉字是在漫长的历史时期内逐渐增加的,各时期的造字者也不一定都遵守相同的造字规则。所谓谐声原则,都是晚近的学者总结出来的。这样的谐声原则主要是通过观察分析文字材料后建立起来,但同时也有一定程度上的假设意味。因此,各家的谐声原则在内容上就有不少的差异,人们对待谐声原则的态度也各不相同。在这个问题上值得商讨的东西很不少。

从各家的具体研究过程中,可以看到大家都认同的最基本的一项原则:同一谐声系列中各字的读音关系应是整体相同或相近,声母和韵母都包括在内。而在上古音的研究当中,韵母和声母的研究是可以分开进行的,所以谐声原则也可以分两方面来讲。

1. 关于韵母层面的谐声原则及其运用

韵母包含韵头("介音")、韵腹("主要元音")和韵尾三部分,传统音韵学中又把韵腹和韵尾合为一个单位看待,就是今人所说的"韵基"[①],这样,上古韵母的研究就可以分别从韵基、韵尾、韵腹、韵头四种单位入手。以韵基为条件分析出的单位是韵部,其余音类没有传统的名称。韵母方面的谐声原则首先涉及的是韵部划分,其次是韵尾、韵头和韵腹的拟测。

甲,韵基层面的谐声原则:"同谐声者必同部"。

清代顾炎武、江永等人已经开始利用谐声字归部,而最早从理论上阐述谐声原则的是段玉裁。段氏《六书音韵表》表一"古谐声说":"一声可谐万字,万字而必同部。同声必同部,明乎此,而部分、音变、平入之相配、四声之今古不同,皆可得矣。"又表二卷首:"考周秦有韵之文,某声必在某部,至赜而不可乱。……要其始,则同谐声者必同部也。"

"同谐声者必同部"原则的提出,意义是深远的。在以后的古韵学

---

① 这个名词出现较晚,由美籍学者薛凤生提出,用在汉语音韵学中十分切当。

研究中,这一原则发挥了重要的作用。历代的古音学家都在很大程度上利用了谐声字,使得韵部划分有了更广泛的基础,推动了古音学的进展。不过,这一原则的作用也不是无限的,不合这一原则的谐声字为数不少。近代多数音韵学家都认为这条原则不可绝对化。如王力指出:"在古音方面,段玉裁的'同声必同部'的理论在原则上是对的,但问题出在一个'必'字。他不知道,谐声时代要比《诗经》时代早得多,在谐声时代同声必同部,到了《诗经》时代,语音有了发展,个别的字就不一定同部了。"①

我们认为王力的意见是正确的。段玉裁提出这一原则,是他在古音学上的重大贡献,但是他把这一原则说的绝对化了,从他的表述方式上看,简直就没有例外。然而事实并非如此,同一谐声系列各字在上古音里不同部的也不罕见。正如语言学中的很多规律一样,"同谐声者必同部"这一原则也具有相对性,即在一般情况下是对的,但不是在所有情况下都对。清儒的古音研究目标是《诗经》为主的先秦韵部,谐声字的产生却不跟《诗经》同时,有早有晚,它们的韵部归属自然会有跟《诗经》不一致的。即使跟《诗经》同时出现的谐声字,也不能保证就一定跟《诗经》韵部一致。

其实,段玉裁本人也发现了同一谐声偏旁的字不同部的现象。《六书音韵表》表三有"古谐声偏旁分部互用说"一条:"谐声偏旁分别部居,如前表(引者按:指表二《古十七部谐声表》)所列矣。间有不合者,如裘字求声而在第一部,朝字舟声而在第二部,牡字土声而在第三部,侮字每声而在第四部,股殳字殳声而在第五部,仍孕字乃声而在第六部,……此类甚多,即合韵之理也。"在段氏的系统中,"裘"在第一部,"求"在第三部;"朝"第二部,"舟"在第三部;"牡"第三部,"土"在第五部;"侮"在第四部,"每"在第一部;"股殳"在第五部,"殳"在第四部;"仍孕"在第六部,"乃"在第一部。段玉裁懂得"此类甚多",他也没有绝对依照谐声偏旁去归部,这就说明了本原则的相对性。至于段玉裁按照《说文解字》的字形分析,对某些字(朝、裘等)的谐声关系判断不

---

① 王力《略论清儒的语言研究》,《龙虫并雕斋文集》第三册,中华书局1982年,361页。

准确,那并不影响我们对韵基层面上的谐声原则的评价。

以谐声关系为依据给汉字归部,是诗文押韵以外的一种辅助材料。诗文押韵没有用到的字,可以依照谐声偏旁归部。诗文押韵用到的字,就要以押韵为归部依据。如果谐声关系跟押韵相矛盾,要服从押韵而不服从谐声,例如"侮"字归侯部不归之部,"股羖"字归鱼部不归侯部,等等。

乙,韵尾层面的谐声原则:韵腹相同时,同部位的辅音韵尾可以互谐。

韵部层面上"同谐声者一般同部"的原则是人们都一致赞成的,但到了韵尾、介音层面上,关于谐声原则的分歧就很大了。

上古音音系结构的一个特点,是阴声韵跟入声韵的关系极为密切,以至于清代学者把入声韵归入阴声韵部内,根本不分开。近代学者的分部普遍以阴、阳、入三分,在此前提下,拟音时一个韵部应该只构拟一个韵尾。但在构拟阴声韵韵尾时就出现一个重大的分歧:或者为阴声韵构拟出辅音韵尾,或者构拟阴声韵韵部为无韵尾或元音韵尾。前一种做法的问题是整个音系缺乏开音节,不合乎汉语的音节结构规则,也违反语音通例;而后一种做法的问题是不好解释阴入对转的语音条件。高本汉等人认为具有对转关系的韵部一定有同部位的韵尾,采取的是前一种构拟方法。

高本汉归纳的谐声原则当中,有一条是针对韵尾的。他列举了一些阴声韵(中古音开韵尾)跟入声韵(中古音塞音韵尾)互谐的例子,例如乍 dzʻa:昨 dzʻâk,敝 bʻiei:瞥 pʻiet 等。高氏认为,谐声字应该是声母、韵腹和韵尾都相近的,不能是只有前二者相近。"假如是因为乍 dzʻa:昨 dzʻâk 已经有了声母元音两者相近就算够做谐声的程度了,那么自然乍 dzʻa 当然也可以一样做 dzʻât,dzʻâp 等音的谐声,所以乍 dzʻa 字所谐的字应该-p 尾、-t 尾、-k 尾都有咯。可是咱们并不遇见这种事情;乍字所谐的字都是严格地限于-k 尾的字。"由此而论,"乍 dzʻa 谐的字在上古音是有舌根音韵尾的,不过在古音(按:指中古音)就已经失掉了。"①同样,"敝、至"等字所谐的入声字都是收-t韵尾的,它们的上古音也是有舌尖音韵尾的。中古音的韵尾只有清塞音-p、-t、-k和鼻音-m、-n、-ŋ,没有浊塞音-b、-d、-g,所脱落的上古音韵尾是浊音-d和-g。从另外几个字的谐声,高本汉还不太有把握地构拟了韵尾-b,用的例子有"去—怯","内—纳"等。跟阳声韵谐声的阴声韵字,高本汉构拟了-r韵尾。

高氏的思路,代表了韵尾层面的一条谐声原则:凡是跟辅音韵尾互谐的阴声韵字,一定也有辅音韵尾。

大约高本汉觉得把全部阴声韵构拟成闭音节总有些不妥,于是在逐字拟音的时候把有的韵部分为两三类,分别构拟出不同的韵尾,其中有一些是开音节,理由是在谐声关系上这些韵部的字有不同的表现方式。

董同龢、陆志韦都不赞成高本汉构拟的开音节,他们认为,从谐声上看,没有哪些字可以跟入声字不发生联系,因此把所有的阴声韵都构拟成收塞音韵尾的闭音节。为了证实自己的假设,陆志韦定出了一些条件。(1)如一个声符("声首")在《广韵》是入声,那么这一声符的所有谐声字在上古有-p、-t、-k韵尾或是兼收-b、-d、-g韵尾;(2)声符虽然在《广韵》是阴声,但这一谐声系列中有入声字,那么本系列字在上古音都有-p、-t、-k韵尾或是兼收-b、-d、-g韵尾;(3)一个谐声系列没有字是《广韵》入声,但其中有字在《诗经》跟前两类字押韵,那么本系列字在上古音有-b、-d、-g韵尾;(4)谐声系列不通入声又不跟前三类押韵的,用补充的办法来规定它们的收声,如《说文》的读若、籀文、小篆别体;(5)假借字。②陆氏设这些条件有如设置一张无所不包的大网,所有的汉字都被株连在内,全都成了有塞音韵尾的音节,真正的阴声韵已经不存在了。

李方桂构拟的上古音系统里,阴声韵也全部有辅音韵尾。

另一部分学者反对这样的拟音思路。如王力批评高本汉的韵尾拟音,他说:"世界上没有任何一种语言的开音节是像这样贫乏的。只

---

① 《高本汉的谐声说》(赵元任译文),《国学论丛》第一卷第二号,46—47页。
② 《古音说略》,《陆志韦语言学著作集(一)》,中华书局1985年,77—78页。

要以常识判断,就能知道高本汉的错误。这种推断完全是一种形式主义。"①针对董同龢、陆志韦所作的修改,王力指出:"陆志韦、董同龢都批评了高本汉的不彻底,他们把高本汉的鱼部甲乙两部并为一部,一律拟测为 ag,侯部甲乙两部并为一部,一律拟测为 ug。彻底是彻底了,但是更加不合理了。据我所知,世界各种语言一般都有开音节(元音收尾)和闭音节(辅音收尾),个别语言(如哈尼语)只有开音节,没有闭音节;但是,我们没有看见过只有闭音节没有开音节的语言。如果把先秦古音一律拟测称为闭音节,那将是一种虚构的语言。"②

要评价两派意见的得失,应该明确音值拟测的目的是什么。构拟古音实际上是推测古代实际存在过的语言状态,尽管拟出的系统含有假定的性质,也一定要合乎一般的语言通则,才有科学上的意义。如果拟出的系统违反了语言的通则,成了一种在世界上从来没有见过的虚构的语言,那就完全失去了拟音的意义。把上古韵母系统拟测成全部是闭音节的音系,实在难以想象在现实中如何使用它,这样的拟音就是虚构,这条拟音途径是不可取的。

丙,韵头韵腹层面上的谐声原则:介音不同可以互谐。

构拟上古音的韵头和韵腹,主要用内部拟测法(参见本书第八章)。在一定的条件下,也利用谐声字所提供的线索。

在谐声字中人们发现了一条规律:中古音有介音 i 的字(三四等)与没有 i 介音的字(一二等)在谐声中没有什么限制,自由互谐;但是中古音开口(没有介音 u 或 w)与合口字(有介音 u 或 w)在谐声中是分开的,基本上不互谐。从前一种现象,推导出的谐声原则是:介音对谐声不起什么影响,韵腹、韵尾相同的条件下,有无介音都可以自由谐声;而在此前提下,推论后一种现象的产生原因是上古汉语没有 u(w) 这样的介音,即中古音同韵部里的开口字跟合口字在上古时代不是介音的对立,而有另外的对立条件,合口介音是后来产生的。

雅洪托夫在《上古汉语的唇化元音》一文里为中古音开合对立构拟了两种上古来源:一类对立是舌根音声母圆唇与不圆唇的对立,另

---

① 《汉语史稿》上册,中华书局 1980 年,64 页。
② 《汉语语音史》,中国社会科学出版社 1985 年,47 页。

一类是作韵腹的元音有圆唇与不圆唇的差别。他说:"大家知道,上古汉语的介音*i、*i̯,无论对押韵还是对谐声都没有产生过任何影响。那么,为什么那些以通常也是介音的*w跟非唇化音节(按指开口音节)相区别的唇化音节(按即合口音节),几乎从来不跟那些非唇化音节谐声,甚至常常不跟非唇化相押呢?为什么半元音*w有跟介音*i、*i̯不同的特性呢?对此只能有一种解释:上古汉语里实际上不存在这一假设的介音*w。"[①]雅氏的推论是:某些韵部的舌根音字在谐声关系上区分出合口与开口,其合口字的圆唇音不是舌根音声母后边带的介音,而是声母发音动作的一个组成部分,声母是kw、gw、xw等等,"声母的区别不影响押韵,但可能成为使用不同声旁的原因"。另一类是祭元、微文诸部,合口字有舌音和齿音声母,这些合口字的上古韵母有圆唇元音作韵腹,微文部的韵腹拟作*u,祭元部的韵腹拟作开口度较大的*o。"主元音的区别则跟押韵有关,也跟声旁的使用有关。"总之是上古不存在合口介音。

雅氏关于上古圆唇舌根音的拟测被李方桂等采纳,关于圆唇主元音的拟测被白一平等所采纳。

但是,以上的拟测也不能说是理由充分。拟测圆唇舌根音声母可以算作一种有价值的探讨,但圆唇韵腹的拟测似乎遇到很多理论上和实践上的困难:其一,给一个韵部拟测出两种以上的韵腹,不合乎汉语的押韵规律;其二,谐声系列并非开口与合口界限分明,开合互谐的也不少(如泉∶線,存∶荐,申∶坤),雅洪托夫想尽办法也还没有都给出合理而圆满的解决;其三,雅氏举出《诗经》中几首文部、元部合口字押韵的韵段,作为支持立论的依据,但是这几个韵部中,开合互押也常见(如《周南·螽斯》"诜孙振",《邶风·北门》"门殷贫艰",《卫风·硕人》"倩盼",《卫风·氓》"陨贫",《小雅·庭燎》"晨煇旂")。由此而言,圆唇韵腹的拟测还有待进一步验证探讨。

2. 关于声母层面的谐声原则

在上古音研究中,韵部划分可以根据诗歌韵文基本解决问题,而

[①] 《汉语史论集》,北京大学出版社1986年,55页。

声母问题不可能从押韵材料得到解决。清儒研究上古声母主要凭借异文假借等,但这类材料都是很零散的,不能从系统上解决问题,所以清代音韵学家研究韵部的成绩很大,而声母研究的成绩不大。进入20世纪以后,研究上古声母的不少学者把谐声材料放在了首位,认为这是研究上古声母的最重要的根据。高本汉说:"我们用以拟测西周语音的材料主要有两种,一是《诗经》和其他上古典籍的韵脚,二是同音借字,不论是不加形旁的(假借),还是在汉代加上形旁的(谐声)。在考查上古声母时,我们显然被限制在后一种材料里。但根据这种材料我们仍能得出一些极为重要的结论,同时揭示某些辅音韵尾的情况。"[1]李方桂说:"使我们可以得到上古声母的消息的材料,最重要的是谐声字的研究。"[2]喻世长说:"研究上古声母可以利用的各种材料,在所起的作用的大小上是不一样的。其中价值最高的材料是古代谐声字。"[3]

关于研究方法,喻世长有一段概括:"借助于《切韵》读音,研究古代谐声字中主谐字和被谐字之间,同级被谐字之间、不同级被谐字之间语音的相似和差异,就可以找出若干条语音对应关系,我们称之为'谐声关系',存在于声母上的,又称为'声母互谐关系'。观察这些互谐关系,用音标写出语音对应公式,这就是我们工作的起点。谐声字中存在的、用音标书写出来的、无数的声母互谐关系,像一张由横直斜线交错织成的网,网的每一个'结'就是一个或几个(它们声韵相同)谐声字,任何接连两个结的'线'就是一种谐声关系。我们的研究越深入,结的大小(同音字的多少)和线的粗细(体现这种关系的字数的多少)就认识得越清楚。观察整个网上出现的音,和它们彼此的关系,研究它们的语音性质,运用比较语言学的一般原则,确定上古有什么样的音,就得出了一个假定性的上古声母的系统。"[4]

谐声关系是十分复杂的,关于声母的谐声原则也见仁见智,各家

---

[1] 高本汉著,聂鸿音译《中上古汉语音韵纲要》,齐鲁书社1987年,91页。
[2] 《上古音研究》,商务印书馆1980年,10页。
[3] 《音韵学研究》第一辑,中华书局1984年,183页。
[4] 同上,183页。

说法不一,有的简易扼要,有的详密细致。下面以介绍几家有代表性的学者的谐声原则,并加以讨论。

甲,高本汉的谐声原则

1923年,高本汉出版了《中日汉字分析字典》,序言中有一节是谈用谐声字构拟上古声母的方法的。赵元任把这一部分翻译成中文,跟另外一篇合在一起发表在《国学论丛》第一卷第二期(1927),题目作《高本汉的谐声说》。其中"谐声原则概论"一篇,大部分是谈上古声母谐声关系的,主要提出了以下几条见解。

A. 从中古读音看,大部分谐声字的主谐字跟被谐字的声母是相同或相近的。如果声母不同,大都是发音部位相同,如古 kuo—苦 k'uo,干 kân—罕 xân,干 kân—旱 ɣân,都是舌根音;般 puân—盘 b'ân,半 p'uân—判 p'ân,都是唇音。

如果在中古音声母不是同部位的,也许在上古是同部位的,或者虽不同部位但部位接近而可以互相谐声。

B. 不合乎上一条件的谐声有很多种,高本汉的重点是构拟不送气的浊音声母,填补中古音声母系统中的空格。他分析了几种情况。

a) 有一部分中古音"没有辅音声母的字"(即喻母字,包括喻三和喻四)作主谐字的时候,被谐字是有塞音声母的,如:

甬 i̯wong:通 t'ung
炎 ji̯äm:谈 d'âm;
匀 ji̯uen:钧 ki̯uen;
于 ji̯u:訏 xi̯u。

高本汉认为:"这类谐声的字是每一套只限于一种部位的声母,这个当然不是偶然的。""这理由是什么,就是在上古音里,甬类的字本来是有一个舌尖前的声母,匀类的字本来是有一个舌根的声母,不过在《切韵》时代以前就失掉了。这就可以解释它们所得的谐声何以那么严格的各归各系了。"由于中古音全浊塞音、塞擦音只有送气的,没有不送气的,那么,不送气的空格就是由于声母失落造成的。拟测了不送气的舌尖音 d 和舌根音 g,正好填补这个空当。

b) 高氏把中古的匣母和群母构拟了同一个上古来源,即送气的浊塞音 g'。他的理由,首先是匣母跟群母的分布是互补的,"匣母的字总是用在没有附颚作用的韵母前的,而群母的字总是用在有附颚作用的韵母前的,那么说它在上古音本来是一个声母,到后来因韵母的不同而分歧为两个声母,倒也是近理的说法"。其次,就是在谐声中匣母跟见母互谐较多,"从《字典》里可以看出来,k:x(干:罕)相谐的例极罕,而 k:ɣ(古:胡)相谐的例很多,总有几百个。前者的 k:x 都是清音,岂不比后者一清一浊的 k:ɣ 更切近一点?假如古音的 ɣ 就是上古的 ɣ 传下来的,那么 k:x 多于 k:ɣ 的例就不可解了。可是假如咱们假定 ɣ 是从一个上古的 g' 来的,那个问题就解释了,因为 k:x(一个破裂音,一个摩擦音)相谐虽是罕见,而 k:g'(两个都是破裂音)常常相谐那倒是当然的事情了。"有了 g',再把喻母的一些字拟测成 g,填补上不送气音的空档,舌根浊音的送气与不送气就搭配整齐了。

c) 关于舌尖音声母,即传统所说的舌音(舌头音和舌上音)和齿音(齿头音和正齿音),高本汉列出十条"通则"。

甲,舌尖前的破裂音"端透定"可以随便互谐;

乙,舌尖前的破裂摩擦音跟摩擦音"精清从心邪"可以随便互谐;

丙,舌尖后的破裂摩擦音跟摩擦音"照二穿二床二审二"可以随便互谐;

丁,舌面前破裂音"知彻澄"可以随便互谐;

戊,同是舌尖前音,而一方面破裂音"端透定"不跟其他方面的破裂摩擦音和摩擦音"精清从心邪"互谐;

己,舌尖前的破裂摩擦音跟摩擦音"精清从心邪"跟舌尖后的破裂跟摩擦音"照二穿二床二审二"可以随便互谐;

庚,舌面前的破裂摩擦音"照三穿三床三"跟舌面前的摩擦音"禅"可以随便互谐;

辛,舌面前的摩擦音"审三"大都不跟以上的"照三穿三床三禅"互谐;

壬,舌尖前、舌尖后的破裂音摩擦音跟摩擦音"精组、照二组"大都不跟舌面前的破裂摩擦音跟摩擦音"照三组"互谐;

癸,舌尖前的破裂音"端透定"不但可以跟舌面前的破裂音"知彻澄"随便互谐,而且可以跟舌面前的破裂摩擦音"照三穿三床三"跟摩擦音"禅"互谐(可是不跟审三互谐)。

以上这些通则都可以为拟测不送气浊音服务。比如:

根据庚、辛两条,禅母的谐声行为跟擦音"审"三不同,推测禅母不是擦音,拟测为舌面前不送气浊塞音ḍ,再后来六朝时变为dẓ,《切韵》时代变成ẓ。

根据戊条和癸条,舌尖塞音(端组)不跟塞擦音和擦音(精组)互谐,但是中古的另一组塞擦音章组却跟端组互谐,由此推测"章昌船"不是塞擦音而是塞音ṭ、ṭ'、ḍ'。

因为舌尖塞音不跟舌尖塞擦音、擦音互谐,对"羊:祥"之类的互谐现象,就不能把"羊"类喻母字拟测为d,而要拟测成z。中古的邪母则拟测成dz,跟从母的dz'相配。

C. 讲韵尾问题,见前一节。

D. 中古来母字跟舌根音有不少互谐。如:

各—络烙酪骆,路赂;京—凉谅;柬—練煉、阑;兼—镰廉;监—篮蓝滥。

高本汉推测这些字的一部分"大概是有个kl或gl音的",这是后来人们普遍接受的一种复辅音类型。

高本汉的谐声研究讨论了一些重要题目,但是后人认为他的分析是粗线条的,观察不细,提出一些批评和修正意见。

董同龢的《上古音韵表稿》对高本汉有以下修正意见。

高本汉从《康熙字典》挑选出的约12000个字作分析对象,其中有很多字是汉以后出现的,用来研究上古音不可靠。董氏把研究范限定在《说文解字》所收全部字,加上《说文》没有收录而先秦古籍用过的字。

高本汉说审三不跟同部位的照、穿、床互谐,董氏认为"依真正的古代材料"审三既跟照三系互谐,也跟端系知系互谐。

高本汉推论喻母时不分喻三("于")和喻四("以"),董氏指出应该分开。

第三章 谐声推演法

高本汉把匣母跟群母构拟成同一个音 g',理由之一是匣母字跟见母互谐的多而晓母跟见母互谐的少,董氏则指出,晓母跟见母互谐的也不在少数,说晓母在上古是擦音,也就不能说匣母来自塞音。《切韵》以前的匣母四等俱全,不跟群母形成互补,"要暂定γ的古读,就只有'归余'一法,'归余'的结果就只有γ一个可能"。[①]

陆志韦《说文广韵中间声类转变的大势》一文和《古音说略》一书,用概率统计方法研究了谐声关系,对高本汉的谐声说有评价,包括很多修正意见。从大的方面说,直接批评了高本汉研究方法的两个缺点,一是选择材料不善,二是观察粗略,"我对于高氏有二点不免怀疑。(一)他所用的6000字有好些不见于《说文》,有好些是后来的俗字,不能用作古音研究的材料;(二)他的谐声条例不知道有什么数目字的根据,譬如说甲通乙、丙而不通丁,好像只凭大概的观察。"[②]他以统计数据为根据,对高氏讲到的谐声通则,有的予以肯定,有的予以否定。以下引作例证的是对高氏关于舌音和齿音的十项条例的批评。每条前为高氏原意,"评"字以下是陆氏按语。

(1)端透定互转。评:大致是对的。

(2)精清从心邪互转。评:(一)邪只和从心通转,和精清绝对不通转;(二)心和清通转,和精从不很通。

(3)侧初士所互转。评:所和初通转,和侧士不通转。

(4)知彻澄互转。评:大致无误。

(5)端透定和精清从心邪不转。评:大致无误。邪转定是大路,不是例外。

(6)精清从心邪和侧初士所互转。评:(一)邪母和侧初士所绝对不通转;(二)心所通转,二者和带破裂音的旁转偶见而已。

(7)之昌时食互转。评:食和之昌绝对不通转。

(8)式类和之昌时食大致不转。评:式和之不是没有通转。和昌的关系虽然不清楚,至少比所初的关系为大。

(9)精清从心邪和侧初士所大致两方都不转之昌时食。评:大致

---

① 《上古音韵表稿》,台联国风出版社1975年,37页。
② 《陆志韦语言学著作集(二)》,中华书局1999年,191页。

无误。

（10）端透定不但转知彻澄，并且转之昌时食（可是不转式）。评：（一）端知等互转大致不误，可是他丑的地位很特别，其中送气和不送气，清和浊的关系都待研究；（二）端知等和之昌时互转，也大致不误，然而他丑绝对不转之昌时，虽然反过来是可以的；（三）食可以转端知等，然而反过来绝对不转；（四）式转丑直，和其他四类也不能说绝对无关。式不见得有什么特别之处。

"前修未密，后出转精"，高本汉的谐声说有疏漏，对他加以补正是必要的。不过高本汉的错误并不像董、陆所说的那么严重。他使用材料的粗疏，没有导致结论的荒谬。他所用的研究材料是从《康熙字典》中选出的一万二千多个汉字，其中有不少后起字，但是那些字对于谐声现象的干扰不是太大，高氏从这些材料中发现上古谐声的特点，提出的重要论题，都是确实的上古音的问题。高氏的贡献不因他的疏漏而抹杀。

乙，董同龢的谐声原则

董同龢《汉语音韵学》中规定了几条研究上古声母的方法，可以看作他的正式谐声原则。

（1）凡是常常谐声的字，声母必属于一个可以谐声的总类；而不谐声的，或偶尔谐声的，必属于另一类。

（2）和韵母的类相同，大多数的声母的类自然不会只包含一个声母，但是各类之内，各个声母也必有某种程度的相同，才会常常谐声。例如'悔''晦'等从'每'得声，它们的声母在上古决不会和在中古一样，一个是 x 而一个是 m。

（3）每一类中究竟包括多少声母，仍然要从它们变入中古的结果去追溯。如果有线索足以说明若干中古声母是因韵母或声调的关系才分开的，那就可以假定它们在上古原属一体；否则，在中古有分别的，只好暂时假定它们在上古已经不同了。

（4）拟测每个声母的音值，一方面要能合乎谐声、假借、异文等的要求，一方面还要适宜于解释它是如何的变作中古某音。[①]

[①] 《汉语音韵学》，中华书局2001年，286—287页。

这些谐声原则在本质上跟高本汉的实践是一致的。

丙,李方桂的谐声原则

李方桂的《上古音研究》一书的声母部分对谐声提出了比较严格的分析原则和拟音方向。

书中说:"为了叙述方便起见,我们暂拟了两条简单的原则,然后看看近来所拟定的上古音声母是否都合乎这两条原则。如果有不合的地方,是否可以修改。"[①]这就意味着,他用拟定的标准来衡量别人的拟音是否合理,当然也是自己重新拟音的准则。这两条原则是:

(一)上古发音部位相同的塞音可以互谐。

(a)舌根塞音可以互谐,也有与喉音(影及晓)互谐的例子,不常与鼻音(疑)谐。

(b)舌尖塞音互谐,不常跟鼻音(泥)谐。也不跟舌尖的塞擦音或擦音相谐。

(c)唇塞音互谐,不常跟鼻音(明)相谐。

(二)上古的舌尖塞擦音或擦音互谐,不跟舌尖塞音相谐。

根据这些标准,对前人的构拟作了比较多的修正,建立起自己的拟音体系。

从以上的介绍,可知学者们对谐声原则的认识各不相同。高本汉和李方桂两家的谐声原则影响比较大。

高本汉的谐声原则是描写性的,他没有总结出最具概括性的总则,而是具体问题具体解决。在"谐声原则"这个题目下,分了四个问题,分别描写种种谐声关系,依据不同的音理拟测相应的音值(同时也分出新的音类)。从他的构拟结果可知,他的思路是:凡是中古音声母不同而互谐的字,上古声母一定是相近的:可以是同部位而发音方法不同,可以是发音部位虽不同而相近,可以是单辅音声母跟含有这个单辅音的复辅音声母的关系。

李方桂的谐声原则是限定性的。他假定上古创造谐声字时一定遵守了严格的条件,这些条件是拟测上古音时不能超越的界限。比

---

① 《上古音研究》,商务印书馆1982年,10页。

如,"同部位的塞音互谐"是一种条件,如果从中古音看到的有的同系谐声字不是同一部位,那么,或者是拟测一些复辅音,互谐的字必定包含一个共同的辅音(如聿*brjiət—笔*bljiət,监*kram—盐*grjam),或者拟测一种跟中古两个声母都不同的辅音(如难*nan—滩*hnan,赖*lad—獭*hlat)。

  两家谐声原则的主要差别是"发音部位相近能否互谐"。李方桂严格坚持两条原则,即同部位的塞音互谐,同部位的塞擦音和擦音互谐,而相近部位的声母不能互谐。因此,章组和知组、端组都拟测成舌尖塞音,庄组和精组都拟测成舌尖前塞擦音和擦音。这跟高本汉、王力以及董同龢都不相同。按照高、王、董的构拟,发音部位相近而发音方法相同的各组声母是可以互谐的,他们都把章组构拟成舌面前的塞音和擦音,董同龢还把章组的一部分构拟成舌面中音,用以解释他们跟舌根音互谐;高本汉把庄组构拟成卷舌音,王力把庄组构拟成舌叶音,以解释该组声母跟精组的互谐关系。以目前的学术水平,很难就两条路子的优劣作出评判。端知章三组声母谐声关系密切,但知与章的分布条件互相冲突(都有三等字);精与庄的谐声关系密切,但二组的分布条件也有冲突(都有三等字)。各家都想在将谐声与音理统一的前提下说出演变条件,结果各走一条路。高、王、董等是从辅音声母本身找条件,只好拟测出不同部位;李氏坚定地把谐声密切的声母看作同样部位上的声母,他只好设想一些复辅音并把介音构拟得比较复杂。

  看来,我们不能为各家的多种观点概括出一致化的谐声原则。可以看作共同点的有:(1)最泛的谐声原则是同一谐声系列的字整体上读音相同或相近;(2)次泛的谐声原则是"同一谐声系列的字一般属于同一韵部"和"发音部位相同的塞音或塞擦音及擦音可以互谐"。再往下,到了各类具体的谐声关系上,大家的看法就拉开距离,不能整合为一体了。

三、意义关联或形态关联不属于谐声原则

一般的音韵研究都是把谐声系列的内部联系看作语音上的联系,不过有两种意见跟通行的说法相左,一种是"右文说",一种是"形态说"。前者是古人曾经有过的主张,后者是现代人潘悟云的主张。后者是比较新颖的说法,更值得分析讨论。

语音是语言信息的载体,是语言的物质外壳,词汇内容和语法内容都表现为一定的语音形式。由于这层关系,词与词之间的某些联系和语法上的某些联系就表现为语音上的某种联系。谐声系列是由于语音相同或相近而形成的,一部分谐声字之间可能包含着词汇关系或语法关系,在这局部,可以说谐声系列体现了意义关联或语法关联。但是,这种关联只能是局部的,如果把这局部扩大化,以为谐声字总体上都反映意义关联或语法关联,那就不合乎谐声关系的本质属性,是错误的看法。下面试对两种看法加以评析。

1. 论"右文说"——谐声偏旁是否"以义类相从"?

明确提出右文说概念的是宋朝王圣美等人。宋代沈括《梦溪笔谈》卷十四:"王圣美治字学,演其义为右文。古之字书,皆从左文。凡字,其类在左,其义在右。如木类,其左皆从木。所谓右文者,如戋,小也;水之小者曰浅,金之小者曰钱,歹而小者曰残,贝之小者曰贱。如此之类,皆以戋为义也。"南宋张世南《游宦纪闻》卷九:"自《说文》以字画左旁为类,而《玉篇》从之。不知右旁亦多以类相从。如戋为浅小之义,故水之可涉者为浅,疾而有所不足者为残,货而不足贵者为贱,木而轻薄者为栈。青字有精明之义,故日之无障蔽者为晴,水之无溷浊者为清,目之能明见者为睛,米之去粗皮者为精。凡此皆可类求。"概括起来,王圣美、张世南等人认为同谐声偏旁的字有意义作为联系纽带,即"以义类相从"。

"右文说"可以作为探讨同源词的一种线索,但不能看作谐声原则。按照现代的语言文字观,文字是记录语言的书写符号,文字之间的读音关联来自语言里词与词的读音关联。语词当中有一部分同源词,读音是相同或接近的,纪录这些词的字也必然是读音相同或接近

的。"声旁有义"这一现象,不是造字者有意造成的,只要造字者"因词音而定字形",用同一声符造出一批形声字,其中就必然会有一部分同源词共用一个声符。这一部分代表同源词的字使用了相同的谐声偏旁,那么从字形和字义的关系上看,就是"声旁有义"。而实际上同源词之间的音义联系首先是存在于语言中,而后才表现在文字上。即音义联系是第一位的,是直接的联系;形义联系是第二位的,是间接的联系。清人段玉裁对这一条道理有正确的认识,他的《说文解字注》"禛"字下注:"声与义同原,故谐声之偏旁多与字义相近"。在文字层面上,谐声字之间的读音关联是直接的联系,意义的关联不过是间接的联系。我们知道,代表同源词的汉字中有大量的是字形无关,而读音是相同或相近的,我们不能因此而否认它们是同源词,由此可知,对于谐声系列的形成,不必从意义上考求原因,完全归因于字音就可以了。谐声原则要把"右文说"排除在外。

"右文说"的提出,是在没有建立"因声求义"方法的时代,王圣美等人不懂得"义寄于音"的道理,所以有片面的观点。现代学者则只是把右文说作为一种训诂研究的手段,一条探求语源的门径,而不看作谐声原则。

2. 论"形态说"——谐声关系是否形态的表现?

20世纪80年代,潘悟云提出一种新的观点,他否定了以前的学者们关于谐声原则的种种意见,主张谐声关系是上古汉语形态的反映。他在2000年出版的《汉语历史音韵学》一书中专设《谐声原则》一章,把以前发表过的观点作了总结性的论述。我们根据这一章介绍他的观点并有所评论。全章分为五节,下面主要分析前头两节,后三节从简。

第一节,"前人对谐声现象的解释"。

本节内潘悟云首先对以前各家的谐声原则作了介绍并有所批评,表达了他跟前人的不同见解。

潘悟云介绍的前人关于谐声现象的解释有三种:一是清儒的"一声之转",一是高本汉的谐声原则,一是李方桂的谐声原则。

潘悟云认为,清儒是把谐声与假借、异读混在一起看待的:"清儒

第三章 谐声推演法

早就发现,谐声与假借、异读反映相同的音韵现象:两个韵部或声母如果可以互相假借,也一定能够互相谐声、互为异读,清儒把它们合起来叫做通转。互相通转的字,如果都像段玉裁所说的那样属于同一个韵部,问题就简单了。但是我们常常发现,两个互相谐声、假借的字不但声母不一样,韵部也不一样。所以,清儒把通转的范围定得很宽:凡是两个字有双声叠韵关系的都可以通转,他们通叫做一声之转。而且他们所说的双声与叠韵不一定就指声母或韵母全同,相近者也可以算入双声叠韵,这样一来就几乎到了无所不通、无所不转的地步了。"①

读到这里,我们不免怀疑潘氏犯了张冠李戴的毛病。头一条令人怀疑的,把谐声、假借、异读合起来叫做"通转",这好像是近代某些人的做法,而不是清儒的做法。尤其让人不可理解的是,清儒的"一声之转"是主要用训诂上的术语,用来解释字形不同而字义相通的那些词语之间声音上的关联,并非文字学或音韵学的术语,潘氏却把它说成清儒对谐声关系的主要解释。就我们所知,清儒关于谐声关系的主张,最重要的应该是段玉裁的"同谐声者必同部"理论。其他还有继承宋人"右文说"的(黄承吉等),有主张"谐声字半主义半主声"的(戴震等),而把"一声之转"当作谐声原则的是很少见的。潘氏的说法与历史事实不符。

潘氏在引用王力的话来支持自己时也有曲解的嫌疑:"清儒把通转的范围定得很宽,王力(1965b)一针见血地指出:'只有同音才有互相代替的可能;近人变本加厉,只求叠韵,不求双声,以致无所不通,无所不借。'但是,许多假借和谐声关系并不全是同音关系,大量的是近音关系。"(119页) 经查,王力的原话是:"清儒因声求义的方法,到了民国以后,越变越不科学了。清儒因声求义,必须是用同音字或读音非常相近的字,即既是双声,又是叠韵的字,这是比较合理的,因为只有同音,才有互相代替的可能;近人变本加厉,只求叠韵,不求双声,以致无所不通,无所不借。那就是接受了清儒的坏影响以后,反而不如清儒了。"②这段话里至少有两种意思跟潘悟云是相反的,其一,王力并

---

① 《汉语历史音韵学》,上海教育出版社2000年,119页。以下几段引用该书出处只注页数。
② 《略论清儒的语言研究》,《龙虫并雕斋文集》第三册,中华书局1982年,362页。

不全盘否定清儒的一声之转,他批评的主要是民国以后的某些学者;其二,王力并不认为只有完全同音的字才可以互借,而是认为读音相近的字也可以互借。潘氏引文把王力的第一句话割裂,只剩后半句,可能是为了给后文的"同谐声者必须完全同音"预留伏笔。

潘氏所介绍的高本汉(1923)的谐声原则是关于舌尖音的十条"通则",仅仅是高氏谐声原则里边的一部分。高氏原文的谐声原则涉及的范围很广,有舌根音、舌尖音、唇音以及韵母的韵尾等,潘氏却把其中一部分看作谐声原则的全部,这是不恰当的。赵元任译为"谐声原则"的是高氏原书的"the principles of the phonetic compounds",而关于舌尖音的"通则"是原书的"general laws",两者不是同一层面上的概念。潘氏未能照本来面目引用原文,也就不能全面反映高本汉的谐声原则。

关于李方桂的谐声原则,潘氏是依照原文作了概括介绍,但是又有错误的理解。潘氏引述李方桂的两条谐声原则是:"(1)上古发音部位相同的塞音可以互谐;(2)上古舌尖塞擦音或擦音互谐,不跟舌尖塞音互谐。"这是合乎李方桂原文意思的,只是省略了第一条下边的小项目。但是下文潘氏却说"这些谐声原则所涉及的音类都是指中古音",显然不合乎李方桂的原意。事实上,李方桂的谐声原则恰恰是对上古音谐声现象的理解,而不是从中古音出发对谐声现象作解释。

潘悟云认为,高氏、李氏"这些谐声原则的提出,对清儒的声转之说是一大进步,但还是不能解决问题。"从两个方面批评了他们,同时提出自己的设想。

A. 潘氏主张,分析谐声要从"上古声母的新知识"和根据这些新知识而进一步提出的"一系列假设"出发,不能从中古音出发。

他说:"这些谐声原则所涉及的音类都是指中古音,所以会碰到许多反例。"(120页)"此外,如果从中古音的角度看谐声关系,就会碰到不少谐声例子的中古音相差很远。"(121页)在潘氏看来,以中古音为出发点分析谐声现象根本行不通。他的主张如下:"近年来上古声母的研究也有长足的进步,我们对上古声母进行谐声分析的时候,也就要把这些上古声母的新知识作为谐声分析的新依据。更重要的,根据

已经获得的知识,我们可以提出一系列的假设,这些假设也都成为我们进行谐声分析的重要出发点。"(121页)

本章一开头,潘氏就开宗明义先定了个基调:"上古声母的研究只能依靠谐声""谐声关系是上古音研究的最重要的出发点"(119页)这无疑是表态:谐声之外,其他的材料对于研究上古音尤其是上古声母作用有限,从其他途径得出的研究结论不可靠、不确定,真正可信的上古音还要依赖谐声字的分析而得到。现在的说法来个一百八十度大转弯,不再是依赖谐声字的分析了解上古音的面貌,而是要根据其他的上古音知识来分析谐声字,而且,把那些"假设"当作"更重要的"出发点。照此看来,潘氏心目中已经有了一个现成的上古音知识系统,从这个系统又可以提出一系列假设,谐声字要凭借这个知识系统和一系列假设来分析。这样一来,本来需要被证明的对象本身倒成了进行分析的根据,原来说成具有决定意义的谐声字分析又成为无足轻重的。主从关系完全颠倒过来了,整个思路是自相矛盾的。

分析谐声关系究竟应该参照中古音还是参照关于上古音的假设呢?我们认为,分析谐声字必须以中古音为参照的依据。因为用谐声字分析上古音是一种演绎推理,其前提必须是已知的知识。中古音的系统是清晰可靠的,有资格作为分析的依据。从中古音出发,借助于谐声字提供的线索分析上古音,是比较可靠的途径。虽然高本汉等学者的结论还大有探讨的余地,但是在这一点上他们的思路是正确的。拿"上古音的新知识"作为分析谐声字的出发点则是不可行的。从该书后文可知,所谓"上古音的新知识"乃是某些假设,假设本身还有待于事实、材料来证明,在没有成为确凿可靠的定论之前,假设自然不能当作推理的根据。若再进一步,从这些"新知识"发挥出来的更多"假设",更不能作为分析谐声字的依据。从中古音出发研究谐声字,是从事实出发,"由已知推未知",合乎科学精神;从上古音的"新知识"出发解释谐声字,是从假设出发,"由未知推未知",不合乎科学精神。两条途径的优劣,判然分明。

B. 潘悟云否认谐声字有"音近互谐"的规则,认为谐声原则要服从音位原则,发音部位相同而发音方法有差别的声母不能互相谐声。他说:"几乎所有的音韵学家都承认近音字可以谐声、假借。但是怎么才算是音近呢?这是个很模糊的概念。一些音韵学家就设法提出一些谐声原则来加以限制。"(119—120页)可是,"音韵学家们提出的谐声原则只是对谐声现象的归纳,为什么会有这些谐声现象,需要进一步作出解释。"(121页)潘氏以音位原则衡量谐声原则,认为从音位原则说,同部位的声母不能互相代替,那么同部位的声母也不能互相谐声。

首先,我们看到,潘氏对前人谐声原则的理解有问题。从高本汉起,在谐声研究中既有对谐声现象的归纳,也有对谐声现象的解释。比如,高本汉说"古:苦"可以互谐,"般:盤"可以互谐,是因为它们的声母发音部位相同,这就是既指出现象,也解释了原因;说"甬:通"可以互谐,"勺:钩"可以互谐,是因为"甬、勺"在上古分别有d、g这些跟"通、钩"同部位的不送气浊音声母,这也是既指出现象,也作出解释。潘氏指责前人的谐声原则仅仅归纳现象而没有作出解释,有欠公允。

潘氏的主要意图是否定"音近互谐"这一原则。他先从谐声字的产生说起,谐声字起源于假借,由于假借,同音同形字一多,容易混乱,人们就在旧字形上加一个表示意义的形符,就成为形声字。"如果我们接受上述对谐声、假借现象的解释,以上各家所提出的谐声原则立即会碰到不可解决的矛盾。几乎所有的音韵学家都认为p、ph、b在上古是独立的音位。根据音位的定义,这三个声母辅音有辨义的作用,互相之间自然是不能随便代替使用的。但是根据谐声原则,这三个塞音同部位,互相之间又是能够借用的,于是音位原则与谐声原则之间便产生了矛盾。所以,'音近'假借说,与清儒的'一声之转'只不过是五十步与一百步之差。音位理论应该是普遍适用的,音位原则与谐声原则发生矛盾的时候,应该首先服从音位原则,而对谐声原则要作出另样的解释。"(122页)

潘氏对于谐声原则与音位原则的关系的看法值得怀疑。谐声原则跟音位原则是不同领域里的分析标准,谐声原则是造字过程体现出来的规律性,属于文字学范畴;音位原则是一种语言中语音单位的确定标准,属于语音学范畴。两者领域不同,对象不同,在我们看来,不能用一方衡量另一方,也不能用一方约束另一方。潘氏以为谐声原则要服从音位原则,这是比较难于理解的。靠这条理由来否定音近互谐的原则,显然没有说服力。

我们认为,向来文字学家和音韵学家主张音近可以互谐,理由是很充分的。例如裘锡圭对这一现象的解释就很有说服力:"在造形声字的时候,就存在用不完全同音的字充当声旁的情况。这主要有两个原因:A.声旁不宜用生僻的或字形繁复的字充当。在选择声旁时,为了照顾这方面的条件,有时就不得不在语音条件上放松一点。现代人为形声结构的简化字所选择的声旁,并不一定跟这个字完全同音。例如,'审'跟'申'声调不同,'灿'跟'山'声母声调都不同;'袄'跟'夭',一无韵头i,一有韵头i,声调也不同。古代人造形声字的时候,当然也会有类似的情况。B.形声结构的分化字,有不少在产生的时候就跟声旁不完全同音。"[①]要否定这些理论是没有什么根据的。

潘氏所说的谐声字产生的途径,也有些绝对化。在假借字上添加意符,是产生谐声字的主要途径;不过也有的谐声字是在表意字上添加声符而形成。例如"凤"字本为象形字,后来添加声符"凡";"鸡"字本来是个象形字,后来添加声符"奚";这两个字原来的象形部件后来才换成"鸟"。又如"裘"字原来是象形字,后来添加声符"又",晚起字又以"求"为声符;"齿"字原来是象形字,后来添加声符"止"。此外还有表意字的一部分改换为谐声字的。[②]可见,说谐声字都由假借字添加意符的方法产生,也是不严密的。

第二节,谐声现象是上古汉语形态的反映。

潘氏从异读入手论证谐声现象反映上古汉语形态。他认为,"谐声与假借、异读反映相同的音韵现象",那么,只要异读都是反映形态的,谐声也必然都是反映形态的。怎样认定异读都反映形态呢?潘氏举出了三条理由。

第一条理由是:异读不全是方言现象。"汉语数以千计的异读往往被解释作方言现象","《广韵》的异读数以千计,如果把这些异读都归结为方言差别,那就难以想象古代各方言的音类竟有如此大的差

---

① 《文字学概要》,商务印书馆1988年,171页。
② 参看《文字学概要》151—152页。

别。"(122页)

潘氏说异读都被归结为方言现象,是不大客观的。我们没有见到多少人把《广韵》的异读都说成方言现象。在音韵学界内,人们一般不把异读看作单一的现象,而指出异读的形成有多种原因。其中有一些异读可以用方言解释,但不是异读的全部。例如葛信益《广韵异读字发生之原因》一文列出十多种异读原因,"因方音不同而有异读者"仅居其一;赵振铎《广韵的又读字》一文列了异读字产生的五种主要原因,"反映方俗读音"的也只是其中之一。潘氏却说异读都被归为方言现象,这是树立虚拟的批判靶子。潘氏所表述的观点:"这许多异读有些可能反映了方言现象,但是更多的与方言现象无关",这并非新鲜见解,而是学术界早已经形成的普遍观点。

更主要的是,异读不是方言现象,并不能推论出异读就是形态。现代汉语中也有不少异读,各方言的异读字也各有不同,其中没有哪些跟形态有关。据此,上古的异读也未见得就是形态。这一条理由对于"形态论"没有什么意义。

第二条理由是:"语言中的形态现象与语音现象很不相同。语音现象一般说来只跟语音条件发生关系,与词汇平面无关,同一语音现象对于所有词汇是一视同仁的。"(123页)并举了一个英语的例子:"英语的清塞音在s-后失去送气是一个典型的语音现象""只要在英语社团中,只要它的声母是s-后带一个清塞音,不管是什么词,清塞音都不送气,决不会因词而异。"(123页)而"形态现象则在词汇平面有其选择性",如"英语的过去时带后缀-ed是一个形态现象,并不是所有的动词的过去时都带-ed。"然后把汉语的异读跟英语的时态相比,认为汉语的异读"在语音(按:怀疑此处有误,似乎该是"词汇")平面上就有选择性,一些字有帮母p与并母b的异读,但不是所有读帮母的字都有并母的异读。"(124页)

潘悟云在这里给读者的是一个只有两个选项的"选言推理":异读或者是形态现象,或者是语音现象,只能从二者当中择其一。跟词汇平面有关的语言现象不能是语音现象,异读跟词汇平面有关,因此异读必然是形态的反映。

这里我们首先产生了疑问:"异读"是文字使用的问题,还是语言单位本身的问题?在我们看来,异读就是文字的使用问题,一个文字符号有两个以上读音,只能说这个符号被用来代表两个语素(或词),这是文字层面的现象;在语言层面上,两个语素(或词)各有自己的独立地位,不存在异读问题。文字单位跟语言单位是不能画等号的。

文字是记录语言单位的书写符号,语言中的一切重要差别都可以表现在文字上:"形态"范畴可以表现在文字层面,语音范畴也同样可以表现在文字层面,词汇范畴当然也同样能够表现在文字层面。一个文字单位被赋予两个或更多读音的时候,它完全可以既可能是形态现象也可能是语音现象。理论上说,只要读音有差别的语素就有成为一字异读的可能,而读音的差别可以由各个语言层面的因素造成,不会局限于形态层面。因此,认为异读或是反映形态或是反映语音,二者只能居其一,这在理论上也讲不通。

即使"形态现象在词汇平面上有其选择性"这一说法是正确的,这也不是一条可逆推的定理,不能反过来说"在词汇平面上有选择性的都是形态现象"。在词汇平面上有选择性的语言内容不局限于形态,其他现象也可以在词汇平面上有选择性。比如现代汉语的"儿化",在词汇平面上也有选择性,"大街"总不儿化,"大门"通常儿化但也可以不儿化;"房檐"总是儿化,"山墙"总不儿化。这些无法归为形态。给出一个选言判断的命题时,应该把全部选项提供出来。不能只举出两个选项,限定别人只在这两个选项中间选择。

"语音现象对于所有词汇是一视同仁的"这种表述也是不准确的,这是把语音现象简单化,只当作一个层次看待。实际上语音现象包含多个层次,有些层次上的现象可以说"对所有词汇一视同仁",另外一些层次上的语音现象并非对于所有词汇一视同仁。比如历时性的音变,有的整齐划一(如近代北方话的全浊音清化),有的就不是整齐划一的(如近代北方话的浊上变去、开口二等牙喉音字产生 i 介音等),以"一视同仁"来概括语音现象是不严密的。

第三条理由是:经过一些语言学家研究,已经确定有些异读反映古代的形态现象。

哪些语言学家的研究确定了哪些异读反映古代的形态呢？接下来说："现代汉语是形态极度贫乏的语言，从八九世纪藏文古文献的材料来看，当时的藏语则有丰富的形态变化。很难设想，汉藏关系如此密切的亲属语言在形态方面竟会如此之不同。所以我们只能这样设想，要么这两种语言的形态原来都很贫乏，藏语形态变化是后来产生的；要么这两种语言的形态原来都很丰富，汉语的形态是在历史的发展过程中消失的。"（124页）

如果所谓"已经确定有些异读反映古代的形态现象"是这样从藏语类推而确定下来的，这里的问题可是不小。

这段话包含的是一个类比推理：因为汉语和藏语是关系极为密切的亲属语言，而藏语有丰富的形态，所以得出结论：汉语本来也一定有丰富的形态。

这条推理有明显的逻辑错误。借用俞敏的一句话："父亲没有像儿子的义务。"① 我们更可以说："叔叔或伯伯没有像侄子的义务。"而两千多年前的上古汉语跟一千多年前的古藏语，大抵也就是远房叔叔或伯伯跟远房侄子之间的关系。要说远房叔叔伯伯必然跟远房侄子长得一模一样，这个概率恐怕是太低了。

一般说来，即使在两个前提都正确的情况下，类比推理得出的结论只具有或然性而不具有必然性；如果有一个前提有欠缺或两个前提都有欠缺，那么推理就不可能得出正确的结论。以上的推理，大前提是有欠缺的，其欠缺在于不能肯定汉语跟藏语的关系究竟有多么密切。

汉藏两种语言的关系是否"如此密切"？作为亲属语言，它们是什么年代分离开的？两种语言的关系果真密切到上古汉语必须跟藏语有相同的形态吗？这都是首先要解答的问题。

藏语跟汉语的关系远近，首先应该用语言事实来说话，要以两者内部同源成分的多少作为根据下断语。藏语跟汉语的比较结果只是找出少量同源词，语音系统和语法结构差别很大，没有建立起成系统

---

① 《陆志韦语言学著作集（一）·序言》，中华书局1985年，6页。

的同源对应关系。从这些事实不能下结论说两种语言关系密切,给人的感觉倒是"两种语言关系疏远"。汉藏语系的设想虽然提出很久了,但说汉藏两种语言"关系密切"还只是一种假定,目前还在求证阶段。把这个假设当作根据,断定上古汉语也跟藏语一样有丰富的形态,不免走上牵强附会的歧路。假说提出之后必须用事实来检验它,被事实证实了的假说可以上升为定论;还没有被事实证实的假说可以继续求证,也可以放弃,但决不能把这种尚未证实的假设当作推论的前提。不能为了维护假说而曲解事实。

由于两种语言的比较不能说明汉语跟藏语的关系密切,人们就试图寻找另外一条途径,即从历史记载中寻找证据,追踪两种语言分离的时间。如果它们分离的时间比较晚,也还是可以说关系密切。俞敏的《汉藏两族人和话同源探索》一文是一个代表。文中说:"正面突破做不到,咱们就迂回。"所谓"正面突破",就是语言中同源成分的比较;所谓"迂回",就是在语言以外想办法。俞敏的办法是"企图从语言事实以外找材料来证明汉、藏两种话是同源的。这种材料就是上古史"。俞敏根据古书的某些记载,认为藏族是古代羌族的一支,羌族又是远古时代以炎帝为首领的姜姓部落的后裔。姜姓部落原来居住在渭水流域,其中一部分融合入黄帝为首的姬姓部落,成为后代的华夏民族;另一部分向西迁移,有一支迁移最远,到了青藏高原腹地,成为后来的藏族。① 依照这种说法,汉语跟藏语的关系还是比较近的,但是分离时间也在大约四千五百年前,到《诗经》为代表的上古汉语,也有两千多年,无法断定藏语跟汉语的相似处有多少。

然而汉藏语言的分化时间似乎比上述说法要早得多。说藏族是姜姓古羌族的后裔,不大靠得住。史书里边关于藏族的最早记录是《后汉书·西羌传》,该篇说,世代居住在大小榆谷(今甘肃省西南部与青海省东部交界一带)的迷唐羌被汉朝军队击溃后,"远逾赐支河首,依发羌居"。据史学家考证,发羌是藏族的祖先,汉代典籍第一次提到他们时,已经居住在西藏和青海南部,而且不知道这个民族的来历。

---

① 《俞敏语言学论文集》,商务印书馆1999年,204—218页。

《旧唐书·吐蕃传》说:"吐蕃在长安之西八千里,本汉西羌之地,其种落莫知所出也。"汉代所称的西羌,不像是一个单一的民族,其中包含了不同的民族成分。发羌虽然也被称作"羌",可是不意味着跟其他"羌"属于同一民族。没有确实的证据表明藏族是炎帝的后裔,是从渭水流域迁移去的。

要了解藏族的来历,我们应该更重视民族史家的意见。民族史家在研究藏族起源时比较借重于西藏地区的考古发现和藏族的史前传说。藏族内部关于本民族来源的传说有三种:(1)本地猴子变人;(2)来自南方;(3)来自西方。第一种说法最普遍:有一只猕猴,被观音菩萨点化,跟山洞里的女妖精成亲,生下六只小猴子,繁衍出藏族。藏族的古老传说中没有来自中原的说法,这对于俞敏等学者的观点是一个强有力的反证。再从考古发现的古代遗迹看,青藏高原上在七八千年前就有居民。西藏定日县、日土县、普兰县,青海省南部沱沱河沿岸等地出土的人类使用的石器,为七八千年前的物品;西藏的黑河、聂拉木、日土等地发现的细石器,是五六千年前的物品;西藏的林芝、墨脱、昌都加卡区有四千多年前的房屋遗址和遗物。由此可见,青藏高原上的居民由来久远。这个地区有特殊的地理环境,地势高寒,交通不便,这样的环境下,大规模的、频繁的迁移机会不是很多,外来人口与本地原有人口交替的可能性不大,考古遗址的主人应该就是现代藏族的祖先。这个民族在七八千年以前就在这里居住,他们的语言跟同语系其他语言的分离一定是相当长久了,比上文估计的四千年要久远得多。

以上所有事实都表明,目前我们不能说藏语跟汉语的关系有多么密切,更不能把现代藏语的形态现象强加给二千年前的上古汉语。

潘氏的推理不仅缺乏事实材料的支持,也缺少理论上的依据。真正的历史比较,应该先发现、确定双方共有的同源成分,再依据这些同源成分推测它们的原始形式。不能是把一种语言当作标准,按照一方的面貌断定另一方的古代状况。若以为藏语有什么,上古汉语就应该有什么,这种做法是违背历史比较法的。

从以上三种理由,潘悟云的结论是:"可见,汉语中这么多的异读,有些可能是方言现象,但是更多的只是上古汉语形态的反映。"(124—

125页)根据我们前面的分析,三条理由都不能构成立论的依据,由此得出的结论也就难以成立。

　　前人已经多次讲过,异读来源是复杂的,要分别不同的情况,找出它们的不同的形成原因。决不能说除了方音之外就都是形态。从历代韵书、字书收录异读音的情况看,越是后来的韵书,越是能够收集到更多的异读音。《广韵》的异读字是四千多个(赵振铎《广韵的又读字》统计为4294字),《集韵》的异读字增加到一万一千多个(张渭毅《集韵异读研究》统计的约数如此),明代的《合并字学集韵》更远远超过《集韵》的数字。如果认为异读反映的是上古汉语的形态,而且还说"古代汉语随着形态的消失,异读大部分已经失去",又如何解释后来的韵书里异读字越来越多了呢? 其实,异读字收录得多,是历代积淀的结果,是多种语音层次的成分积聚起来的,不是一个语音系统内容。不是同一系统内的读音,当然也就跟形态无关。如果把具有构词功能的音节内部屈折看作形态,那么异读中有一部分可以说是形态。但这毕竟只是一部分,不应该以偏概全,以少数概多数,说成普遍规则。

　　潘氏还有一个说法:"汉字是表意文字,各种语音屈折和词缀成分不能直接通过字形表现出来。"这种说法会遇到不可逾越的理论障碍和材料的矛盾。从文字的性质上讲,汉字到上古之前已经是成熟的文字体系,这个体系应该能够承载汉语系统的所有信息量,不仅是记录词汇,也能够区别主要的语法范畴,如果上古汉语真的有丰富的形态,必然也要反映出来。否则,书面语会出现很多错误信息,那样的文字体系就会被抛弃或改进。而实际情况是汉字体系一直被使用,说明它很好地发挥了语言符号的功能。那么,汉字不表现形态,应该说明上古汉语没有所假设的形态。形态在语言中是有语音差别的,在书面语中也必然有所表现。汉语的文献如此丰富,如果真有所谓形态的话,在文献中却无所反映,那才是很奇怪的。那么多著书立说的哲人,竟然完全不在乎形态的差别,一律用同一个字表示一个词根的不同形态,他们怎么会那么麻木不仁? 还是根本意识不到形态的存在?

　　在讨论了异读以后,潘氏才把谐声关系跟形态联系起来。书中说:

"潘悟云从古汉语的异读现象出发,对非同音字之间的谐声关系作出如下的解释。

"谐声行为在词汇平面上是有选择性的。例如,我们会发现一些帮母与明母谐声的现象,如'宾'谐'丏'如果认为明母 m-与帮母 p-的声音比较接近,所以能够互相谐声的话,那么为什么明、帮互谐现象只出现在少数几个谐声系列,在大多数出现帮母的谐声系列中却没有明母字出现呢?可见,谐声现象在很大程度上不全是语音现象,而与词汇有关。"(125页)具体的分析是:"古代的一个字往往有几个读音,假设字形 A 有两个异读 A_1 和 A_2,代表同一个词的不同形态。A_1 和 A_2 从同一个词根派生出来,自然有某种语音上的联系。这就像英语的 sit~sat、do~does、talk~talked、sleep~sleeping,从同一词根派生出来的一组词,语音有某种关系,这种关系潘悟云把它叫做语音上的形态相关。假如另有一个跟 A_2 读音相同的词,借用了 A 的字形,或者就是增加一个形符,成为新的形声字 B。B 和 A 的谐声关系实际上就是 B 和 A_2 之间的同音借用关系。后来随着形态的消失,A 的 A_2 一音失去了,只剩下 A_1 一读,由于 B 跟 A_1 之间语音关系跟 A_2 与 A_1 的语音关系等同,两者之间仅有某种语音上的形态相关。所以在后人看来 B 与 A 就成为近音形声字了。情况也可以是倒过来,假设某个字有两个异读 A_1 和 A_2,其中的 A_2 与另外一个字 B 同音。同时借用了 B 的字形,增加一个形符成了新的形声字 A,当 A_2 失落以后,A 只有 A_1 一读,它与 B 之间成了音近形声字。"(125页)

依照潘氏这一构想,汉字大部分声符原来有两个以上读音,每个读音代表不同的形态。比如"公"字作了"佮"(清母)、"鬆"(心母)、"松"(邪母)、"颂"(邪母又以母)、"蚣"(章母)等字的声符,"公"字就本来有见母、清母、心母、邪母、以母、章母六个声母的读音,而且每个读音分别是不同的形态。再比如"龙"字作"龚"(见母)、"宠"(彻母)、"襱"(澄母)、"庞"(并母)、"䪊"(影母)、"驡"(精母)、"泷"(山母)的声符,"龙"字本来就应该有来母、见母、彻母、澄母、并母、影母、精母、山母共八个声母的读音,分别是不同的形态。

古书和汉字都没有这方面的证据,潘氏这一假设无法证实,只能牵强地说成原声符异读音的"失落""失去"。他只举了一个"雇"与"僱"互谐的例子,认为"雇"的"鸟"义原来有"侯古切"和"古暮切"两个读音,反映古代两个不同的形态,"僱"所谐的读音是"古暮切"。"但是'雇'的'农桑候鸟'义只留下侯古切一读,古暮切一读被丢弃了,如果《广韵》一书失传,'僱'与'雇'之间就再也见不到同音借用关系的迹象了。"(126页)郭锡良在《历史音韵学研究中的几个问题》中,认为潘氏犯了知识性错误。《广韵》中"雇"字有两个读音,其中作为"九雇"鸟义,只有"侯古切"一种读法,没有"古暮切"的读法;"古暮切"这个读音,只是"雇赁"义的读音。而"僱"字是很晚出现的后起字,《康熙字典》还没有,到《中华大字典》才收入,给这个字构拟上古读音是不妥的。

如果上古汉语的确有很多"语音上的形态相关",找几个例子应该不会太困难;现在仅举出的一个例子,却是错误理解《广韵》音义匹配关系,把一词一音说成一词两音。由此可见,"形态相关说"通不过"事实检验"这一道关口,还停留在假说的阶段上。

第三节,语音的形态相关。

这一节内,列出了11种"语音上的形态相关",用来支持作者对谐声关系的根本看法。本节有一个根本性的弱点,即不能说出到底"形态相关"的各类"交替"分别是什么形态范畴。既然作者用了整整一章文字来推翻以前所有的谐声原则,而要证明谐声关系反映上古形态,建立一种独特的谐声学说,那么,正面阐述形态的性质就应该是必不可少的。本节就应该执行这一任务。可是本节仅仅局限于列举11种"形态相关",也就是谐声系列内的11种语音关系;而各种语音关系的形态意义却含糊其辞,搪塞敷衍。下面是11种"形态相关"的具体内容,引号内是原书的文字。

1. 韵尾相同而主元音相近的韵母形态相关。"我们对汉语的这种语音交替的实质所知甚少。"

2. 主元音相同而韵尾部位相同的韵母形态相关。"这种语音相关的形态意义还远没有揭示出来。"

3. 同部位的塞音形态相关。这包括清浊交替和送气不送气交替。"有些形态上的意义已经清楚,例如同一个字如有清浊两读,读清声母的为使动词,读浊声母的为自动词。""还有一些清浊交替的例子很难说是使动和自动的意义。""同部位塞音的送气与不送气交替到底是形态现象还是音变的结果,还有待考证。"

4. 流音之间形态相关。

5. 同部位的鼻音形态相关。

以上两条,没有谈它们的形态意义问题。

6. 词根前可加前缀 *s-、*N-、*P-、*K-。

这一条,除了根据藏缅语前缀 s- 的功能推测汉语的 s- 前缀也有使动功能以外,其他前缀的功能是什么,也没有交代。而书中拿"失""施"作为使动的例子,语意解释也是不合乎古代汉语的。

7. 词根后可加后缀*-s(发展为中古去声)、*-·(紧喉或喉塞,发展为中古上声)

8. 词根声母和元音之间可加中缀*-l-、*-r-、*-j-。

9. 长短元音之间形态相关。"长短元音之间的交替到底反映什么形态现象,还有待研究"。

10. 小舌*Q-与舌根塞音*K-形态相关。

11. 带次要音节的词与不带次要音节的词形态相关。

以上列举11种"形态相关",究竟代表什么性质的形态呢?有3种(1、2、9)用"所知甚少""没有揭示出来""有待研究"来搪塞读者,有6种(4、5、7、8、10、11)全然不谈或大部分不谈是什么形态;第3种,有一半交代了"形态"(清浊两读分使动与自动),另一半也用"有待考证"来搪塞。第6种,四分之一有交代(*s-有使动的功能),四分之三没有交代。列出的大部分"形态相关"都讲不出形态意义,在前头所谈的种种关系就全部落了空。

潘氏讲出的两条形态,也似是而非,不是真正的形态。

拿第三条来说,说清浊声母交替区分自动和使动,就是片面的。古汉语的自动词跟使动词的语音差别有多种,不仅是清浊声母的交替。王力《古汉语自动词和使动词的配对》一文中举出了以下这些类型:(一)字形相同。包括:(1)同纽、同韵、异调,即由声调的差别区分自动和使动,主要是去声和非去声的差别。如"饮"字上声为自动词,去声为使动词;"去"字去声为自动词,上声为使动词。(2)旁纽、同韵、同调,即由声母的差别区分自动和使动。声母的差别是清浊的不同,如"败"字读浊音并母为自动词,清音帮母为使动词。(二)由字形相同变为不同。(1)同纽、同韵、异调,也是由去声和非去声区分自动和使动。(2)旁纽、同韵、同调,也是由声母的差别区分使动和自动。举例当中有声母清浊的不同,也有其他的声母不同,如"入:入(内)"都是次浊声母,前者为日母,后者为泥母。(3)旁纽、同韵、异调,由声母和声调两个成分区分自动和使动。如"食:食",一为乘力切、船母、上古职部、短入声,一为祥吏切、邪母、上古职部、长入声。(三)字形不同。(1)同纽、同韵、异调。如"买:卖",上声自动词,去声使动词。(2)旁纽、同韵、同调。声母的差别不是清浊,而都是清声母。如"至:致",前者章母,后者知母;"出:黜",前者昌母,后者彻母。(3)同纽、旁韵、同调。如"动:荡",都是定母、上声,前者东部,后者阳部。(4)旁纽、同韵、异调。如"籴:粜"。(5)旁纽、旁韵、同调。如"失:夺""移:推"。(6)旁纽、旁韵、异调。如"湿:渐"。(7)对转。如"回:运"。①总之,自动词和使动词之间的语音关系是多种多样的。如果是"形态相关",应该在形态意义与语音形式之间有固定的联系;没有固定的联系,不能用形态来解释。

退一步说,就算把构词手段看成一种形态,也跟潘氏所理解的形态有重大差别。潘氏前文说,他认为上古汉语的形态"更可能是一种逐渐失去能产性的构形现象",而古代汉语中自动、使动的交替一向被看作构词手段,不是潘氏所说的构形功能,也就不是潘氏所定义的形态现象。

第六条,说 *s- 这个前缀具有使动功能,是从藏缅语类推出来的。虽然也举了古汉语的例字,却是以错误分析词义为前提的。潘氏所分析"失""施""广"的使动意义,明显是曲解词义,不合乎古代汉语的词义系统。这一点,有古代汉语常识的人都看得出来,无须我们多讲。照他的说法,现代汉语的"给""教""发放""添加"全都成了使动词,甚至"说"也是使动词,因为也有"使对方听到"的意义。这类"上古音的

---

① 《龙虫并雕斋文集》第三册,中华书局1982年,11—29页。

新知识"已经脱离了真正的知识基础。

总的看来,潘悟云把"形态相关"理论当作分析谐声字的基本根据,要用这套理论否定前人的所有谐声原则,由这一假设取而代之。但是由于缺乏根本上的事实基础,这一理论大厦也就成为建立在流动沙丘上的楼阁,到了需要经过检验的关口时,最终要坍塌下来。

郭锡良《历史音韵学研究中的几个问题》对潘氏这一节有详细评析。郭文指出,本节"列举了他得出的十一条主要语音形态相关规则,可是却没有说明到底是什么形态现象。"以第一条规则为例,"作者既然说这种语音交替相当于英语的形态变化,那么它到底反映了汉语的什么形态呢?可是,非常让人失望的是作者竟然打起了'我们对汉语的这种语音交替的实质所知甚少'的障眼幌子,实现了金蝉脱壳,却要人们相信他的断言:这种旁转的例子反映了上古汉语的形态。"十一条当中,"真正能与形态沾点边的是第三条提出的所谓'读清声母为使动词,读浊声母为自动词'以及第六条提出的所谓前缀表示使动用法。"但是,"很显然,上古汉语中自动词和使动词配对的形式是多样的,并没有形成潘悟云所说的'浊声母表示自动,清声母表示使动'这样一条规律。周祖谟、周法高、王力等三位先生认定它是构词现象,是上古汉语音变构词大格局下的一种特殊现象,不是什么形态变化。这种看法是符合上古汉语实际的。强把它同藏语的自动词、使动词的形态拉在一起,企图证明上古汉语也是一种有形态变化的语言,这是完全不顾客观语言事实的。"[①]这些评论意见都是切中肯綮的。

第四节,近音谐声现象。

前头三节的大篇幅中心是讲谐声是上古形态的反映,本节一开始又概括了潘氏对于谐声关系的根本看法:"互相谐声的两个字,必须完全同音。如果不同音,一定要是语音上形态相关。"(137页)然而本节却又自己唱起了反调:"还是有不少形声字间不同音,而且语音上形态无关。"(137页)"(假借)不排除出现少数近音别字的可能。""'咨'从'次'得声。……因为有形符作为区别的标志,即使不同音,也不会造

[①] 《音韵学方法论讨论集》,商务印书馆2009年,20—22页。

成混乱。在这种情况下就出现了一批声音相近但是在语音上形态无关的形声字。"承认有些不同音的谐声字并非形态相关,这是从原先的立场上来一个大倒退。前文(122页)批评以前各家的谐声原则,说他们的"'音近假借'说与清儒的'一声之转'只不过是五十步与一百步之差",并且主张谐声原则要服从音位原则,同部位的辅音不能互谐,现在反过来,自己又不得不承认音近互谐,这就意味着作者自己的理论"碰到不可解决的矛盾",无法自圆其说了。

这里给我们的印象是,作者确实知道能够把谐声字与"形态相关"挂钩的只是一部分,但他把这一现象放在最后以轻描淡写的方式提一下。而在前文,则以不容置疑的姿态大谈谐声字的形态相关,全然不顾及反例的存在。如果在论述一种观点时,先把反例掩盖起来,这就不合乎客观求实的科学精神。如果反例占多数,被当作正例的又是漏洞百出经不起推敲,这种观点基本上就可以被否定了。

第五节,谐声分析与历史比较。

本节有两点。其一是谐声分析的地位,书中说:"谐声分析是上古汉语研究的立足点。""汉语的内部证据是上古音研究的立足点,当比较的材料与内部证据有冲突的时候,首先服从内部证据。"这些表述在理论上都是对的,不过我们从前文已经看出,作者实际上是从某种预设的体系出发,分析谐声字是为了给预设的拟音作注脚;而拟音体系主要来源于藏语的类比,所以实际的做法是谐声分析是服从于比较材料。其二是藏语在比较研究中的地位,书中说:"在能够与汉语进行历史比较的语言中,藏文所反映的古藏语与上古汉语最为接近,所以大多数的汉藏比较语言学家总是以藏文作为汉语上古音构拟的最重要参照。"根据我们所了解的语言知识和历史知识,藏语的独立存在也许能上溯到六七千年以前,后代的藏语,无论是现代藏语还是古藏文,跟汉语进行比较都有很大局限,说藏文跟上古汉语最为接近,很有点一厢情愿的单相思味道。拿藏语作标准来拟测上古汉语,处处让上古汉语向藏语靠拢,不是合适的办法。

综上所述,"谐声原则"还是应该从语音关系上界定,不能从意义关系或语法关系界定。虽然有些谐声系列里边也包含一些意义联系或语法联系(主要是从构词法上说,因为某些字是同源词的关系),但是不能把后二者看作谐声字的基本规则。谐声系列的语音关联是原生性的,是根本性的关系,是建立谐声原则的基础;意义关联或语法关联是次生性的、非本质性的关系,不能作为建立谐声原则的基础。立足于语音条件建立谐声原则,可以对全部谐声现象作出解释;立足于意义或语法条件建立谐声原则,则是舍本求末,只抓住皮毛,只能对局部现象作出解释,而不能对全部对象作出一以贯之的解释。

四、从研究实践看谐声推演法的效用

在上古韵母的研究中,谐声字的主要用处是帮助分部,其次是分析韵部关系的远近,后者是拟测音值的重要依据。

1. 分部中的运用

清代学者从顾炎武开始用谐声字划分韵部。顾炎武的《音学五书》分上古音为十部,分部方法的重要特点之一是"离析唐韵",即不是机械地合并《广韵》韵目,而是把某些韵系一分为二,分派在两个韵部,离析韵字的手段之一是把谐声偏旁作为根据。如他把支韵系分在第二部和第六部,《唐韵正》五支韵"衰"字下注:"以上字(按:从"支"到"衰"共22字)当与六脂七之通为一韵。凡从支从氏从是从儿从此从卑从虒从尔从知从危之属,皆入此。"在"蠡"字下注:"以上字(按从夊到蠡共73字)当与七歌八戈通为一韵。凡从多从为从麻从垂皮从肯从奇从义从罢从离从也从差从丽之属,皆入此。"顾氏已经很清楚地意识到了通过谐声字可以解决那些未曾入韵的字的归部问题,《古音表》第二部列出"五支之半"的韵字之后,有一条说明:"凡所不载者,即案文字偏旁,以类求之。"

继顾炎武之后的江永,进一步把上古音分为十三部,比顾氏更多地离析了"唐韵",也同样地运用了谐声字的手段,如平声第三部"总论":"虞韵亦当以偏旁别之。凡从吴从无从巫从于从瞿从夫从甹从夸从具从夾者,皆通鱼模;其从禺从刍从句从区从需从须从朱从殳从俞从臾从娄从付从音从乎从取从厨从求者,皆通侯尤。"除了离析韵系以外,江永还以谐声偏旁的条件解释韵字的归部,如第四部"贤"字下注:"坚贤从臣声,故古音坚贤皆在此部"。

段玉裁从理论上论述了谐声字在古音研究中的重要性,并全面地把谐声字用在上古韵部的研究当中。他作《古十七部谐声表》,以配合《诗经》押韵字的分部。从此以后,以谐声关系分析上古韵部成为一条重要途径。孔广森《诗声类》各部之首先列谐声,江有诰《音学十书》也编制二十一部谐声表。谐声表可以弥补韵脚字的不足。能够在《诗经》和其他韵文里边入韵的毕竟只是一部分字,大量不入韵的字可以根据谐声关系确定其归属。

清代学者已经把这一方法发挥到极致。20世纪的学者未能再使本方法有更多发展,但继续发挥了它的效用。李方桂关于东冬分部的证明和董同龢关于脂微分部的证明可以作为例子。

李方桂论东冬分部

东冬分部是清人孔广森提出的,并且清末以来被多数古音学家接受。但是高本汉早期构拟的上古音搞乱了两部的界限。李方桂批评高氏拟音不当的时候,也从《诗》韵和谐声两方面重新论证东冬当分。《诗经》用韵是东一等、钟三等和部分江二等为一类,冬一等、东三等和少数江二等为一类。谐声的分布与此一致:李氏统计了《广韵》这几个韵系的谐声情况,发现的结果是东一等、钟、江频繁互谐,为一类;而东三等和冬韵只在"丰、工、公、东、从、工、公、庞、农"这些谐声系列跟前一类互谐。在这些谐声系列里出现的冬、东三等字也是少数,如:

"从"声系列有钟韵字23个,东一等字5个,江韵字4个,冬韵字仅1个。

"工"声系列有东一等字49个,江韵字29个,钟韵字23个,冬韵字仅2个,东三等字仅1个。

"东"声系列有东一等字43个,钟韵字39个,江韵字9个,冬韵字仅2个。

"公"声系列有东一等字19个,钟韵字40个,江韵字1个,冬韵字2个,东三等字3个。

"丰"声系列有钟韵字33个,东一等字13个,江韵字14个,东三等字8个。

"农"声系列有冬韵字9个,东一等字3个,钟韵字9个,江韵字7个。

六个谐声系列里,冬、东三等的字数目稀少。江韵本来字少,但出现在上列的总数超过冬、东三等字。显然,东部(含东一等、钟韵、江韵)与冬部的分界是很清楚的。①

董同龢论脂微分部

王力于1936年提出"脂微分部"的主张,是以《诗经》用韵为依据的。数年后董同龢又对谐声字作了考察,肯定了王说的正确性,并且有些新的补充。王力的分部结果是:

甲,《广韵》齐韵字属于江有诰的脂部者,归于脂部;

乙,《广韵》的微灰咍三韵字,属于江有诰的脂部者,分出为微部;

丙,《广韵》的脂皆两韵是上古的脂微两部的杂居之地,脂皆的开口呼在上古属脂部,脂皆的合口呼在上古属于微部。

董同龢说:"我觉得《诗》韵与谐声对于上古韵母系统的观测是有同等重要价值的,并且,往往有一些现象就《诗经》韵看来是不够清楚的,一加上谐声作对照,便得豁然开朗。……职是之故,我也把王先生的建议拿到谐声字里试验过一下,得到如下的结果:

"(1)齐韵字可以说是不跟微灰咍三韵的字发生什么关系。……所以,齐与微灰咍在《诗》韵里虽不免纠缠,但依谐声则大体分得很清楚。王先生的甲乙两项标准就可以完全成立;脂微分部的大界也可以就此确立。

"(2)跟齐韵字关系最密的莫过于脂韵开口字,两两相谐者共有十七个系统之多。……要紧的是它们中间决没有微灰咍韵的字夹杂着。

"可是并不是所有的脂韵开口字都只跟齐韵字谐,也有一部分是专谐微灰咍而不谐齐的。……

"(3)如脂开口字,皆的开口音是有专谐齐而不谐微灰咍的……可是也有专谐微灰咍而不谐齐的。……由上面看,脂皆两韵的开口字虽

---

① 《东冬屋沃的上古音》(Ancient Chinese—UNG,UK,UOK,ETC.in Archaic Chinese),《史语所集刊》第三本第三分,1932年。

然在谐齐之外另有谐微灰咍的,多数它们实在是在各自为政,决没有紊乱齐与微灰咍的界限。

"(4)大多数的脂韵合口字只谐微灰咍而不谐齐,可是另外有一些则专谐齐而不谐微灰咍,如'癸葵:睽','穗:惠',它们当入脂部。

"(5)皆合口只谐微灰咍以及跟微灰咍有关的脂韵字,如'淮汇:推崔:佳','俳排:辈:非:悲'。的确没有一个跟齐韵字谐的。"①

董氏的谐声考察使脂微分部成为定论,他也对王力的分部标准有修正:"因为加了材料,王先生的丙项标准须要修改一下。我们不能说脂皆的开口字全属脂部而合口字全属微部。事实上脂皆两韵的确是上古脂微两部的杂居之地,它们的开口音与合口音之中同时兼有脂微两部之字。"

谐声字在上古韵部划分中发挥了很好的作用,是公认的可行办法。而在韵尾、介音的拟测中,各家意见颇不一致,显示了它的局限性。(参见上文"关于韵母方面的谐声原则"。)

2. 声母研究中的运用

清人的声母研究也开始运用到谐声字。钱大昕论证他的发明"古无舌上音"时,举出了个别的谐声字为例:"古音'竹'如'笃'。……'笃''竺'并从竹得声。《论语》'君子笃于亲',《汗简》云:'古文作竺'。《书》曰:'笃不忘',《释文》云:'本又作竺'。"又论正齿音也读同舌音,"彫、雕、琱、鵰皆从周声,调亦从周声,是古读周亦如雕也"。李元《音切谱》从声母方面讨论谐声关系较多,但多是以"互通"作为结论,没有说出声母的类别。

清末章炳麟合并中古声母为二十一纽作为上古的声母系统,他在论声母分合时较重视谐声字。如《国故论衡》"古音娘日二纽归泥说":"人、仁之声,今在日纽。人声之年,为奴颠切;仁声之佞,为乃定切。此则人、仁本音如佞,在泥纽也。冉之声今在日纽,那从冉声,则冉、那以双声相转,在泥纽也。"

清代古音学家的主要成就在于分部,谐声的用处也主要表现在分

---

① 《上古音韵表稿》,台联国风出版社1975年,68—70页。

部上,而上古声母的研究比较薄弱。

作为20世纪内系统运用谐声字研究上古声母的先导,高本汉的研究路子基本是正确的。他的研究方法有以下特点。

第一,音类的研究和音值的研究结合在一起的。他跟传统的古音学家大不相同之处是用音标(字母)直接指示声母,而不是用汉字来代表声母,音标符号既代表了声母的单位又说明了声母的读音,研究的过程既是辨别声母单位的过程也是拟测音值的过程。这样的做法不仅是符号的变换,而且增加了研究手段,解释力大大加强,以前难以说清楚的谐声关系现在就可以说清楚了。

第二,既能合并,也能离析。研究上古声母是以中古声母为基础往上推,传统古音学家多是重视合并而不重视离析,所谓"古无轻唇音""古无舌上音",所谓"娘日归泥",以至于"照二归精""照三归端",都是拿中古声母进行合并。清代邹汉勋曾离析过几个中古声母,但他的影响不大。高本汉对喻母的剖析,说明他很重视离析中古声母。

其三,把复辅音的研究列为重要的古音课题。传统学者表示音类的工具是汉字,研究局限于单辅音声母,不懂得复辅音声母的存在,遇到一些特别的谐声(如来母跟塞音的互谐)就束手无策;19世纪西方人艾约瑟提出上古复辅音说,但没有什么影响。高本汉构拟出复辅音,能够解释不少的谐声关系,真正推动了后来的上古复辅音研究。

其四,有大局观和系统观,能够区别一般与个别,眼光放在有规律的成系列的谐声关系上,没有纠缠个别的细节。他说:"要是细看起这《字典》(按指《中日汉字分析字典》)里的例子来,一定可以看出谐声法是异常的有规则的。这儿那儿固然会遇见些不合系统的特例,像是外行的或是粗心的人写的。但是从全体看起来,都可以找得出整套整套的谐声字,从其中可以看得出谐声的方法来的"。[①]他还是尽量稳妥,不过分冒险。

20世纪的音韵学家大都重视谐声字在上古声母研究中的作用。但是,谐声关系的复杂性造成许多难以解决的矛盾,研究者顺着不同

---

① 《高本汉的谐声说》(赵元任译文),《国学论丛》第一卷第二号,1927年。

的思路,提出了不少值得重视的构拟方案,始终不能整合为一种公认的统一系统。至今仍然处在探索阶段。下面择要就几种谐声关系的拟测分述不同的拟测意见。每个音的拟测差别可能会牵连到整个系统的改变,但这里不谈所牵连的相关问题。

A. 以母的拟音

中古汉语的以母字跟舌头音、舌上音、舌根音以及齿头音邪母都有互谐。高本汉拟测g、d、z(前两个音内包括于母字)。董同龢采用了d、g,取消了z。有些学者仍然给以母拟测一个单独的声母,如李方桂拟作r,王力拟作ʎ,喻世长拟作d',等。

B. 匣母的拟音

高本汉把匣母和群母合并为一个,拟音是g';于母则为g。董同龢以匣、于合并,拟测为ɣ;群母独立为g'。王力采用董氏的拟音。李方桂把匣、于都合并到群母,拟的基本音是g。邵荣芬把匣母字一分为二,一部分跟群母字同母,拟音为g;一部分跟于母字同母,拟音为ɣ。陈新雄也把群、匣合一,但拟音是ɣ。

C. 来母跟其他声母互谐的拟音

中古来母字跟其他声母互谐的很多。高本汉因此而拟测了以l作为第二成分的复辅音,即CL-式的复辅音。

雅洪托夫《上古汉语的复辅音声母》一文在细致观察的基础上提出l是二等韵介音的观点。他的分析主要是声母的分布。"二等字几乎任何时候都不以辅音l起首。从董同龢的音韵表中可以看出,在《说文》中只能找到三个声母为l的二等字,而其中又只有一个是常用字。""然而,当一些声母为l的字和声母为其他辅音的字处在同一个谐声系列时,声母为其他辅音的字(如果它没有介音i̯或i)在多数场合是二等字而不是一等字。声母为l的字可能作声母为任何其他辅音的二等字的声旁;反之亦然,声母为任何其他辅音的二等字也可能作声母为l的字的声旁。最后,同一个字既能表示声母为l的音节,也能表示声母为其他辅音的二等字。"[①]由此得出的看法是,"二等字既然像上面我所

[①] 《汉语史论集》,北京大学出版社1986年,43页。

指出的那样同声母为l的字紧密相联,那么它们当中应该有过介音l,即它们的声母曾是复辅音kl、pl、ml等。"①后来有的学者把这个介音改拟作r。

李方桂也给上古二等韵母拟测了-r-介音,不过他是从音理出发,为了说明舌头音分化出舌上音和齿头音分化出正齿音的条件而拟测这个音。

D. 舌根音跟章组声母互谐的拟音

高本汉发现了有些舌根音字跟章组字互谐,如:支—技岐,氏—祇,旨—耆。他的解释是这类舌根音有腭化色彩,所以能够跟舌面音互谐。董同龢给这些谐声系列里的章组字拟测了舌面中音声母k̂、k̂'、ĝ、ĝn、x̂、ĵ等。李方桂根据自己的谐声原则,认为"这两套音的发音部位也不一样,不应当互谐"。李氏为这些字拟测的上古音是有前缀s-的舌根音skj、skwj、skhj、sgj、sgwjs、ngj等(后来又曾改作krj、khrj、grj、hrj)。

E. 擦音跟鼻音互谐、鼻音跟塞音互谐的拟音

明母字跟晓母字互谐,如每—悔晦,勿—忽,民—昏,亡—肓。高本汉为这些字构拟了xm复辅音。董同龢改为清鼻音的m̥。

但是还有其他部位擦音跟鼻音互谐的字,如疑母跟晓母互谐:午—许,義—犠,虐—谑;疑母字跟心母互谐:薛—孽,卸—御;娘母字和日母字跟心母字互谐:如—絮,尔—玺;泥母和日母字跟审母字互谐:聂—摄,热—势。雅洪托夫把这些谐声现象跟另外两种谐声现象结合起来考虑。一种是塞音透母、彻母跟鼻音的互谐(如:疑—癡,能—態,匿—慝,耳—耻),另一种是心母字跟各种声母的互谐(如:妥—绥,丑—羞)。雅洪托夫拟测这些谐声系列中,"清辅音声母来自复辅音声母,如xng-、sn-、tthn-等";而在更早的阶段,复辅音前头的擦音是同一个辅音s-,"我们有理由推测,在xm-、xng-、thn-等复辅音中,第一个音最初是处处相同的,只是到后来在后面的辅音影响下(部分也受了介音i̯的影响),才按不同的方式发展变化。……在能够推测上古汉语

---

① 《汉语史论集》,北京大学出版社1986年,45页。

的鼻辅音声母前有某个辅音的那些词里,这第一个辅音就是s-。"①

李方桂则为以上谐声现象构拟清鼻音、清边音等,标记的符号是*hm、*hn、*hng、*hngw、*hl。清边音*hl是为来母字跟透母、彻母互谐的现象而构拟,即"獭—赖""體—禮""宠—龙""瘆—醪"之类的字。②

陆志韦在《古音说略》中为鼻音跟塞音的"互转"(即互谐)构拟了mp、mb、nt、nd、ŋk、ŋg等鼻音加塞音的复辅音。

F. 塞音跟塞音或塞擦音互谐的拟音

董同龢指出,除了由l作第二成分的复辅音以外,还有其他可能的复辅音。a,见系字跟端系字互谐的,今黔—贪,庚—唐;b,见系字跟精系字互谐的:岁—刿,户—所,契—楔;c,见系字跟帮系字互谐的,更—丙,爻—驳;d,端系字跟帮系互谐的,钓—豹;骋—聘;e,端系字跟精系互谐的,哉—戴,崔—推;f,精系字跟帮系字互谐的,尾—犀,亡—丧。"说它们在表现古代有kt、ks、kp、mp、nt之类的复声母不是也可以吗?"③

陆志韦以"颚化"和"唇化"来解释这类谐声现象。关于喉牙音跟舌齿音的"通转",陆氏说"我敢断定上面的那些例子是两种势力所产生的,一是喉牙音的颚化,一是从唇化喉牙音通齿音"。"凡是喉牙音单通颚音照穿禅审床日喻四的,都可以作颚化","一丛齿音、颚音之中,忽然发现一两个喉牙音字,那喉牙音只可以作为后起的,是唇化喉牙音发生之后才产生的,是方言的假借"。④关于喉牙音"通"唇音,陆氏的解释是"因为喉牙音唇化的缘故"。关于舌齿音通唇音,陆氏说"我怀疑舌齿音可以跟唇音直接通转",不须有别的解释。⑤

周法高设想给这类谐声现象构拟一个喉塞音前缀。他说:"我另外有一个想法,是不是和舌根音发生关系的舌音和正齿三等前面有一个喉塞音:*ʔt、*ʔt'、*ʔd、*ʔst? 起码我们可以这么写。"又说:"关于t组和k组通谐的现象,我因为不敢拟成tk-等相当怪的组合,所以在暂

---

① 《汉语史论集》49—50页。
② 《上古音研究》21页。
③ 《上古音韵表稿》41—42页。
④ 《陆志韦语言学著作集(一)》,268—269页。
⑤ 同上,273页。

时在 t 组声母前加上一个点表示喉塞音,这个喉塞音在稍后的时候都失落了。"①

竺家宁构拟了喉塞音 /- 的和舌尖塞音 t- 两个前加成分,这些前加成分原来都是有语法意义的词头,上古时代语法作用已看不出来了,就变成单纯的音节组合成分。喉塞音出现在舌音、唇音两种声母之前,这个音"事实上可以视为一个牙喉音(塞音)成分的总代表,如果把这个喉塞音换成舌根塞音 g- 或 k-,也无不可。在音位上,它们并无区别。"②构拟的舌尖塞音词头 t-,是为舌音与舌根音互谐和舌音与唇音、鼻音互谐的现象。"这个上古的舌头音词头可以写作 t-,也可以写作 d-,这是由于语音的同化作用使然。如果语根的声母是浊音,这个词头就写作 d-,如果语根的声母是清音,这个词头就写作 t-。"③

G. 三合、四合的复辅音

音韵学家构拟的复辅音不仅有二合音,还有三合、四合音。

李方桂的拟音体系里边有前缀 s-,有介音 -r-、-j-,加上基本辅音,就出现三合音如"首 skhjəgw""林 gljəm""展 trjan""检 kljiam"等。有些音节内包含 rj 这样的二合介音,所以理论上一个音节起首的辅音丛也可以多达四个音。

严学宭构拟了为数可观的三合、四合复辅音,不仅有二合音如 pt、pd、bt、bd 之类,还有三合音 81 个,如 pkt(稽)、pgt(耆)、spd(瑟)、mdl(读)等,以及四合音 xknd(乔)、xsdl(羑)等。在没有全部列出的情况下,他的声母表已有二百几十个声母。

以上的举例,既能证明谐声字包含丰富的古音信息,为上古音研究提供重要的线索;同时也说明谐声字包含的信息又是十分复杂的。人们对种种谐声关系有不同的理解,研究的结果就出现了重大差别。在韵母方面,同一谐声系列的字不完全同部,不能机械地遵守"同谐声

---

① 《上古音的声母》,赵秉璇、竺家宁编《古汉语复声母论文集》,北京语言文化大学出版社 1998 年,50、56 页。
② 《上古汉语带喉塞音的复声母》,《音韵探索》,台湾学生书局 1995 年,17 页。
③ 《上古汉语带舌尖塞音的复声母》,同上,46 页。

者必同部"的原则;如何从音理上看待对转各部的谐声关系,引起了阴声韵韵尾拟测的根本性分歧。在声母方面,除了那些跟中古音一致的单纯声母以外,凡是属于上古音所特有的声母,几乎都有分歧意见:哪些该是独立的声母? 哪些不该是独立的声母? 各声母的拟音以何种形式为恰当? 真所谓言人人殊。这就提醒我们,看待谐声字的作用时还要有一定程度的谨慎态度,不可过分乐观。单凭谐声字未必能够建立起近乎原貌的上古音声母系统,所谓"构拟""重建",是一种有意义的探索而已,跟"复原"古音还有相当远的距离。

五、谐声推演法的局限和研究中要注意的问题

谐声字在上古音的研究中是重要的,但是在运用这类资料时遇到的麻烦也多。谐声关系十分复杂,数量庞大的谐声字是在很长的时期内、在不同的地区产生的,即使《说文解字》里的形声字,也是再往前至少一千几百年的时间内积累起来的,其中所包含的语音信息并非属于同一个语音系统,而是若干音系的现象的汇集。此外,长期的使用过程中有些字的字形发生了讹变,本来的字形反映字音,讹变后字形和字音是矛盾的。在运用谐声推演法时要有一些条件的约束,对材料要有所选择。至于说研究谐声字应该注意哪些问题,可能人们的观点并不一致。我们认为以下几点有比较普遍的意义。

1. 在归纳韵部时,凡是谐声关系跟诗文押韵不一致的,应以押韵为准

有的形声字跟声符不属同一韵部,不能把谐声关系当作归部的根据,谐声和押韵不一致时,应以押韵为准;有其他证据则更佳。如以下几字:

企,《说文》"从人止声",止在之部,企在支部。古文字"企"字为一人在上、脚下足趾侧立之形,是会意字。《说文》把本不是谐声的字当作了谐声字。《说文》"企"字的古文从人从足,足与止的位置相同,是同一字符的不同变化结果。企字异体"跂",从足支声,恰在支部。

裘:《说文》"从衣求声,一曰象形",《诗经》求在幽部,裘在之部。

古文字"求"字为象形字,衣外有毛;后起字有的加声符又,"又"也在之部。从求的字形晚出,它的声符跟《诗经》押韵不相符,这个谐声字的读音可能反映方言或后来变化的读音。

斯:《说文》"从斤其声",《诗经》其在之部,斯在支部。

侮:《说文》"从人每声",《诗经》每在之部,侮在侯部。金文"侮"字用为"姆",本在之部,至小篆用为侮辱的侮。

呶:《说文》"从口奴声",《诗经》奴在鱼部,呶在宵部。《小雅·宾之初筵》"号呶"押韵。

2. 分析谐声关系,应有"量化"意识

用谐声字研究上古声母,其复杂程度远远超过归纳韵部,要想面面俱到地把所有谐声关系都考虑进去,构拟的声母就会数量太多,成为一个不可思议的庞杂系统。这显然是不可取的。为了减少误差,运用谐声材料构拟古声母时,应该注意数量。一种谐声关系出现在数量比较多的谐声系列里,表明它不是偶然的,具有语音史的意义;反之,如果一种谐声现象只出现在极少的谐声系列里,其偶然性很大,应当小心使用,或尽量不用。

以上的原则,有的学者很重视,有的学者则不太在乎。

高本汉说:"要从已详知的最古音系(就是《切韵》的音系)起头来作谐声字的研究,得要用很多材料,才能够得到满意的结果。"[①]

雅洪托夫说:"只有根据那些不仅适用于某个具体场合,而且适用于大量类似事实的较普遍的语音规律,构拟才足以令人信服。"[②]

喻世长说:"谐声字中的声母互谐关系,初看似乎使人眼花缭乱,深入分析就会感到有条不紊。舍去支流,抓住主流,排除不可信的所谓得声,用语音原理解释辗转相谐的现象,困难的结子一解开,主要的规律自然地水落石出。"[③]

以上各家所主张的是一条共同原则,他们的意见是正确的。例证很少的谐声关系,可能有特别的形成原因,不一定代表着什么特别的

---

① 《高本汉的谐声说》,《国学论丛》第一卷第二号,26页。
② 《上古汉语的复辅音》,《汉语史论集》42页。
③ 《用谐声关系拟测上古声母系统》,《音韵学研究》第一辑,184页。

音类,也就不能作为"重建"古音的根据。

3. 以谐声关系拟测的古音要经得起音理的检验

可以说,每位研究古音的人都懂得使用音理,依靠语音学的某些规律来决定一个语音形式。单独看一个拟音,几乎不存在违反音理的问题,每个拟音都有办法得到解释。但是,若从系统上看,从历史发展的观点和时间的连续上看,就可能区别出合理与不合理、科学与不科学的差异。所以,评估一个拟音是否合理,不是孤立地看它本身,而要从它的系统上作整体的评价,从语言学的普遍规律上审视它。如果系统内部存在不可克服的矛盾,这个系统是不合理的;一个系统从内部看也还和谐,但是从历史发展的规律看,跟已知的古代汉语音系无法衔接,这个系统也是不合理的。

比如说,给上古的阴声韵部全都拟测出浊辅音韵尾,这样的系统就存在内部的不合理性。根据语言的通则,一种语言不可能所有的音节都是闭音节而没有开音节。王力说:"世界各种语言一般都有开音节(元音收尾)和闭音节(辅音收尾),个别语言(如哈尼语)只有开音节,没有闭音节;但是,我们没有看见过只有闭音节没有开音节的语言。如果把先秦古音一律拟测成为闭音节,那将是一种虚构的语言。"[①]俞敏说:"全用闭音节的语言世上找不出实例来"。[②]也曾有人说,属于南岛语系的台湾邵语里没有开音节,类似于汉语阴声韵的韵母都有喉塞音韵尾,然而那种韵尾不具有音位性质。这跟真正的辅音韵尾还是不同的。再比如,世界上的语言虽然有很多复辅音,但是辅音丛的构成都有一些普遍规律,往往是擦音、塞音、流音的组合,由三个塞音连续成的复辅音少见。如果给上古汉语构拟 pkt、pgt 之类的复辅音,从音理上看,可能性也是不大的。

给上古音构拟数量太多的复辅音声母,从历史发展的规律看,也是明显不合规律。从已经知道的古代汉语音系看,两汉时代的汉语声母只有三十来个(见俞敏《后汉三国梵汉对音谱》),如果周秦时期有二百多个声母,就不能解释为什么在很短时间里一个声母系统会发生那

---

① 《汉语语音史》,中国社会科学出版社1985年,47页。
② 《陆志韦语言学著作集(一)·序言》,6页。

么大的变化。可见这样的拟测是不合乎历史真相的。

4. 要排除"形讹"和"音讹"的谐声字

有些字在流传使用的过程中发生过字形讹变或字音讹变的,不能作为拟测上古音的证据。

形讹的字有的本来不是形声结构而讹变为形声结构,或本来也是形声结构但讹变后声符改换了。例如:

朝,《说文》"从倝舟声",舟在幽部,朝在宵部。甲骨文朝字的字形是会意字,象日在草中、旁有一半月,"表示下弦月时日方出月尚可见的清晨景象"[①],不以舟作声符。金文改从月为从川或从水,小篆讹为舟。《说文》对整个字形的解说是以晚起的字形为依据的,因而不合乎它的读音。

又例如"桓"字的声符跟"恒"字的声符本来不是一个字,但是讹变后的声符都成为同样一个"亘",由此引起一些字音的误读。如《广韵》"峘"字有桓韵"胡官切"和登韵"户登切"两个读音,前一音是误认声符。我们不能因此认为上古时"峘"字又在元部又在蒸部。[②]

《广韵》陌韵有一个"砉"字,注音为"虎伯切",这个音跟声符"圭"不和谐。葛信益考证,声符"圭"是"丰"字,即"𢀖"的上半,当是"𢀖"的异体字。[③]

音讹的字是在中古以前读音发生讹变的字。如"矣"字,《切韵》"于纪反",声母为于母,但它的声符是"以",古音的声母应当是以母。又如"炎"字,《切韵》"于廉反"又"余念反",前者于母而后者以母。按于母字作声符时,谐声字读匣母、见母等舌根音声母的居多;而"炎"系列的谐声字基本上属于定、透、以诸母字,正是以母的谐声特征,很可能炎字来自以母。这样的谐声字的中古读音来历可疑,使用中需要谨慎。

还有的音讹是由于反切上字或下字的错认造成的。如《广韵》咍

---

① 裘锡圭《文字学概要》,商务印书馆1988年,129页。
② 葛信益《广韵讹夺举正》,《广韵丛考》,北京师范大学出版社1993年,64页。
③ 同上,29页。

韵"犜"字,注音为"昌来切",跟声符"寿"的读音相差很远。据葛信益考证,这个反切的下字有讹误,本来应该是"昌求切",由于字形相近的关系错写成"昌来切",《广韵》编者根据讹误的反切下字把"犜"收在了咍韵。①

5. 不要错认谐声字的构造或把不是谐声构造的字当作谐声字

把谐声字的声符看错了,就会导致对谐声关系的理解失误。把不是谐声构造的字也当作谐声字,也导致对谐声关系的理解失误。下面试以一些学者构拟复辅音所用的几个字为例,分析一下这种做法的不可靠。

必,弋声,有人拟音 pd。按:《说文》八部"必,分极也。从八弋,弋亦声"。但必弋二字不仅声母相差远(唇音帮、舌音以),而且韵部相差也远(一在质部,一在职部)。段玉裁改此处为"从八弋,八亦声"。现代古文字学考释这个字是"柲"的本字,意义是矛杆,字形从戈、八声,而不是《说文解字》说的弋声。

茸,聪省声,有人拟音 ntsh。按《说文》"茸,从草,聪省声",不足为凭。段玉裁改为"从草耳声",注:"今本作聪省声,此浅人所臆改。此形声之取双声不取叠韵者。"

皮,为省声,有人拟音 γb。按《说文》把皮字说为"为省声",是主观臆断;依照古文字字形,为是会意字,以手牵象;"皮"是指事字,不是形声字。段玉裁只承认这两字的韵部相同,他主张仅有声母相通可以互谐,仅有韵部相通也可以互谐,皮字属于后者,在原文"为省声"后注"古音为皮皆在十七部",否认了它们的声母有关。事实上"皮"的古文字字形不见"为省声"的痕迹,不应算作谐声字。

葬,舜(莽)声,有人拟音 mts。按《说文》把此字当作会意字,"藏也。从死在舜(莽)中,一其所以荐之"。今人当作谐声字缺乏根据。

冰(凝的古体),仌(冰的古体)声,作为拟音 ŋp 的根据。按《说文》冰字"从仌从水",是会意字,当作谐声字没有根据。

凭,任声,有人拟音 np。按《说文》凭字"从几从任,依几也",是个

---

① 葛信益《广韵讹夺举正》,《广韵丛考》64 页。

会意字,看作谐声字没有根据。

　　根据谐声字研究上古声母还有很多疑难之处,即使对各种可能的疏漏尽量补救,也难于做到精确可靠。不少学者对谐声字的使用持谨慎的保留态度。如王力不采纳谐声字构拟的上古声母系统,他说:"关于声母方面,成绩就差多了。一般的根据是汉字的谐声偏旁,其次是异文。我们知道,声符和它所谐的字不一定完全同音。段玉裁说:同声必同部,这是指韵部说的。这只是一个原则,还容许有例外。如果我们说凡同声符者必同声母,那就荒谬了。……从谐声偏旁推测上古音,各人能有不同的结论,而这些结论往往是靠不住的。"[①]刘又辛《古汉语复辅音说质疑》对复辅音的拟测提出一些驳议,并说:"任何科学上的假说,一定会经过一段时间的争论、辩难,才能促进这一学说的发展、完善,最后才能成为大家公认的定论。复辅音说在目前仍然是一个假说,我希望上面提出的一些质疑能够起到一点促进的作用。"[②]这项研究仍然是音韵学者面对的未完成的课题。

主要参考文献:

陈复华、何九盈《古韵通晓》,中国社会科学出版社1987年。
陈新雄《古音研究》,五南图书出版公司1999年。
褚俊杰等《藏族》,北京民族出版社1994年。
董同龢《上古音韵表稿》,台联国风出版社1975年重印本。
　　　《汉语音韵学》,中华书局2001年。
段玉裁《说文解字注》,上海古籍出版社1981年。
　　　《六书音韵表》,中华书局1983年。
高本汉《中日汉字分析字典》(《Analytic Dictionary of Chinese and Sini-
　　　Japanese》),Geutner, Paris,1923。
　　　《高本汉的谐声说》(赵元任译文),《国学论丛》第一卷第二号,
　　　1927年。
　　　《上古中国音当中的几个问题》(赵元任译文),《史语所集刊》

[①] 《汉语语音史》17—18页。
[②] 《音韵学研究》第一辑,179页。

第一本第三分,1930年。
《中上古汉语音韵学纲要》(聂鸿音译本),齐鲁书社1987年。
葛信益《广韵丛考》,北京师范大学出版社1993年。
顾炎武《音学五书》,中华书局1982年。
郭锡良《历史音韵学研究中的几个问题》,《音韵学方法论讨论集》,商务印书馆2009年。
李葆嘉《清代上古声纽研究史论》,五南图书出版公司1996年。
李方桂《上古音研究》,商务印书馆1982年。
《东冬屋沃的上古音》(Ancient Chinese—UNG,UK,UOK,ETC. in Archaic Chinese),《史语所集刊》第三本第三分,1932年。
林焘、耿振生《声韵学》,三民书局1997年。
刘又辛《古汉语复辅音说质疑》,《音韵学研究》第一辑,中华书局1984年。
陆志韦《陆志韦语言学著作集(一)》,中华书局1985年。
《陆志韦语言学著作集(二)》,中华书局1999年。
潘悟云《汉语历史音韵学》,上海教育出版社2000年。
裘锡圭《文字学概要》,商务印书馆1988年。
沈兼士《右文说在训诂学上之沿革及其推阐》,《沈兼士学术论文集》,中华书局1986年。
王辅仁、索文清《藏族史要》,四川民族出版社1981年。
王　力《汉语史稿》,中华书局1980年。
《龙虫并雕斋文集》,中华书局1980—1982年。
《汉语语音史》,中国社会科学出版社1985年。
王力 等《在上古音讨论会上的发言》,《语言学论丛》第十四辑,商务印书馆1984年。
许　慎《说文解字》,中华书局1978年。
雅洪托夫《汉语史论集》,北京大学出版社1986年。
严学宭《原始汉语复声母类型的痕迹》,《古汉语复声母论文集》,北京语言文化大学出版社1998年。
《周秦古音结构体系》,《音韵学研究》第一辑,中华书局

1984年。

余迺永《上古音系研究》,香港中文大学出版社1985年。

俞　敏《俞敏语言学论文集》,商务印书馆1999年。

喻世长《用谐声关系拟测上古声母系统》,《音韵学研究》第一辑,中华书局1984年。

藏族简史编写组《藏族简史》,西藏人民出版社1985年。

章炳麟《国故论衡》,浙江图书馆1919年《章氏丛书》本。

赵秉璇、竺家宁《古汉语复声母论文集》,北京语言文化大学出版社1998年。

郑天挺《发羌之地望与对音》,《史语所集刊》第八本第一分,1939年。

周法高《上古音的声母系统》,赵秉璇、竺家宁编《古汉语复声母论文集》,北京语言文化大学出版社1998年。

竺家宁《上古汉语带喉塞音的复声母》,《音韵探索》,台湾学生书局1995年。

《上古汉语带舌尖音的复声母》,同上。

Pulleyblank, E.G.（蒲立本）*The Congsonantal System of Old Chinese*, Asia Major 9, 1962。

第四章 异文通假声训集证法

一、概　说

　　通常说的异文,指某书里的同一句话,在该书的不同版本里用字有不同,或者别的书里引用这句话时跟原书有文字上的不同。古籍异文的形成原因有多种。例如"脱文"——脱落了文字,"衍文"——增加了原来没有的文字,"倒文"——文字颠倒了;有的是抄写中使用了形近字,出现了鲁鱼亥豕的错误;使用了异体字也是一种异文;还有就是同音字或音近字代用。前几种异文都跟古音考证无关,在古音研究中有用处的是音同音近互代的字,它们大致是有意或无意中写的别字。

　　后一种异文就是语文学上所说的通假字。有些字在后代读音相差很远,但在古代某时期的文献中却互相假借,那就说明当时二字的读音相近,声母和韵母都有密切关系。比如"疲"和"罢"二字的现代读音声母韵母都不同,在中古音二字的声母相同,韵母不同;但在上古时代互为通假字,说明它们的上古音声母和韵母相同或者相近。

　　通假字和异文两者是有区别的。有时异文就是通假字,当假借字和本字在古书中都被使用,一种版本用的是本字,别的版本或被别的书引用时使用了通假字,那么这种假借同时就是异文。如传世通行本《老子》有"绝圣弃知,大道乃真",出土帛书本《老子》作"绝声弃知",声与圣互为异文,声又是圣的通假字。有些词从来没有本字,一直使用假借字,但所用的假借字不止一种,也就是异文,例如联绵词"犹豫""由预"之类。但是,有的通假字不一定有异文。比如有的古书可能只有一个版本,里边某词用了通假字,但该书没有别的版本,也不见别的书引用,这个假借字就没有出现过异文。我们把"异文假借"连在一起使用,就把各种情况都包括在内了。

声训是古代特有的一种解释词义的方法,它是拿一个音同或音近的字来注解被释字,这种释义往往是为了说明语源,即从声音上说出被释词的命名缘由。如《说文解字》:"天,颠也",意识是说,"天"之所以被叫做天,因为它是在人们的"颠"(头顶)之上。《释名·释天》:"景,竟也,所照处有竟限也。"意思是说"景"(影子)之所以被叫做景,因为光线照出的影子有边界(竟即"境")。声训盛行于汉代,这种方法对词义起源的解释往往是主观臆测牵强附会的,但它反映了被释词和释义词的声音关系,可以用来研究古音。

以上两类材料,本身的性质不同,但共同处是分布零散而不成系统,需要大量的工夫去搜罗。积少成多,达到一定的数量,就可以证明某种古音现象,所以我们称之为"集证法"。

用异文来研究古音,首先要确定哪些异文是跟古音有关的,哪些是无关的,要排除那些根本不反映古音的异文,只选择那些跟古音有关的异文作为研究的对象。同义词互代形成的异文不是通假关系,如《论语·宪问》:"不患人之不己知,患其不能也。"《论语·卫灵公》:"君子病无能焉。不病人之不己知也。"两处的"患"和"病"是同义词互代,不是通假字;《诗经·小雅·车舝》:"思娈季女逝兮",郑玄笺:"思得娈然美好之少女。"《释文》"亦作季女","季"与"少"可能是同义词互代,也可能是受正文的影响而误写。字形相近而写错了的"形讹"也不是通假关系,如《诗经·小雅·楚茨》:"为豆孔庶",毛传"豆谓内羞",《释文》:"内羞,房中之羞;或作肉羞。""内"和"肉"可能是形讹。《诗经·大雅·四月》:"乱离瘼矣,爰其适归。"《孔子家语·辨政篇》引作"奚其适归","奚"和"爰"可能是形讹,就不包含古音的线索。以上这些异文都是要排除的。大体上说,两字的形体差别大,而读音上可以找到联系,它们是通假字,用这类字研究古音比较可靠。两字有共同的声旁并且形体相近,既可能是通假,也有可能是形讹,作为通假字的价值不如前一类,可以从谐声关系上研究它们。形体相似而读音无关,就不是通假字,对古音研究没有多少用处。

研究异文通假字的古音关联,一般是用《切韵》音系为标准,来比较假借字和被借字之间的声、韵异同。如果二字在《切韵》是同音字,大致上即断定它们是同音假借;如果二字不是同音字,则有两种可能,一是在写书或抄书时本为同音字,一是在写书或抄书时是音近字。音近假借的字,大多不是整个音节的成分都不同,只在音节的某一成分上不同,其他部分是相同的。不同的部分,或是声母,或是介音,或是韵腹,或是韵尾,这也要借助于它们在《切韵》音系的地位和上古韵部的研究结果来判断。

声训的音韵研究,主要方法也是跟《切韵》音系参照对比,《切韵》的同音字,大多数也就看作是上古时的同音字;《切韵》里不同音的字,在上古有同音与不同音两种可能。

异文通假字也好,声训也好,它们对古音的反映不一定是精确明晰的。确定了若干字的同音、音近关系之后,仅仅是得到了古音线索;要通过这些线索去探讨它们的实际读音,还要通过多种手段,经过复杂的程序,才可以达到目的。

二、传世上古文献异文通假声训的音韵研究

运用传世文献里的异文假借材料来研究上古音,清代学者作出的贡献比较大。

研究上古韵部,主要以诗歌韵文的押韵字为依据,但也有的学者注意到了假借、声训这些零散的材料的作用,拿它们来证明古韵。顾炎武《唐韵正》引用了不少异文和声训的材料。例如:

异文通假

"斜,古音余。……《汉司隶校尉杨孟文石门颂》'斜谷'作'余谷'"。

"英,古音央。……《诗·出其东门》正义引'白旆央央'作'英英'。'旂旐央央',本亦作'英'。《韩诗》'英英白云'作'泱泱'。"

"萌,古音芒。……《礼记·月令》曰:'孟春之月,其神句芒',又曰:'句者毕出,萌者尽达',萌即芒也。《乐记》:'草木茂,区萌达'。《管子·五行篇》:'草木区萌'。《庄子·天道篇》:'萌区有状',萌区即句萌,区萌

即句芒也。"

"能,古音奴来、奴代二反。……《礼记·礼运》'圣人耐以天下为一家',《乐记》'人不耐无乐,乐不耐无形,形而不为道,不耐无乱',郑注:耐,古书能字也。"

声训:

"风,古音方愔反。……《释名》:'风,兖豫司横口合唇言之,风,泛也,其气博泛而动物也。'"

"江,古音工。《水经注》引《广雅》曰:'江,贡也。'《风俗通》曰:'出珍物可贡献。'《释名》曰:'江,公也,小水流其中,所公共也。'"

"遮,古音止余反。……《释名》:'渚,遮也,体高能遮水使从旁回也。'"

"萌,古音芒。……贾谊《新书》:'萌之为言芒也。'《白虎通》:'芒之为言萌也。'"

"火,古音毁。……《释名》:'火,毁也。物入火中皆毁坏也。'"

"舍,古音暑。……《史记·律书》:'舍者,日月所舍;舍者,舒气也。'"

段玉裁的《六书音韵表》有"古假借必同部说"和"古转注同部说"。"古假借必同部说"讲的是通假字的读音关系:

"假借必取诸同部。故如真文之与蒸侵,寒删之与覃谈,支佳之与之咍,断无有彼此互相假借者。古本音不同今音,故如《夏小正》借养为永,《诗》《仪礼》借蠲为圭,古永音同养,蠲音同圭也。古音有正而无变,故如借田为陈,借荼为舒,古先韵之田音如真韵之陈,模韵之荼音如鱼韵之舒也。古四声不同今韵,故如借害为曷,借宵为小(见《学记》)为肖(见《汉书》),古害声如曷,小肖声皆如宵也。故必明乎此三者而后知假借。"

段氏在这里想要说明的道理是假借字的构成条件,同时也就揭示了假借字对于研究古音的用处。

段玉裁把转注解释为"互训","古转注同部说"举的都是声训的例子,他是把声训看作互训的一类。他说:

"训诂之学,古多取诸同部。如'仁者人也''义者宜也''礼者履也''春之为言蠢也''夏之为言假也''子,孳也''丑,纽也''寅,津也''卯,茂也'之类。《说文》'神'字注云'天神引出万物者也','祇'字注云'地祇提出万物者也','麦'字注云'秋穜厚薶,故谓之麦'。神引同十二部,祇提同十六部,麦薶同第一部也。刘熙《释名》一书,皆用此意为训诂。"

韵文对于声母的研究没有用处,凭借异文、通假字之类材料对于研究上古声母就显得十分重要。钱大昕的《十驾斋养新录》卷五关于古无轻唇音和古无舌上音的论述,主要根据就是异文、假借和古注。今从中摘取几则。

异文通假

"《诗》'凡民有丧,匍匐救之',《檀弓》引《诗》作扶服,《家语》引作扶伏。又'诞实匍匐',《释文》'本亦作扶服'。《左传·昭十三年》'奉壶饮冰以蒲伏焉',《释文》'本又作匍匐;蒲,本亦作扶'。《昭二十一年》'扶伏而击之',《释文》'本或作匍匐'。《史记·苏秦传》'嫂委蛇蒲服',《范雎传》'膝行蒲伏',《淮阴侯传》'俛出袴下蒲伏',《汉书·霍光传》'中孺扶服叩头',皆匍匐之异文也。"

"古音负如背,亦如倍。《史记·鲁周公世家》'南面倍依',《汉书·徐乐传》'南面背依',倍与背同,即负扆也。"

"古音中如得。《周礼·师氏》'掌国中失之事',故书中为得。杜子春云:'当为得,记君得失,若《春秋》是也。'"

"古读廛为坛。《周礼·廛人》注:'故书廛为坛。杜子春读坛为廛。'《载师》'以廛里任国中之地',注:'故书廛或为坛。司农读为廛。'"

"匍匐"是一个联绵词,有不同的写法,上举例子就有匍匐、扶服、蒲伏、扶伏、蒲服,在后代有轻唇音和重唇音的差别,上古时都读重唇音。倍、背是重唇音字,负是轻唇音字,倍和背假借为负,也证明古音轻重唇不分。中、廛是舌上音字,得、坛是舌头音字,它们互为异文,即为古无舌上音的一种证明。

声训:

"古读副如劈。《说文》:'副,判也。'判、副双声。"

"古读法如逼。《释名》：'法，逼也。人莫不欲从其志，逼正使有所限也。'"

"古音陟如得。《周礼·太卜》：'掌三梦之法，三曰咸陟。'注：'陟之言得也。'"

副法二字为轻唇音，判逼二字为重唇音，以判训副、以逼训法，可以作为古音不分轻重唇的佐证。

近代在古音研究中成功地运用异文通假声训材料的学者以章炳麟和曾运乾为代表。

章炳麟《国故论衡》有一篇《古音娘日二纽归泥说》，论证中古音的娘、日二母在上古属于泥母，异文假借、声训等是很重要的证据。他说：

"古音有舌头泥纽，其后支别则舌上有娘纽，半舌半齿有日纽，于古皆泥纽也。何以明之？涅从日声。《广雅·释诂》'涅，泥也'；'涅而不缁'亦为'泥而不滓'；是日、泥同音。黏从日声。《说文》引《传》'不义不黏'；《考工记·弓人》杜子春引《传》'不义不昵'；是日昵同音也。昵今音尼质切，为娘纽字；古尼昵皆音泥。《传》曰：'姬姓，日也；异姓，月也'，二姓何缘比况日月？《说文》復字从日，亦从内声作衲，是古音日与内近；月字古文作外，韵纽悉同，则古月外同字。日月所以比内外者，《天文志》曰：'日有中道，月有九行。'中道者，黄道，一曰光道；九行者，黑道二，出黄道北，赤道二，出黄道南，白道二，出黄道西，青道二，出黄道东。'是为日道在内，月道在外。姬姓内也，异姓外也。音义同，则以日月况之。太史公说武安贵在日月之际，亦以日月见外戚也。日与泥内同音，故知其在泥纽也。入之声今在日纽，古文以入为内。《释名》曰：'入，内也，内使还也。'是则入声同内，在泥纽也。任之声今在日纽，《白虎通德论》《释名》皆云：'男，任也。'又曰：'南之为言任也。'《淮南·天文训》曰：'南吕者，任包大也。'是古音任同男南，本在泥纽也。然、而、如、若、尔、耳，此六名者，今皆在日纽。然之或体有蘁，从草难声。《剧秦美新》'蘁除仲尼之篇籍'，《五行志》'巢蘁堕地'，皆从难声，明然古音如难，在泥纽也。而之声类有耐。《易·屯》曰：'宜建侯而不宁'，《淮南·原道训》曰：'行柔而刚，用弱而强。'郑康成、高诱皆读而为能，是古音而同能，在泥纽也。如从女声，古音与奴拏同。音转如奈,《公羊·定八年》传:'如丈夫何?'《解诂》曰:'如犹奈也。'又转如能,《大雅》'柔远能迩',笺曰:'能犹如也。'奈、能与如皆双声,是如在泥纽也。若之声类有诺;称若、称乃,亦双声相转,是若本在泥纽也。《释名》曰'尔,昵也','泥,迩也';《书》言'典祀无丰于昵',以昵为祢;《释兽》:'长脊而泥',以泥为閖;是古尔声字皆如泥,在泥纽也。《汉书·惠帝纪》曰:'内外公孙耳孙',师古以耳孙为仍孙;仍今在日纽,本从乃声,则音如乃,是耳、仍皆在泥纽也。"

曾运乾的《喻母古读考》一文,分喻母为二类。喻三等(于母)归匣母,喻四等(以母)归定母,主要的证据是古籍异文通假和声训。今摘举若干例子于下。

1. 喻三归匣

异文通假:

"古读营如环。《韩非子》'自营为私',《说文》引作'自环'。"

"古读营如还。《诗·齐风》'子之还兮',《汉书·地理志》引作营。师古注:'《齐诗》作营,《毛诗》作还。'"

"古读瑗如奂。《春秋左氏经·襄二十七年》'陈孔奂',《公羊》作'陈孔瑗'。"

"古读瑗又如环。《春秋左氏经·襄十九年》'齐侯环卒',《公羊》作'齐侯瑗'。"

"古读援如换。《诗·皇矣》'无然畔援',《汉书·叙传》引作'畔换'。郑《诗笺》:'畔援,犹跋扈也。'按畔援古叠韵,无正字,只取声相近之字通作。如《诗·卷阿》作泮奂,《魏都赋》作叛换,《隶释·成阳令唐扶碑》'夷粤布搅'。畔泮叛同声,跋布与畔均双声,换奂并胡玩切,扈并侯古切,亦均匣母双声字。"

"古读羽如扈。《周官·考工记·弓人》'弓而羽杀',注:'羽读为扈,缓也。'"

"古读违如回。《尧典》'静言庸违',《左·文十八》传引作'靖潛庸回',《论衡·恢国篇》《三国志·陆抗传》引并作回。"

"古读围如回。《春秋》楚公子围,《汉书·古今人表》楚灵王围,《史记·楚世家》作回。"

"古读员如魂。《诗·出自东门》'聊乐我员',《释文》:'员,《韩诗》作魂,神也。'"

"古读污如弧。《考工记·舟人》'凡揉舟欲其孙而无弧深',注:'杜子春弧读为尽而不污之污。'"

"古读有如或。《经传释词》云'或犹有也'《尚书古义》曰:'无有作好,遵王之道;无有作恶,遵王之路。'《吕览·贵公篇》引此,有作或。高注曰:'或,有也。'"

"古读往如皇。《礼·少仪》:'祭祀之美,齐齐皇皇。'注:'皇读如归往之往。'"

声训:

"古读围又如淮。《释名》:'淮,围也,围绕扬州北界,东至海也。'"

"古读蜮如惑。《公羊·庄十八年》传注:'蜮之为言惑也。'"

"古读有如或。……郑康成注《论语》亦云:'或之为言有也。'"

"古读戉、钺如豁。《释名·释兵器》:'钺,豁也。所向莫敢当前,豁然破散也。'"

"古读往如皇。……《信南山》'先祖是皇',笺:'皇之言往也。'"

2. 喻四归定

因钱大昕已证明了舌上音归舌头音,所以喻母字跟定、澄诸母字的联系都被看作是喻四归定的证据。摘录例子于下。

异文通假:

"古读夷如弟。《易·涣》'匪夷所思',《释文》:'夷,荀本作弟。'"

"古读夷如陈,实如田。《左·僖元年》'邢迁于夷仪',《公羊》作陈仪。按陈从申声,古音如田,《史记》齐田氏即陈氏也。"

"古读余如荼。《易·升》'来徐徐',《释文》:'子夏作荼荼,翟同,音图。王肃作余余。'"

"古读易如狄。《管子·戒》'易牙',《大戴记·保傅篇》《论衡·谴告篇》均作狄牙。"

"古读育毓如毒。《老子》'亭之毒之',《释文》:'毒,本作育。'《庄子·人间世》'无门无毒',《释文》:'毒,本作毓。'"

声训：

"古读姨如弟。《释名》：'妻之姊妹曰姨。姨,弟也,言与己妻相长弟也。'"

"古读鬵如浊。《释名·释饮食》：'鬵浊于糜,粥粥然也。'"

"古读说(弋雪切)如兑。……《易·序卦》：'兑者,说也。'《说文》：'兑,说也。'《释名》：'兑,说也。'并兑说声同义近之证。"

"古泄、沓声相近。……《孟子》'泄泄犹沓沓也',以同声字为训。"

搜罗分散在传世文献里的异文通假字,需要对古书很熟悉。清代音韵学大家和近代的章炳麟、曾运乾等人有深厚的传统经学功底,经史子集烂熟于心,在运用本方法时有优势,有所发现有所发明。后来的学者在这方面难以跟他们相比,主要的成绩在于出土文献中异文通假的研究上。

三、出土文献异文通假字的音韵研究

1. 甲骨文金文异文通假字的研究

甲骨文金文的通假字情况复杂,在使用上往往有不同于后代传世文献的特点,其中有很多字是一字多用,一字当作后代的几个字使用。如"贞鼎"同字,"史吏事"同字,"位立"同字,"白伯百"同字,在后代就不常见。通假字中同音字互假的占多大比例,音近字占多大比例,还是不易说清的问题。究竟如何看待甲骨文、金文的通假关系,目前似乎没有很好的办法。

有的学者把通假字都看作同音字,如赵诚《商代音系探索》一文说：

"清声和浊声在甲骨文里不分。如凤宁,卜辞或用为凤凰之凤,或借用为风,可见凤风同音。而后代风为非母,属清声;凤为奉母,属浊声。"

"易字或用为锡即赐字,此三字当同音。"

"母、女多通用,当同音。"

"龙又作宠,当同音。"①

甲骨文的通假字是否全是同音字?清浊互相通假能否证明清浊不分?这或许还不能下一定的结论。我们知道,在谐声字里,同一部位的各声母是自由互谐的,人们不肯因为互谐就把同一部位的各声母都看作一个声母,那么把同一部位的通假字都看作同音字合乎事实吗?上面引文的结论似乎不足以服人。同时,我们也不能绝对地说,通假字都不是同音字,问题是无法辨别哪些是同音字,哪些不是同音字。由此看来,研究甲骨文音系的困难比较大,但是对于商代和西周早期的音韵研究来说,甲骨文金文毕竟是重要的材料,有待于作深入的探讨。

2. 汉代竹简帛书文献异文通假字的研究

20世纪内,有大量秦汉时代书写在竹简、木牍和丝帛等材料上面的文献出土。如长沙马王堆汉墓出土的帛书,山东银雀山、湖北睡虎地、甘肃武威等多处出土的竹简文书。这些文献中使用的通假字比传世文献里的通假字要多得多,它们长期沉埋地下,不像传世文献那样经人改动过,保存了书写时的原始状况,对于研究秦汉音系极为有用。近代学者充分认识到这类资料的宝贵,对它们做过深入的研究,发表的文章和著作比较多。下面举出少数论著为例。

周祖谟《汉代竹书和帛书中的通假字与古音的考订》一文把这类文献里边的通假字总结为四种情况:

1. 有的是原字跟以此为声旁的形声字不同。如冬通终,入通内,立通位,令通命,才通哉之类。

2. 有的是两个谐声字的声旁相同,而形旁不同。如适与敌,贤与坚,侍与待,代与忒之类。

3. 有的是两个谐声字形旁相同,而声旁不同。如齌与资,拯与撜,信与伸,椶与朴之类。

4. 有的是两个字在形体上完全不同。如畏通威,礼通履,畜通孝,勺通赵之类。②

---

① 《音韵学研究》第一辑,中华书局1984年,260页、262页、263页。

② 同上,70页。

第四章 异文通假声训集证法

互为通假的两个字,除了完全同音的以外,其他各类通假字的韵母和声母关系有以下几种情况。

甲,韵母方面,以同韵部的字居多。其他是韵部相近,包括对转、旁转等。

音近的韵部旁转:《周易》贲卦的"贲",帛书作"蘩","贲"文部字,"蘩"元部字。《周易》巽卦的"巽",帛书作"算","巽"是文部字,"算"是元部字。《周易·涣》九二:"涣奔其机",帛书作"贲其阶","机"是微部字,"阶"是脂部字。《周易·既济》:"妇丧其茀","茀"帛书作"发","茀"是物部字,"发"是月部字。

相配的阴声韵跟入声韵、阳声韵对转:《周易·需》:"有孚",帛书作"有复"。"孚"是幽部字,"复"是觉部字。《周易·渐》:"或直其寇",帛书作"楉"。"寇"是侯部字,"楉"是屋部字。帛书《老子》"六亲不和,案有畜兹","畜兹"今本《老子》作"孝慈","畜"是觉部字,"孝"是幽部字。《老子》"天无以清将恐裂","裂"帛书作"莲","裂"是月部字,"莲"是元部字。《经法》内《十六经·三禁》:"番于下土,施于九州","番"即"播"的通假字,"番"是元部字,"播"是歌部字。

通过对出土文献的通假字的研究,还可以纠正从前某些不正确的结论,或把从前不能肯定的说法肯定下来。如周祖谟在祭、月的分合问题上改变了自己以前的观点,有了新的说法:"《广韵》祭泰夬废去声字与入声月曷末鎋黠薛几韵,王念孙、江有诰根据《诗经》押韵情况都独立为一部,有去入而无平上。以前我曾把去入两部分开,去声称为祭部,入声称为月部。现在从歌部、元部、月部对转的关系着眼,祭部与月部也可以统归一部,可是在声调上仍当有别。"①而文字使用上祭泰夬废跟月曷末鎋黠薛之间的频繁互用,可以说是对转关系的反映,但若说它们本为一部也许更合适一些。

乙,声母方面通假字的情况十分复杂。

与《广韵》的声母系统比较,发音部位相同而发音方法不同的通假字很多,如属于相同部位而一为送气一为不送气,或一为清音一为浊

---

① 《音韵学研究》第一辑,82页。

音,这类通假字都没有什么特别之处。还有些通假字的规律合乎钱大昕所说的"古无轻唇音""古无舌上音",也不提供新鲜发现。能反映上古声母特点的是那些与《广韵》声母差别较大的通假字,里边包括多种情形。例如:

照组三等(章组声母)字跟舌音互相通假:冬—终,至—致,正—定,升—登,脱—说,施—他,敌—啻,成—亭,孰—毒,独—蜀,待—侍,等等。由此拟测,章母为ȶ,审母字大部分为舌部塞音sṱʻ,一部分为摩擦音ɕ,禅母为浊塞音ȡ。

日母与泥娘母互相通假:热—涅,汝—女,扰—犹,诺—若,等等。由此拟测日母读n。

日母跟心母互相通假:攘—襄,需—儒。由此拟测心母有sn类读音。

邪母跟定澄审喻互相通假:途(定)—徐(邪),持(澄)—寺(邪),咒(邪)—矢(审),徐(邪)—余(喻)。拟测邪母为zd。

喻母跟舌音、齿音、牙音互相通假:耀(喻)—眺(透),诞(定)—延(喻),虽(心)—唯(喻),详(邪)—佯(喻),引(喻)—景(见),育(喻)—畜(晓)。推寻喻母是由原先的sd和sg两种复辅音变来。

照二等字(庄组)跟精组互相通假:爪(庄)—蚤(精),测(初)—则(精),察(初)—蔡(清),生(生)—星(心)。拟测这组声母为tsr、tsʻr、dzr、sr。

匣母跟群母、见母互相通假:奇(群)—何(匣),韩(匣)—乾(群),咸(匣)—禁(见),后(匣)—勾(见)。拟测匣母为g。

晓母跟明母互相通假:荒(晓)—芒(明),徽(晓)—靡(明),恍(晓)—望(明),黑(晓)—墨(明)。拟测一部分晓母字的声母为清鼻音m̥。

来母跟见、明、彻诸母互相通假:革(见)—勒(来),拣(见)—练(来),漏(来)—句(见),命(明)—令(来),寥(来)—缪(明),宠(彻)—龙(来),宠(彻)—弄(来)。拟测当时有以l为第二成分的复辅音声母kl、ml、tl等。

周祖谟在文中提到了研究通假字时需要注意的一个问题:"古书

的通假字是非常复杂的。其中一定有一字两音的,也许有的音是后代韵书中所没有记载的,说不定还会有一字在不同文句中的读音随文义而定的情况,所以不好随意推断。"①

穷尽性地考察秦汉时期简牍帛书异文通假字的著作有李玉的《秦汉简牍帛书音韵研究》一书。该书共收集了6800余对异文通假字(13600余字),并用统计学方法进行研究,区别出"常常"通假和非"常常"通假,前者代表着一定的古音现象,后者则不能作定论。书中有不少结论跟周祖谟的看法是一致的,也有些意见是不同的。不同的如中古音的匣母在上古一分为二,一类跟见母字互通,构拟为舌根塞音g;一类跟云母字互通,构拟为舌根浊擦音γ;又如有清鼻音hm、hn、hŋ,清边音hl,有鼻音加塞音的复辅音声母类型(mb之类)。韵部方面,该书的研究结果是汉代雅言音系仍然分31韵部,而不是27部。此外,该书还发现西汉早期的音系跟战国时期大体一致,但西汉中期以后则有明显变化;南部的楚方言与中原地区的差别也是明显的。这些结论都补充了传世文献的不足(参看本书第六章第四节)。

3. 敦煌文献异文假借字的音韵研究

关于敦煌文献的异文通假字的音韵研究,邵荣芬的文章可以作为代表。

邵荣芬的《敦煌俗文学中的别字异文和唐五代西北方音》一文,研究对象是敦煌文献里的变文、曲子词等,研究目的是唐五代西北方言音系。文中提出了异文别字的选择原则:"别字异文的同音代替是确定它们可以用来观察语音现象的唯一前提,因此,凡是不反映这种关系的别字异文一概不取"②。需要排除的几种不反映语音关系的异文别字是:有字形相近而写错了的,如"黑"写作"里","徵"写作"徽";有的是字序颠倒,如"断续"写作"续断","疑踪"写作"踪疑";有的是因上下文而误写,如"见机先集徒众"写作"见集先集徒众";有的是知识不够而搞错,如"长安"写作"洛阳","魏书"写作"汉书";有的是由于上下文而更换偏旁,如"蛾眉"写作"娥眉",有的是两种用字的意思也不同,

---

① 《音韵学研究》第一辑,70页。
② 《中国语文》1963年第3期,193页。

或许是故意改字,如"睹明月"写作"步明月";还有些说不出道理的别字;这些都不反映语音关系,不可以拿来当作音韵研究的依据。这里提出的选择原则,不仅适用于敦煌俗文学作品,也适用于其他文献的异文通假字,具有普遍性意义。

作者把《敦煌变文集》《敦煌曲校录》两书作为主要对象,补充了《敦煌掇琐》和《敦煌杂录》中的偈赞。文章在对几种著作作了穷尽性的考察的基础上,把研究结果分别几种情况区别对待,有的是以充足证据作出肯定的结论;有的证据数量不很多,不一定反映某种语音现象,文中只推论其可能性而不下断语;有的则只能看作特例,完全不足以说明语音现象,也要提供给读者参考,让读者了解全面情况。下面举声母部分为例。

如果某类例证比较丰富,并有其他音韵材料如汉藏对音等的证明,就可以确切证明一种语音现象。如:

轻唇音非敷奉合为一母:借府(非)为抚(敷),借付(非)为赴(敷),借付为敷(敷),借赴为附(奉),借梵(奉)为泛(敷),借肥(奉)为妃(敷),借饭(奉)为泛。

知、章两组声母合并:借支(章)为知(知),借终(章)为中(知),借章为张(知),借诸(章)为知,借智(知)为志(章),借朝(知)为招(章),借珍(知)为真(章)。

一部分崇、船、禅母字相混:借侍(禅)为仕(崇),借时(禅)为事(崇),借是(禅)为事(崇),借士(崇)为是(禅),借仕为侍,借事为氏(禅),借社(禅)为射(船),借是为示(船),借剩(船)为盛(禅)。这部分字都是后代读擦音的字,当时的合并也意味着它们都读擦音了。

三四等精组字跟章、知组声母合并:借澄(澄)为情(从),借从(从)为重(澄),借众(章)为纵(精),借足(精)为烛(章),借少(书)为小(心),借须(心)为输(书),借常(禅)为祥(邪),借是(禅)为似(邪)。

全浊声母变成清声母:借服(奉)为腹(非),借悉(心)为席(邪),借系(匣)为喜(晓),借倍(并)为背(帮),借道(定)为到(端),借进(精)为尽(从),借千(清)为钱(从),借竟(见)为竞(群)。

于、以两母合并:借惟(以)为违(于),借缘(以)为员(于),借艳

(以)为炎(于),借为(于)为惟,借越(于)为悦(以)。

疑、影两母的三四等字跟喻母合并:借姚(以)为尧(疑),借叶(以)为业(疑),借王(于)为柱(影),借园(于)为苑(影),借亦(以)为一(影),借幼(影)为诱(以)。

有些异文别字所反映的语音现象,因为跟其他音韵材料不吻合,或是因为例子不够多,就不作十分肯定的结论。如:

来母和泥母互代:以南为阑,以难为拦,以灵为宁,以赖为奈,以连为年。这些例证似乎并不少,但汉藏对音里泥来两母并不混,现代西北方音大都分别两母,"根据这些情况,我们这里的六个例子似乎还不够证明当时泥来已经合并,至少这种现象在当时是不普遍的。"①

日母字有和疑母、影母、以母互代的:以如(日)为鱼(疑),以於(影)为如,以而(日)为与(以)等。"这些例子都集中在鱼韵和止摄开口上。根据我们下文韵母部分的假定,当时鱼韵和止摄开口相通的字,韵母可能都是 i。那么这里的现象也许表明日母在 i 韵前和疑、影、以等母合并。不过例子不多,不便过于肯定。"②

不足以说明语音现象的,如:补(帮母)代替辅(奉母),甫(非母)代替哺(并母),甫(非母)代替晡(帮母),是轻唇音和重唇音互用,但例子少,可能是形讹或是把形声字省写为它的声旁,这就不能作语音上的证据。申(书)代生(生)一例,也不说明生、书合并。即(精)代既(见),齐(从)代奇(群),也不能说精组见组已经颚化。

就那些肯定下来的语音现象而言,还有一个问题需要重视:它们是否都是一个方言里的语音事实?换言之,这些被考察的对象是否都出于同一个方言?

邵荣芬发现,敦煌俗文学的异文别字所反映的语音现象有互相矛盾之处。如在韵母上,既有梗摄的字跟臻摄互相通假的,也有梗摄的字跟齐韵系互相通假的。梗摄和齐韵系字合流,在反映唐五代西北方音的汉藏对音里有不少例子,宋代陆游《老学庵笔记》也记载"秦人讹

---

① 《中国语文》1963年第3期,197页。
② 同上,201页。

青字,谓青为妻,谓经为稽",可见这是西北方音现象;而梗摄和臻摄合流,就不一定是当时西北方音的语音现象,"整个说来,认为当时西北方音有-ŋ、-n合并的现象是没有多大根据的"。① 这意味着,梗摄字和齐韵互为通假的材料出自一个方言,而梗摄字和臻摄字互为通假的材料则是出自另一个方言。由邵氏的分析,我们得到一个认识,敦煌文献的语音并不是同一个地点的方音现象,而是有不同地区不同方言的语音现象混杂在内。众多抄本不是同一时代写下来的,并且不是一个方言区的人写下来的,各抄书人使用的别字带有本人的方音特点,从全部敦煌俗文学作品里发现的语音现象分别属于不同的音系,不能把它们放在一个系统里看待。对于古代各类写本来说,这一特点可能也具有普遍性。

四、避讳字、谐音字的音韵研究

古代有避讳的习俗。所谓避讳,是在说话时和文章中回避君主和父母等尊者的名字,尊者名字不仅不说、不写,有时连同音字都要避免使用。古书里保存了许多避讳字的记录,有助于我们了解各时代的读音。

有些例子是从避讳而看出哪些字在某一时期是同音字。不少学者举过韩愈《讳辨》一文中的例子。该文说:

"(李)贺举进士有名。与贺争名者毁之曰:'贺父名晋肃,贺不举进士为是。'……律曰:二名不偏讳。释之者曰:谓若言徵不称在,言在不称徵是也。律曰:不讳嫌名。释之者曰:若禹与雨、丘与蓲之类是也。今贺父名晋肃,贺举进士,为犯二名律乎?为犯嫌名律乎?父名晋肃,子不得举进士;若父名仁,子不得为人乎?夫讳始于何时?作法制以教天下者,非周公孔子欤?周公作《诗》不讳,孔子不偏讳二名,《春秋》不讥不讳嫌名,康王钊之孙,实为昭王;曾参之父名晳,曾子不讳昔;周之时有骐期,汉之时有杜度,此其子宜如何讳?将讳其嫌,遂

---

① 《中国语文》1963年第3期,210页。

讳其姓乎？将不讳其嫌者乎？汉讳武帝名彻为通,不闻又讳车辙之辙为某字也;讳吕后名雉为野鸡,不闻又讳治天下之治为某字也。今上章及诏,不闻讳浒、势、秉、机也;惟宦官宫妾,乃不敢言谕及机,以为触犯。士君子言语行事,宜何所法守也？"

这里提到的各对同音字,在《广韵》的读音分别如下:

晋:进,都是即刃切,精母震韵。

禹:雨,都是王矩切,于母麌韵。

丘:荍,都是去鸠切,溪母尤韵。

仁:人,都是如邻切,日母真韵。

钊:昭,都是止遥切,章母宵韵。

晳:昔,前一字先击切,心母锡韵;后一字思积切,心母昔韵。

骐:期,都是渠之切,群母之韵。

杜:度,前一字徒古切,定母姥韵;后一字徒故切,定母暮韵。

彻:辙,都是直列切(彻字又丑列切),澄母薛韵。

雉:治,前一字直几切,澄母旨韵;后一字直吏切,澄母志韵。

浒:虎(唐太祖名虎),都是呼古切,晓母姥韵。

势:世(唐太宗名世民),都是舒制切,审母祭韵。

秉:昞(唐世祖名昞),都是兵永切,帮母梗韵。

机:基(唐玄宗名隆基),前一字居依切,见母微韵;后一字居之切,见母之韵。

谕:豫(唐代宗名豫),前一字羊戍切,以母遇韵;后一字羊洳切,以母御韵。

以上这些同音字,在《切韵》本来同音的就不关系到语音的变化;在《切韵》不同音的就透露实际语音的消息。

"晳昔"同音,透露四等锡韵和三等昔韵合并的迹象。

"杜度"同音,透露全浊上声(杜)变成去声(度)的迹象。

"雉治"同音,透露脂韵系和之韵系合并,以及全浊上声(雉)变成去声(治)的迹象。

"机基"同音,透露微韵系和之韵系合并的迹象。

"谕豫"同音,透露鱼韵系和虞韵系合并的迹象。

反过来,在后人读为同一音、看起来应该避讳的字,如果古人没有避讳,也就证明二字古代可能不同音。顾炎武《唐韵正》一送韵:"凤字从鸟凡声,亦不当读为符贡切。虽于古无所证,而《世说》注引《晋百官名》,谢奉父凤,古人即不讳嫌名,不应父子同音。疑凤字当入梵韵"。这是以父子名字分别用"凤"和"奉"而不为避讳,来证明论"凤"字上古音属侵部而不属东部。从中古的《切韵》音系来看,凤是奉母送韵字,奉是奉母肿韵字,二字并不同音,但属于邻韵,跟梵韵距离很远。顾炎武所说二字不应同音,不是从介音或声母等条件上看待的,而是说这两字在他划分的古韵部体系里不应该都属于同一部,是奉在第一部,凤在第十部。

在反映字音方面,谐音字也有跟通假字相同的作用。

五代高彦休《唐阙史》卷下记载了一则"李可及戏三教"的故事:

"咸通中,优人李可及者,滑稽谐戏,独出辈流。虽不能托讽匡正,然巧智敏捷,亦不可多得。尝因延庆节,缁黄辈讲论毕,次及倡优为戏,可及乃儒服险巾,褒衣博带,摄齐以升崇座,自称三教论衡。其隅坐者问曰:'既言博通三教,释迦如来是何人?'对曰:'是妇人。'问者惊曰:'何也?'对曰:'《金刚经》云:敷座而坐。或非妇人,何烦夫坐然后儿坐也?'上为之启齿。又问曰:'太上老君何人也?'对曰:'亦妇人也。'问者益所不喻,乃曰:'《道德经》云:'吾有大患,是吾有身;及吾无身,吾复何患?'倘非妇人,何患于有娠乎?'上大悦。又曰:'文宣王何人也?'对曰:'妇人也。'问者曰:'何以知之?'对曰:'《论语》云:沽之哉!沽之哉!我待价者也。向非妇人,待嫁奚为?'上意极欢,宠赐甚厚。"

这段文字里的谐音字,身与娠,价与嫁,在《广韵》都是同音字;两对不同音的字是:

"敷夫"都属《广韵》虞韵三等;但"敷"属三十六字母的敷母,"夫"属非母,声母本不相同,上文二字同音,透露出非敷两母合一的信息。

"而"字日母之韵开三等,"儿"字日母支韵开三等,韵母本不同,上文同音,透露出支之二韵合流的信息。

五、异文通假声训的效用

因为通假字是由多种原因造成的,我们需要了解它的效用如何。邵荣芬的一项研究基本上解答了这个问题。邵氏的《敦煌俗文学的别字异文和唐五代西北方音》在方法上用了一种很具巧思的验证推理方式,是借助于现代人使用别字的规律来判断古代材料在证明语音上的效用。今引述于下。

"或者有人要问,根据语音条件而产生的别字异文,正误两方是同音的呢,还只是音近的呢?如果两种关系都有,又各占多大比例呢?一般多肯定音误的别字正误两方是同音关系,可是没人作过认真的调查。这个问题关系到能不能或者如何利用别字异文来观察语音的问题,对汉语语音史的研究来说,十分重要。因此,我们不应该满足于自己的印象而应该有事实根据。回答这个问题的最好办法,莫过于对现代人所写的别字进行一番调查研究。知道了现代人怎么样写别字,就可以推想古代人怎么写。不用说,被调查的人的方言音系必须是已经知道的,因为只有这样,我们才可以确定一个别字是音误或不是音误,是同音而误,还是音近而误。我们选择的调查对象是说地道北京话的高中学生。由于条件的限制,我们只调查了三十个人写的一百五十二篇作文,共得别字二百八十二个。在这二百八十二个别字中,音误的二百二十六个;非音误的四十一个,如'待'误'持','爪'误'瓜'等;不能确定是音误还是非音误的十五个,如'挠'误'饶','侧'误'则'等。二百二十六个音误的例子中,同音而误的,如'利'误'力','飞'误'非'之类,共一百八十四个,占总数的百分之八十一点四;音近而误的,如'锦'误'景','拍'误'排'之类,共四十二个,占总数的百分之十八点六。就这个百分数来看,音近而误的比例似乎并不小。不过值得注意的是,四十二个例子中,正误两方只有声调的差别的三十六个,占全部音误例子的百分之十二点八,而同声不同韵或同韵不同声的则只有六个,只占全部音误例子的百分之三点二,因此,把声调除外,单就声母、韵母来说,调查结果和我们通常的印象大体上是一致的。

"音近而误的例子既然绝大多数集中在异调互代上,那就说明别字的资料不宜拿来作为观察声调改变的根据,除非我们另有办法排除这种不可靠性。据此,我们在利用敦煌别字、异文材料上还需要补充说明一点,那就是当我们利用别字、异文来观察声母和韵母的时候,声调不同的例子也包括在内,例如在'敷、付'代用的一例中,我们只承认'敷、付'声母、韵母相同,而不考虑声调不相同,也就是说,拿'敷、付'代用来证明非敷两母合并时,并不表示又证明了平声和去声的合并。

"那六个同声不同韵或同韵不同声的例子中,有三个是韵尾的不同:'竟'误'尽','锦'误'景','正'误'真'。这多少暗示在利用别字、异文的材料来观察韵尾的时候,需要特别谨慎。

"至于不是音误或可能不是音误的那些例子,不外乎形误、意义两通和形声偏旁相同等几种情况。这些例子根据我们上面几条选择材料的原则,一般都可以排斥。"①

以上从实际调查得到的结论,应该是具有普遍意义的规律:手写文书使用的别字,以同音替代的占大多数,音近替代的占少数。这样的比例,表明异文通假字在反映古音事实方面是可靠的,在语音史的研究中能够发挥重要作用。

然而,在处理不同的对象时,上述规律的效用还是有差别的。异文通假主要保存在两大类材料内,一类是传世文献,一类是出土文献。自清代到民国初期,学者的研究对象是传世文献;20世纪发现的出土文献里,如甲骨文、金文、汉简、敦煌文书等,异文通假字的比例更高,成为后来研究的重点。出土文献又有手写的和刻写的,估计它们在用字的习惯上不会完全一律化。传世文献在古代依靠手写来流传,后来是刻板印刷,在长久的流传过程中经过了历代人的改正,很多通假字被改为本字(有的是后起本字),但仍保留着不少异文通假字,注疏、音注类还记载着旧有的异文,其中以同音音近字居多数。近代以来出土的秦汉竹简文书、木牍文书、丝帛文书多是手写的,通假字的比

---

① 《中国语文》1963年第3期,195页。

例远远高于传世文献;唐五代的敦煌卷子也多是手写的和一部分印刷的,异文通假字也很多。估计以上这些材料大致合乎邵荣芬所总结的规律。至于上古的甲骨文和金文,因为不是手写的文字,而是用刀刻下和铸造时做在模范上,比较费工,其异文通假的规律也许不同于手写本。而且那时文字的数量少,同音字也少,我们怀疑那时的通假字中音近字占的比例会很大,同音字的比例要少。

至于声训,前文已经说到,汉代人作声训有主观臆测、牵强附会的习惯,以音近字解释语源的占了相当大的比例。因此,声训给我们提示了一些音近的线索,但是究竟被释字跟训释字之间的读音是什么关系,是需要认真考究的。把声训材料作为佐证来使用还是可以的,若单独地使用声训材料考证上古音,出现失误的可能性很大。所以,对声训的音韵学价值不能有太高的期待。

主要参考文献:

陈新雄《古音研究》,五南图书出版公司1999年。
段玉裁《六书音韵表》,中华书局1983年。
顾炎武《音学五书》,中华书局1982年。
何九盈《上古音》,商务印书馆1991年。
李葆嘉《清代上古声纽研究史论》,五南图书出版公司1996年。
李　玉《秦汉简牍帛书音韵研究》,当代中国出版社1994年。
刘宝俊《秦汉帛书音系概述》,《中南民族学院学报》1986年第1期。
刘　方《试析睡虎地秦墓竹简中的同音假借》,《宁夏大学学报》1985
　　　年第4期。
刘又辛《通假概说》,巴蜀书社1988年。
龙　晦《唐五代西北方音与敦煌文献研究》,《西南师范学院学报》
　　　1983年第3期。
钱大昕《十驾斋养新录》,上海书店1983年。
邵荣芬《敦煌俗文学中的别字异文和唐五代西北方音》,《中国语文》
　　　1963年第3期。
时建国《从临沂汉简长沙帛书通假字再证古声十九纽》,《西北师大学报》1993年第6期。

宋 蘅《元曲假借字的音韵研究》,《语言学论丛》第21辑,商务印书馆1998年。

虞万里、杨蓉蓉《避讳与古音研究》,《语言研究》1991年增刊。

《唐五代字韵书所反映之唐代避讳与字形》,《古汉语研究》1993年第3期。

喻世长《邪—喻相通和动—名相转》,《音韵学研究》第二辑,中华书局1986年。

曾运乾《喻母古读考》,《东北大学季刊》第2期,1927年。

《音韵学讲义》,中华书局1996年。

张 儒《关于竹书帛书通假字的考察》,《山西大学学报》1988年2期。

章炳麟《国故论衡》,《章氏丛书》,浙江图书馆1919年。

赵秉璇、竺家宁编《古汉语复声母论文集》,北京语言文化大学出版社1998年。

赵 诚《商代音系探索》,《音韵学研究》第一辑,中华书局1984年。

《临沂汉简的通假字》,《音韵学研究》第二辑,中华书局1986年。

周祖谟《汉代竹书与帛书中的通假字与古音的考订》,《音韵学研究》第一辑,中华书局1984年。

第五章 统 计 法

一、概　说

　　对某一类研究对象,进行绝对数量的统计和相对数量的比例计算,就是统计学的方法。这个方法在各个学科中都可以运用,不是音韵学里的特有方法。音韵学中的统计法,就是把普遍性的方法运用到了这个学科中:通过数据的统计和分析,解决音韵研究中的某个问题。在本学科内它是一种辅助性的方法,但也是很重要的方法。某些情况下,经过了数据的统计以后就把模糊不清的问题搞清楚了,不确定的答案搞确定了,能够纠正不准确的结论,得到准确的结论。

　　传统音韵学的研究方法常常是经验性的,"印象判断法"和"举例证明法"占据主导地位。在音类划分的工作中,决定分类界限凭的是印象,在表述研究成果的时候,往往用的是举例的方法。学者们的印象一般也是通过大量材料的考察得来,举例也可能是很丰富的,结论也可能是十分可靠的,如同俞敏评价章炳麟、黄侃那样:"他们虽然用弓箭射,可比戴着折光的眼镜片,握着现代步枪瞄准的人,打的离靶心还近哪。"[①]但是从理论上说,举例法终究显得不那么严密。古音材料复杂多样,要得出一个结论,往往先要对大量零散的文字资料进行分析梳理。有时候,材料互相矛盾,提出了一种观点,既能找到正面的证据来支持,也能找到反面的材料来否定。举例法往往只举正面的部分,不举反面的部分,正面例证里边的支持率是多少也看不出来。如果反面例证很多,而在举证中都被掩盖,那么所得出的观点也许就靠不住。在没有定量分析的情况下,音类的成立与否不能以明确的量化

---

① 《俞敏语言学论文集》,商务印书馆1999年,42页。

标准支持,结论是否准确也没有客观的检验标准,这是一个很大的弱点。进行数据的统计和各种量化的分析,可以弥补这个弱点,从方法上说是有很大优越性的。

古代的音韵学著作中也用到过数据统计的方法。

顾炎武《音论》卷中谈入声在《诗经》韵是否独立的调类,就有一个数量的计算:"《诗》三百篇中亦往往用入声之字,其入与入为韵者什之七,入与平上去为韵者什之三。以其什之七而知古人未尝无入声也,以其什之三而知入声可转为三声也。"顾氏《诗本音》在讨论一些字的归部时,把它们在《诗经》《周易》《楚辞》等书中的押韵情况作了统计。如:《周南·关雎》"服"字下注:"古音蒲北反,与匐同。考服字《诗》凡一十七见,《易》三见,《仪礼》三见,《礼记》三见,《尔雅》一见,《楚辞》六见,并同。"《郑风·清人》"英"字下注:"古音央。考英字《诗》凡四见,《尔雅》一见,《楚辞》四见,并同。"江有诰的《寄段茂堂先生书》讨论缉部和叶部的独立时,也有数字的统计:"缉合九韵之配侵覃,历来举无异说。有诰则谓平入分配必以《诗》《骚》平入合用之章为据。支部古人用者甚少,《诗》《易》《左传》《楚辞》仅三十九见,而四声互用者十之二。今考侵覃九韵,《诗》《易》《左传》《楚辞》共五十七见;缉合九韵,《诗》《易》《大戴》《楚辞》共二十一见,并无一字合用者。即遍考先秦两汉之文亦无之。检《唐韵》之偏旁,又复殊异,盖几于此疆尔界绝不相蒙。乌能强不类者而合之也?则当以缉合为一部,盍叶以下为一部,其类无平上去。"像这样有统计数字支持,得出的结论就很坚实。

现代音韵学者追求研究方法的科学性和精密化,希望有客观可靠的检验标准来衡量研究结论,数量标准是其中之一,因此统计法得到广泛的运用,在"现代音韵学"领域突出了它的重要性。统计法有若干种,有的学者把统计法概括为算术统计法、概率统计法和数理统计法,本章也大致以这种分类方式分别述评。

二、音类相关度的统计(算术统计法)

所谓音类相关,指音类与音类之间有无接触及接触的程度如何,例如两个韵类在诗歌押韵当中是否同用及同用次数多少,反切中上字与上字、下字与下字是否可系联、可系联者有多少,两个声母在谐声系列中是否共现及共现次数多少,如此等等。研究音类的相关程度,是以某个参照系(通常以《切韵》音系作参照系)的音类为尺度,考察这些音类在某一类研究对象当中的分合关系,以探究声母系统或韵母系统的面貌。

先看看诗文韵部分合方面的统计。

从诗文押韵来归纳某个时代的韵部系统,应该在"合韵"与"同部"之间找到一个分界的根据。给出绝对的统计数字,以数量的多与少来说明白己的结论,不失为一种方法。但更有效的方法是计算出相对的比例,用比例来证实结论。一般说来,定出一个通行的比例是不可能的,因为不存在天然的客观尺度,也不存在通用的公认标准,近代学者在分析各个时代诗文韵部的时候,往往各自采用一个数量,决断分合。具体情况具体分析,不同的对象有不同的标准。各家研究者的标准都只为某个特定对象而设,所谓标准,也只是说"在这个程度上、就可作这样的结论",而不是说高于或低于这程度时就一定要作相反的处置。

王力的《上古韵母系统研究》一文,详细地论证了清人所分的脂部应分为脂、微二部,得到普遍承认,成为20世纪汉语上古韵部划分的重要成果。他这一成绩先是受了章炳麟、黄侃的启发,同时也从南北朝诗韵受到启发。这些仅仅是引起思路,分部的成功主要来自于《诗经》韵的分析。他把段玉裁《六书音韵表》里的《诗》韵作了观察,发现脂、微大部分是分用的。在数量上说,共110个例证,分用者84个,超过总数的四分之三;合用者26个,不及总数的四分之一。又对段书的《群经韵分十七部表》作了统计,总共34个用韵例证中,脂微分用者有27例,约占五分之四,合用者7例,约占五分之一。以这个统计数字来说,分用是主流。王力的结论是:"脂微两部的主要元音在上古时代并非完全相同,所以能有分用的痕迹;然而它们的音值一定非常相近,所以脂微合韵比其他各部合韵的情形更为常见。"(《龙虫并雕斋文集》146—147页)

张世禄研究杜甫诗韵,并未给所有韵部规定出分部与合部的统一的界限,但在论证具体韵部时,则以比例关系说明当合还是当分。如:"东、冬、钟三韵,杜甫古体诗里总共用过二十五次,其中东独用的十六次,钟独用的三次,而东、冬、钟同用的三次,东、冬同用的一次,东、钟同用的二次。东和冬钟同用的共有六见,占着总数的百分之二十四。更证以上声的董、肿同用的四见,去声送、用同用的二见,可以断定杜甫古体诗里东、冬、钟三韵的混合。""又如鱼、虞、模三韵,杜甫古体诗里总共用过二十三次,其中鱼独用的五次,虞独用的一次,虞模同用的十次;而鱼和虞、模同用的共七见,占有总数的百分之三十点五。更证以上去二声语和麌、姥,御和遇、暮的通用,可以断定这三韵的混合。"① 这里因为东冬钟三韵系的同用比例达到百分之二十四,就断为混合;鱼虞模三韵系的同用比例达到百分之三十五,就断为混合。两处都是说本类达到了可合并的比例,没有说出适合于所有韵部分合的统一的比例尺度。

鲁国尧研究宋代四川词人的用韵,把清人戈载所分的三个入声韵部合为一部,旧时的 -p、-t、-k 三类韵尾完全合一,即把臻、山、梗、曾、深、咸诸摄的入声字的押韵情况作了统计,全部105次押韵,列为一表,简化后如下(韵摄名称之下的数字为押韵次数)②:

---

① 《张世禄语言学论文集》,学林出版社1984年,449—450页。
② 原表见《语言学论丛》第八辑,商务印书馆1981年,112页。

	k	p/k	t/k	p/t/k	p/t	t
A行	梗曾 17次	深梗曾 8次	臻梗曾 13次	深臻梗 13次	曾深臻 1次	臻 1次
B行			山梗曾 1次	咸山梗曾 4次	咸山 21次	山 14次
C行			臻山 梗曾 3次	咸山臻 梗曾 4次	咸山臻 1次	山臻 1次
D行				深臻山 梗曾 1次	深咸山 1次	
E行					深山 1次	

最初鲁氏把六摄入声字合为一部，称为"德业部"；后来分为二部，即臻深梗曾四摄入声字为一部，称为"德质部"，山咸二摄入声字为一部，称为"月帖部"。

以上举出的各家，都是局部的进行统计，用小范围内（如几个韵部）的一项数据来解决小范围的问题。但数据的有效性如何，音类的成立与否，还缺乏客观的尺度。从方法的优劣上说，比没有数据的举例要好，但并不能说是严密。

另外一种统计方法，是将更大范围内的同类对象的多项数据进行对比，以相对关系来证明结论的可靠性，强化某个题目的论证。这种方法的效果比前一种方法更提高一步。今以邵荣芬研究汉代韵部的方法来说明这一点。

邵荣芬在分析先秦的鱼、侯两部到汉代是分还是合的时候，不仅统计了鱼、侯两部的字在两汉时期押韵的疏密关系，也统计了别的阴声韵部的互相关系，从而认定汉代鱼、侯并未合为一部。这里只就邵氏的《古韵鱼侯两部在前汉时期的分合》一文谈他的方法。

罗常培、周祖谟的《汉魏晋南北朝韵部演变研究》定两汉诗文韵部为27个，跟先秦31韵部的重要差别之一，是在西汉时鱼侯两部已经完全合并了。邵荣芬认为"这个结论从音理上,也就是从语音发展的规律上来看,也存在着很大的疑问","有重新加以观察和研究的必要"①。于是对汉代诗文押韵出现的鱼侯两部字做了穷尽性统计分析。

首先是局部的统计,按押韵条件,分六项列出韵谱:1.鱼部独用;2.侯部独用;3.鱼侯两部通押;4.鱼侯两部与其他韵部通押;5.鱼部与其他部通押;6.侯部与其他韵部通押。

鱼、侯两部的独用和合用的数字是:

	鱼	侯
鱼	350	62
侯		54

邵氏对这个统计数据有如下分析:"侯部独用数略少于鱼、侯合用数,但鱼部独用数大大超过鱼、侯合用数。合用数只占三项总和466的13.30%,比例不算很大。其实这样的比例还不够十分准确地表示鱼和侯的关系,更准确的比例应该是鱼侯合用总次数(包括鱼侯两部彼此通押数,及共同和其他韵部通押数)所占鱼、侯出现总次数的百分比。统计的结果是,鱼部共出现473次,侯部共出现150次,合起来共出现623次,鱼侯两部合用共为73次,结果鱼侯合用总数占鱼侯出现总数的11.72%,较上述的比例更小。这样的通押比数并不足以作为鱼、侯已经合并的根据,因为它算不上已经超越了划分韵部的一般限度。比如《诗经》冬、侵两部出现总数为62次,通押7次(据江有诰《诗经韵读》),通押数占总出现数的11.29%,跟这里鱼、侯通押的比较差不多相等。而《诗经》脂、微两部通押的比例甚至超过了百分之二十。因此,如果我们根据上述通押比例,假定前汉时期鱼、侯两部跟先秦一样,仍然各自分立,是完全站得住脚的。"②

其次,就是把这两部的合用跟其他各部之间的合用作对比,这两部的合用比例并不是最高。根据罗、周书中的材料,邵氏把鱼、侯、之、幽、宵五个阴声韵部在崔篆《易林》的合韵情况统计列表如下③:

---

① 《邵荣芬音韵学论集》,首都师范大学出版社1997年,89页。
② 同上,98页。
③ 同上,99页。

	总数	通押数	百分比
之幽	1155	191	16.54
之宵	975	24	2.46
之侯	1117	69	6.18
之鱼	1510	192	12.72
幽宵	398	32	8.04
幽侯	540	50	9.26
幽鱼	933	107	11.47
宵侯	360	12	3.33
宵鱼	975	30	3.08
鱼侯	895	77	8.60

这样一对比,发现原来鱼侯合韵的比例不如之幽、之鱼、幽侯、幽鱼的合韵比例高,幽宵合韵的比例也接近于鱼侯的比例。之、幽、宵各部都独立,就没有足够的理由使鱼侯合并。

邵氏另以自己确定的《易林》韵脚重新统计,并把各部的合韵作对比[①]:

	总数	独用数	百分比	通押数	百分比
之幽	1807	172	9.52	303	16.77
之宵	1205	134	11.12	45	3.73
之侯	1500	153	10.20	154	10.27
之鱼	2271	425	18.71	380	16.73
幽宵	988	48	4.86	58	5.87
幽侯	1283	67	5.22	132	10.29
幽鱼	2054	339	16.50	259	12.61
宵侯	581	29	4.99	20	3.44
宵鱼	1452	301	20.73	65	4.48
鱼侯	1747	320	18.32	259	14.83
	14888	1988	13.35	1675	11.25

之幽的通押、之鱼的通押,比例都超过鱼侯的通押,幽鱼的通押比例接近于鱼侯。由此同样证明鱼侯两部应分不应合。

---

① 《邵荣芬音韵学论集》101页。

邵氏的方法,长处在于对比,把几个相关的阴声韵部的通押关系全都显示出来,各部之间的分合关系就容易决定了。这比仅仅统计局部数据的方法要更有说服力。

再看一个反切系联方面的数据统计的例子。

不少学者认为《切韵》的声母系统中泥、娘不分,即没有独立的娘母。邵荣芬的《切韵研究》一书,对舌头音和舌上音的反切用字情况作了全面统计,发现这两个声类之间的类隔反切比起同一系列内其他声母的类隔切并不算多。他说:

"从反切的情形看,泥、娘的分别比起端、透、定跟知、彻、澄之间的分别并不小些。反切上字的系联上,端、知、透、彻、定、澄各分两类,泥、娘也分为两类。不论《王三》或《广韵》都是如此。……至于上字在具体反切上的类隔关系,八母都有。请看下表。

	《王三》		《广韵》	
	小韵总数	类隔数	小韵总数	类隔数
端知	156	11	162	9
透彻	138	2	153	3
定澄	151	5	160	4
泥娘	116	10	123	9

端、泥和透、定的分别在数量上没有统计意义,姑不具论,至少泥、娘是跟端、知相像的。可见从反切的系联情形和类隔的多少看,承认端、透、定跟知、彻、澄有分别,似乎也就得承认泥、娘有分别。"[①]

这种论证方法,从形式逻辑上说是一种类比推理。因为比较的对象在其他条件上是完全平行的,而比较的数字又是精确的,那么得出的结论也是可信的。

三、等位分布的统计(算术统计法)

1931年,白涤洲发表了《广韵声纽韵类之统计》一文,作者在肯定

[①] 《切韵研究》,中国社会科学出版社1980年,33页。

了陈澧、高本汉、罗常培、曾运乾等人研究《广韵》的方法之后,认为还可用补充上统计方法,"于他们所采方法之外,还有一统计方法,虽然比较呆板,却是容易正确,也颇值得采用。"①因此就把《广韵》的全部反切上字和反切下字作一统计。其中反切下字的统计与韵类分析无关,反切上字的统计则是作为分析声母的手段而运用的。

反切上字的统计法,不是仅仅计算每个上字的使用次数,而是统计每个上字在四等里的分布格局,即它所拼切的被切字属于几等。作者或许是受曾运乾的"洪细弇侈"分类的启发,而把曾氏的含糊术语加以明确化,以四等的分配取代洪细的分配。实际的统计结果是,各声母的反切上字使用有一定的范围,有的专门用在三等或主要用在三等,有的专门用在一、二、四等或主要用在一、二、四等。等韵图里固有的分等也在反切上有规律地反映出来,如舌头音用在一、四等,舌上音用在二三等,群、邪、禅、于、日等母只在三等。

下面是见母反切上字统计的例子。

反切上字	古	公	兼	各	格	姑	佳	乖	规	吉	居	举	九	俱	纪	几	诡	过	18
一等	60	2	1																63
二等	49	1		1	1														52
三等										62	7	5	3	2	2	1	1		83
四等	23	3	1		1			1	1		15				1				46
缺等	4					1			2		1	1							9
共计	136	6	1	1	1	1	1	1	1	79	7	6	4	3	2	1	1		253

在这个统计表上有见母的18个反切上字,每字下的数字是它用作各

---

① 《女师大学术季刊》第二卷第一期,1931年,1页。

等反切的次数,是白氏根据陈澧《切韵考》外篇而统计的。"缺等"一栏是《切韵考》外篇没有收的反切。

18个反切上字前一部分主要用在一、二、四等,后一部分主要用在三等。白涤洲认为它们可分为两个声母:"见母可分为两类,'古'以下十字(古至吉)为一类,切一、二、四等,可称古母;'居'以下八字(居至过)为一类,专切三等字,可称居母。'乖'字《切韵考》不录,只一乖买切卝,据《韵镜》,卝系二等,反切上字又与古母一系系联,故定为古母一系。'规吉'反切上字虽属居母,但各只切一个四等字。'诡过'反切上字虽属古母,但只各切一个三等字,故以'规吉'属古母,'诡过'属居母。"①

根据这种分布关系,白涤洲把三十六字母分成了47声纽。这里显示出了统计法的一个重要用处:能够发现细节上的问题。陈澧的系联法把"古""居"合为一类,掩盖了内部的细节差别;经过白涤洲对四等分布条件的统计,证明了"古""居"二类有所不同,这就加深了人们对《切韵》声母系统的认识。

但是统计数字的精确不等于分类的精确,由于种种原因,白涤洲的研究结论存在一些问题。

第一个问题是两类反切上字的使用分工并不十分严格,有的切上字不仅用在本类之内,也用在本类以外,甚至本类外的例子还不少。如"莫"字切一等27例,切二等22例,切四等10例,此外还有切三等的3例。这就说明。切上字的分布趋势不应是声母音位的标志,而有别的语音条件。高本汉分的颚化与非颚化,赵元任说的介音和谐说,都可作为一种解释。把切上字的分类看作声母变体或介音的不同,都比说成独立声母要合理。

第二个问题,有的切上字使用频率不高,并且本身的等跟所切字的等是不一样的。例如,"过"是一等字,切三等一次而没有切一等的;"疑拟"是三等字,各切一等字一次,没有切三等字的用例。这些字的使用很可能是偶然的,作反切者并未考虑严格的规则。统计法仅据被

---

① 《女师大学术季刊》第二卷第一期,6页。

切字来决定这些切上字的声类,是不适当的。这种地方,应该以本字的等位定类,而不应该以它所切的字归类。"过"是一等字,归在一等类里;"疑拟"是三等字,就归在三等类里。

第三个问题是白氏自己主观原因造成的失误。他对反切上字的分等都按照陈澧《切韵考》外篇的标注,陈澧所标注的是韵图上的等,但等韵图的系统跟《广韵》的系统不完全一致,等韵图的四等不等于《广韵》的四等(严格地说,《切韵》《广韵》本来没有四等这种名目,所谓《广韵》的四等是后代学者为了称说的方便而套用给它的),如有些韵类在韵图上被放在二等或四等,而依照《广韵》的系统则属于三等,以韵图的四等作为标准衡量《广韵》的声类韵类,就会出问题。白氏所列的"居"字有15例用在四等,其实这些反切的被切字都是所谓"重纽四等",在《广韵》的系统里应该是三等,这样,白氏的分类就出现疏漏。更明显的一个失误是"精清从心"四母的四等应该各分成两类而没有分开。韵图四等的精组,实际上有三等和四等两类,陈澧注的是韵图分等,全部看作四等,和《广韵》反切的实际分等不一致。而白氏完全以陈澧标记的四等为准,就把精组的两类混为一谈了,精清从心四母该分二类而未分。下面是白氏统计的精母反切上字的分类表。

等	子	即	作	则	将	祖	臧	资	姊	遵	兹	借	醉	
一等	15		12	10	1	4	4		1		1	1		49
二等	1													1
三等														0
四等	43	15	1	2	6	1		3	2	2	1		1	77
缺等	3	1	1									1		6
合计	62	16	14	12	7	5	4	3	3	2	2	2	1	133

单从这表看,精母字集中在一等和四等,三等无字,二等罕见。白氏把这些精母反切上字统统归为一类。但是,我们把用在"纯四等韵"的字跟用在"假四等"、真三等的字分开对待,就可以得到如下结果:

等	子	即	作	则	将	祖	资	姊	遵	兹	醉
三等	36	15			6		3	2	2	1	1
四等	7		1	2		1					

除了"子"以外,"作则祖"只用在纯四等,"即将资姊遵兹醉"只用在三等。"子"的混用说明了同一声母的反切上字的再分类界限不很严格,"子"因为使用频率太高而出现跨类。其余反切上字的分用说明了精母的反切上字也可以如同见母一样分为两类,即"作则祖臧借"为一类,用在一、四等;"子即将资姊遵兹醉"为另一类,用于三等。白氏的目的是研究《广韵》的声类,却把等韵图的四等作为统计的基础,这是他的一个失误。

既然这种条件分布的统计结果只反映了用字的趋势,如何解释这种趋势的成因就有推敲的余地了。有些反切上字用在本类之外的次数较多,这表明分布趋势的成因不是声母音位的不同,至多是介音或音位变体的不同。白氏把所分声类看作声母,也是不准确的。

四、概率统计法

在三四十年代,陆志韦首开用概率统计方法研究古音的先例。他的《证广韵五十一声类》(1939)用这一方法研究《广韵》声母类别;《说文广韵中间声类转变的大势》(1940)用这一方法研究《说文解字》谐声字和《广韵》又音所反映的上古声母现象,在《古音说略》一书中又有发挥。

1. 关于《广韵》声类的证明

关于《广韵》的声类,清代陈澧根据反切上字的系联得出四十个,后来黄侃也根据反切分出四十一个,他们说的声类就等于声母。白涤洲考察反切上字在四等的分布规律而得到47类。曾运乾以"开合弇侈"为标准,分了51类,标准在于审音。陆志韦作《证广韵五十一声类》,目的就在于克服以前研究方法的模糊性,探索新的方法,为分类找到精确的标准。文中首先指出反切系联法的困难,"系联之法,病在唐五代之治韵学者用字如或偶尔疏忽,则切上字之本不系联者或因而系联焉;其本当系联者或因而不系联焉。此则方法之弊。"[①]陈澧的补充方法,即用"又切"将本同类而不系联者归为一类,却存在不少主观上和客观上的问题。在陈澧所用过的例子之外,还有不少"又切"可以把声类合并到更少,"51类可合并为40类,固也;然此40类者未尝不可更以又切系联之。"[②]但是这样系联下去得到的结果却未必真正代表《切韵》的声母系统,因为《广韵》的又切类隔等现象,不一定是编者的疏忽,也不一定是共时系统里的异读,"意者又切所保存之声韵未必与正切同一系统,且每一又切各自有其来历,亦不必自成系统"[③],若当作一个系统来系联,所得结果反而背离事实。陆氏以为,凭借"又切"来系联声类是不可靠的,若把《广韵》的又切都用在系联中,声类会很少,"所得结论,既有背乎史实,又无当于今世方言,然则又切之系联,万不足以为分类之准则。而陈氏之所以不能贯彻其主张者,不得已也。"[④]

陆氏的方法,完全不考虑"又切",只以系联法的"正例"(即以同用、互用、递用为条件的系联)所得到的51声类为出发点,检查各类在每一韵类里的"相逢"概率,判断声类间能否合并。"今试以陈澧之51类出发,问其中有偶不系联而实为同类者否,有偶相系联而实为异类者否。"解答之法有以下各条[⑤]:

第一,"凡两类之字,若在同一韵类相逢,音理上相和协者也,或偶然也;其不相逢者,音理上相冲突者也,或偶然也"。

观察声类在韵类的分布时,把《广韵》韵类定为319类。两个声类都见于同一韵类,即为"相逢"。计算方法是:(甲)先看每个声类发现于多少韵类,例如"多15、都70、陟79……";(乙)"每次发现与其他声类何者相逢,何者不相逢"。如:

---

① 《燕京学报》第二十五期,1页。
② 同上,2页。
③ 同上,12页。
④ 同上,12页。
⑤ 同上,14—26页。

	81
	丑
多	0
都	10
陟	53
之	54

"丑"这一个声类,出现在81个韵类中,跟"多"声类相逢0次,跟"都"声类相逢10次,跟"陟"声类相逢53次,跟"之"声类相逢54次。

第二,"凡相逢之数远超乎机率所应得者,因两声类之协和也。凡远不及机率所应得者,因两声类之冲突也。"

具体的计算方法是:"甲乙两类相逢,按机率应得之数"是:甲的总发现数乘以乙的总发现数,除以319,即 ab/319。如实际相逢的数字是(ab),则 319(ab)/ab 之数可以看出协和与冲突的情势。这公式可以变换为 109(ab)+log319-loga-logb,就按此式把第一表所列的数字,化为对数,则"±30"表示两类相逢超乎机率者"±1"倍,"±48"表示超乎"±2"倍,"±60"表示超乎"±3"倍,"±70"者表示超乎"±4"倍。

第三,"凡甲类与乙类丙类丁类等等相逢,远超乎机率之所应得者,则乙丙丁等之两两相逢亦远超乎机率之所应得。此一重要发现也。"

这一现象体现的是声类韵类组合的一致性,是语音结构规律的一个方面。如"之"与"昌此式而以疾时徐食"的相逢对数分别都在56以上,而"昌……食"各类的两两相逢对数也大多在56以上。

第四,"声类之分组也,组与组之间或整体相协和或整体相冲突。"

第五,"推而广之,《广韵》声类可分为两大群,一群之内各类协和。两群之间任何一类与任何一类大致相冲突,或无关系。"

甲群有四组,A组"之昌食式时而此疾徐以",B组"侧初士所陟丑直女力",C组"方芳符武于",D组"居去渠许"。

乙群有三组,E组"多都他徒奴卢郎昨",F组"博普蒲莫",G组"古苦呼胡乌"。

两群之外,有"五匹子七苏"五类无从归纳,还有一类需要特别讨论的是"於"类。

第六,"凡一类与甲乙两群之关系不为一正一反,而错乱无轨,甚或与甲与乙两各相逢超乎机率之所应得者,或以其实为二类,偶相系联而成一类也,当以他法分析之。"

例如"五"类(疑母),该类与其他49类中的40类的关系都是正数,与另外9类为负数关系,而这9类甲乙混杂而且为数不多,仅与"此"类不相逢为数 −41,而"此"类自身是最不确定的一类,这样看"五"类像是"骈系之类",即没有分开而实际里边包含着两类。分析它的方法是看这一类内各字跟甲群、乙群相逢的情况,结果是:

与乙同用	反切上字	与甲同用
82	五	0
4	吾	0
2	研	0
1	疑	0
1	拟	0
1	俄	0
....	....	....
0	鱼	40
0	语	14
0	牛	10
0	宜	4
0	虞	2
0	遇	1
0	愚	1
0	危	1

分为两类的趋势是明显的。陆氏以为本系的反切上字系联在一起,是《广韵》反切用字的"偶疏",即"疑,语其切"和"拟,鱼纪切",反切上字与被切字实际不同声类。

以同样的方法分析"於"类(影母)反切上字,有"乌安哀烟鹥爱"六字属于乙群,"乙一握委"四字依多数用法也归乙群,"於伊衣央纡依亿挹谒忧"按照多数用法属于甲群。

第七,其他各类之分析。

"苏、七、子"(心、清、精)三类与其他各类的关系,也像"五"类一样不明确,统计的对数中没有大的负数,而各正数不能看出它们属于哪一群。"匹"类(滂母"匹譬"二字)与各类之间的关系出现两个大的负数,但一属甲群,一属乙群。还是用分析"五""於"的方法分析,"苏""七""子"各分出两类;而"匹"与"普"的关系为-63,与"芳"的关系也为-63,其归属难定。陆氏的看法是,陈澧把"匹"类合并到"普"类是大错,该类跟普类以又切相通者仅6例,跟芳类以又切相通者却是11类,"何可舍多而就少?若不泥于字母等呼之说,匹类自当与芳为同类,乃合乎唐人乙群不搀入甲群之例。"但"今为审慎起见,暂不合并。"

第八,凡两类同组而永不相逢,是同类也。

如"多"与"都"必为同类,"郎"与"卢"必为同类。

陆氏共得出51类,但不是陈澧所直接系联的51组。陈澧凭借又切间接系联起来的有10类(21组),陆氏只认可其中的"多"与"都"的系联和"郎"与"卢"的系联,其余仍分作两类:此外陆氏把本可直接系联的"苏""七""子"三类也各分两类,而"匹"类的归属不作定论。

如果带着相同的目的去研究相同的材料,所用方法虽然不同,结果却可以相同。陆志韦所分的声类,大体上和曾运乾、白涤洲的分类一致。相逢的概率其实反映了反切上字的分布概率,也就是声母和韵母拼合的条件性。甲群是三等里的反切上字,乙群是一、二、四等里的反切上字;甲群里是所谓细音、弇音,乙群是所谓洪音、侈音。三家研究的是同一种东西,结论也就不会相差多远。

2. 关于上古声母的证明

陆志韦研究上古声母所统计的对象,一是《说文解字》的谐声字与《广韵》51声类的对比关系,二是《广韵》一字又音的声母上的关系。两种统计都收在《说文广韵中间声类转变的大势》一文中。

对于谐声字的统计,陆氏按照如下条件进行:把《说文》中的某一声首的字列在一起(排除"亦声"和"省声"),叫做一个"声列";把每个声列所属的《广韵》声类列为一行,共有1533行,其中一个声列只有一个声类的有512行,其余的1021行声列均包含两个以上的声类。再详细计算各个声类的出现次数,列为一表,节录如下:

	甲	乙	丙	丁	戊
古	33	69	77	102	146
苦	12	18	75	30	93
呼	9	15	52	24	67
胡	26	46	100	72	146
五	7	14	45	21	59
乌	11	14	53	25	67
……					

本表中甲行的数目代表在《广韵》属于一个声类的《说文》声列的数目（如"榦"声字在"古"类,这样的声列在"古"声类有33个）,乙行的数字代表其他声列,如"古"类的69,即《说文》里有69个属于"古"声类的声首,它们构成的谐声字有的是其他声类（如"工"声列有"胡居渠苦"四声类的字）。甲乙两数相加,得到丁行的数字（"古"类为102）。丙行的数字代表着在其他声列里（声首不属于本声类）的发现次数,如"古"声类的"丙77"即在另外的77个声列中出现了"古"声类的谐声字。丁行是甲与乙相加的数字,戊行是乙与丙相加的数字。

处理这些数据用了两种方法。一种方法是计算某个声类的所有声首之下与其他声类之间的发生关联的数字与百分比,统计结果显示在表格上。下面是附表甲格上的一部分（省略号代表未抄出的部分）。

	102	30	24	72	21	25	……
	古	苦	呼	胡	五	乌	……
古		10	—	25	1	1	
	33.3			34.7	4.7	4.0	
苦	34		1	13	2	—	
	33.3		4.2	18.1	9.5		
呼	11	4		8	4	1	
	10.8	13.3		11.1	19.0	4.0	
……							

上一横行是各声类的声列数目,竖着往下读,数字表示有多少声

列出现其他声类。如"古"声类102个声列中,有34个声列出现了"苦"类字,所占比例为33.3%;有11个声列出现了"呼"类字,占10.8%。其余依此类推。

另一种方法是不管某个声类在一个声列中是否占据声首的地位,只看它在同一个声列中是否和别的声类相逢。例如"工"声列的字在《广韵》属于"古居渠苦胡"五个声类,就算是"古"和"居渠苦胡"各相逢一次,"渠"也和"古居苦胡"各相逢一次。在一张大表上,可以详细地列出《广韵》51声类在《说文》同声列两两相逢各发生多少次。

研究那些相逢数的方法与《证广韵五十一声类》所用方法相同。看甲乙二项相逢是偶然的还是有意义的。相逢的数目是否超出所应得的数目。例如"古"类发现146次,"呼"类发现67次,在总共1021个声列中,假如是偶然的相逢,其机率也应是146×67/1021=9.6次,而实际二者相逢24次,为机遇数的2.5倍,这个数就是有意义的而不是偶然的。

在《古音说略》中,陆氏对研究方法作了些修正,选字的范围有调整,得到的"声"共9791次,《广韵》51声类在里边的通转次数共19582次,相逢几遇数的计算方法有一个公式:

$$\frac{AB}{\frac{N(N-1)}{2}} \times \frac{N}{2} = \frac{AB}{N-1}$$

在这个公式里,A代表一个《广韵》声母在谐声中作"声首"生出其他声母的次数加上其他声母的声首产生该声母的次数;B是另一个声母的同样的统计次数;N是51声母的总次数19582。A与B相乘,除以总次数减1,为A和B两个声母偶然相逢的几遇数。例如,"古"类的次数是1439,"苦"类的次数是382,它们的偶然相逢几遇为1439×382÷19581=28.1次,实际统计到的两母相逢数是128次,是几遇数的4.6倍。各母之间都可依此类推。

陆志韦认为,这些谐声"通转"的数据对研究上古声母的用处很大。他说:"这一回研究的用意是要校正高本汉的谐声条例。那些表格造成之后,当时就发现它们的用处断不止乎此。有些问题已经在上面说明表格之中隐含的提出来了。声类的关系一定还有些蕴藏在这些表格里。因为我们没有清楚的问题,所以不能发掘。"①文中举出五个"例题",以说明这些数据的用途。

(一)校正高本汉的谐声条例(参见本书第三章第二节)。

(二)可用于分析送气音和不送气音的互转问题,"送气转不送气的少,不送气转送气的多",因此"汉语古音送气转不送气没有反过来的容易。……所以音理上要是有人主张某音变某音,因为整体把送气失去了,这样的论调是很危险的。"②

(三)古浊音送气否?数据显示,"不送气的清音通浊音、转浊音,胜过和送气的清音通转。……即此一端,已经可以证明古浊音近乎不送气的清音。"③

(四)古音在i前和不在i前的互转的分别。数据显示,"非三等转三等的少,而反转的多","我对于这些分别的解释,以为三等字较为后起,古音有介音i的字比《切韵》时期要少得多"。④

(五)古音有无复辅音。根据"卢""力"二声类与其他声类的相逢情况,应有pl或pr、ml等音,肯定有kl或kr、gl或gr的音,或t'l、t'r等音。⑤

3. 概率统计法的其他应用举例

这里只举李玉在研究秦汉简帛文书通假字时对统计法的应用。李氏的《秦汉简牍帛书音韵研究》一书,搜集了6800余对(13600余个)通假字,二万多次用例,作为探索秦汉音系的材料。研究方法以统计为主,统计的方式即为陆志韦的机率计算法。套用了陆氏的公式:

$$\frac{AB}{\frac{N(N-1)}{2}} \times \frac{N}{2} = \frac{AB}{N-1}$$

把这个公式用在通假字研究,代入的数值是:

当研究通假字反映的声母关系时,统计的基础是中古音的38声

---

① 《燕京学报》第二十八期,28页。
② 同上,32页。
③ 同上,35页。
④ 同上,39页。
⑤ 同上,39页。

母,A、B分别为两个声母的通假次数,N代表全体声母的通假总次数。

当研究通假字反映的韵部关系时,统计的基础是先秦31部,A、B分别为两个韵部的通假次数,N代表全体韵部的通假总次数。

研究过程中,遵守了三个原则。

(1)凡是常常通假的字,声母或韵部或声调必属可以通假的一类。

要对"常常"通假作出准确的判断,只看通假次数的多寡是不够的,必须利用机率进行定量分析,以排除偶然因素,突出有规律的音变,确定一个界限。制作了统计表后,把通假次数与机率的比值等于1或大于1的,视为常常通假;比值小于1的,视为偶然现象,没有音理关系。

(2)结合音理考察声、韵、调的分合与演变。

要确认常常通假的某类字或某两类字是否具有音韵学的内在联系,必须用音理来检验。凡是与音理不符的常常通假,当视为与音韵研究无关的偶然因素。

(3)通假次数与字数多寡的辩证统一。

相通假的某类字或某两类字,其通假次数以及通假数与机率的比值虽高,但其中的字例较少,这种情况是否常常通假,要参考其他因素下决断。例如,某类字的通假次数为100,超过机率2倍,但其中的字例才10对;另一类字的通假次数为60,仅比机率大1倍,但字例有43对。后者当为常常通假,前者不一定是常常通假。

李书以通假字为材料,得出战国末期到西汉中期的汉语音系。

4. 关于概率统计法的评价

关于概率统计法,南京大学郑林啸的博士论文《音韵学中的统计运用:篆隶万象名义声母考》总结了三个优越性:一是可以消除随机误差,避免例证法中常常出现的"公说公有理、婆说婆有理"的现象,也可以超脱版本错误和传写讹误,同时也可以忽略在处理材料时的偶然失误;二是标准明确,通过对材料的充分统计和科学计算得出一个准确、客观的比较标准——机遇数;三是数据细腻全面,可以揭示某些细节的问题。

本方法的缺点是需要有足够数量的材料才能有效地显示它的作用,当数据较小时它就无能为力了。其次,对于统计出的数字究竟具有何种音韵学上的意义、说明什么问题,也有时不很清楚,让研究者无所适从。陆志韦对这一点看得很清楚,《证广韵五十一声类》对自己这一研究方法的意义有客观的评价:"本篇所述,其旨趣在补充系联法之不足,而予《广韵》声系以数理的证明。其结论之新颖与否无足轻重,若于治学方法万一有得,亦不空此一举矣。"[①]文章里已经说到了本方法受到的限制,如,反切上字使用次数很少时无法得出有效的概率数据,陆氏提到的是"多"字,"多之发现为数仅十五,其与他类相逢之机差必甚大,可不置论"。其实同样的情况还有,像"疑拟"二字各使用一次,陆氏归为乙群,而实际上此二字是三等字,应属甲群才合理。因为使用次数少,偶然的误用,其统计对数的结论可能恰巧与事实相反,误差为百分之百。例如陆氏说"疑拟"用的反切上字是"偶疏",然而反之更可以说把"疑拟"用作乙群的反切上字是"偶疏"。还有"匹"类跟甲群、乙群的相逢概率是同等的,以至于陆氏不能定其归属。这就说明了本方法有其局限性,需要跟其他方法配合使用。

五、数理统计法

数理统计法也是以概率论为基础的研究方法,它跟机遇数统计法的不同之处是设定了假设检验的程序。在音韵学研究中实际使用的,有朱晓农的"t分布假设检验法"和白一平的"卡方检验法"。郑林啸《音韵学中的统计运用:篆隶万象名义声母考》一书对这些方法有详细的阐述以及评论,以下的介绍较多参考了郑书。

1."t分布假设检验法"

朱晓农的《北宋中原韵辙考》一书用这一方法分析北宋中原词韵。他的方法包括三个步骤:一,统计有关数据;二,计算概率;三,用假设检验。该书以北宋时期中原一带词人的作品的押韵作为研究对

---

① 《燕京学报》第二十五期,26页。

象,试图以精密的数理统计法划分韵辙并且分析出韵辙内部韵与韵的分合关系。

朱书的统计单位,分"韵次"和"字次"两个概念。以相邻的两个韵脚相押一次作为一"韵次"(记为 Y);一个韵脚每押一次,即说它出现一"字次"(记为 Z)。一首词中首尾两韵脚各出现 1 字次,其余韵脚各出现 2 字次,字次与韵次的关系为:$Z=2Y$。假定一首词的押 L 韵辙,该辙包含 A、B、C 三韵,三韵的字分别用 a、b、c 代表,本辙以外偶然押入 L 辙的字用 Q 代表,统计的 L 辙内全部字次和韵次为:

$Z_L = Za + Zb + Zc + Z_Q$,
$Y_L = Yaa + Ybb + Ycc + Yab + Yac + Ybc + Y_{LQ} + Y_{QQ}$

(Za 指 A 韵的全部字次,Yab 指 A 韵和 B 韵相押的全部韵次)

甲,划分韵辙

朱晓农所说的韵辙,大致上相当于"韵部"。朱氏认为,数理统计法对于划分韵辙不是特别需要,"至于确定辙与辙之间的关系,即分辙,主要仍凭经验和前后韵书作坐标,这个困难不算太大。遇到两可难决时,使用如下的计算方法。"[①]这个计算方法就是一个"辙离合指数公式",这个公式如下:

$$\frac{Yjk}{Y} \div \left(\frac{Zj}{Z} \times \frac{Zk}{Z-1} + \frac{Zk}{Z} \times \frac{Zj}{Z-1} \right) = \frac{Yjk}{Y} \div \frac{2ZjZk}{Z(Z-1)}$$

这个公式首先假设 J 辙和 K 辙是两个独立的韵辙,在公式中,Y 指韵谱中的全部韵次,Y_{jk} 表示 J 辙字和 K 辙字相押的全部韵次,Z 表示韵谱中的全部字次,Zj 和 Zk 分别表示两辙的全部字次。$\frac{Zj}{Z} \times \frac{Zk}{Z-1}$ 表示前一字为 J 辙字、后一字为 K 辙字相押的概率,$\frac{Zk}{Z} \times \frac{Zj}{Z-1}$ 表示前一字为 K 辙字、后一字为 J 辙字相押的概率,两者相加,$\frac{Yjk}{Y}$ 表示(JK)相押的概率,表示(JK)实际相押的韵次在总韵次中所占的比例。由于 $Z=$

[①] 《北宋中原韵辙考》,语文出版社 1989 年,34—35 页。

2Y,即 Y＝Z/2,上述公式又可以简化为：

$$\frac{Yjk}{Y} \div \frac{2ZjZk}{Z(Z-1)} = \frac{Yjk}{\frac{Z}{2}} \times \frac{Z(Z-1)}{2ZjZk} = \frac{Yjk(Z-1)}{ZjZk}$$

当 $\frac{Yjk(Z-1)}{ZjZk}$ 大于或等于2时,可以认为原先假定为两个韵辙的J和K实际已经合为一辙；小于2时则两辙没有合并。

乙,分析韵辙内部韵与韵之间的关系

在分析辙内的韵之间的疏密关系时用"韵离合指数公式"。"韵离合指数"是两韵实际相押比值与理论上相押概率之比。

两韵相押的理论概率用P表示,其计算公式为：

$$P_{(ab)} = \frac{2ZaZb}{(Za+Zb)(Za+Zb-1)}$$

这个概率P是假设a、b两韵已经合并时a韵字与b韵字在理论上会达到的相押概率。

两韵实际相押的比例用R表示,其计算公式为：

$$R_{(ab)} = \frac{Yab}{Yaa + Ybb + Yab}$$

两韵的离合指数所计算公式为：

$$I_{(ab)} = \frac{R(ab)}{P(ab)} \times 100$$

当离合指数I大于或等于100时,两韵已合并；当I小于100而大于0时,I值越大,两韵关系越近,I值越小,两韵关系越远。一般当I大于百分之九十时,就可以考虑两韵合并；小于百分之五十时,可以考虑两韵分别；在百分之五十与百分之九十之间时,就需要用t假设检验的方法来定分合。

t分布假设检验是本方法的主要特点。"字次的多少、方差的大小会影响判断,即有时I值大的倒不通,I值小的反而相通。……有时85%同用倒要分,58%同用反而合,这全取决于t分布假设检验的结果。"[①]

---

① 《北宋中原韵辙考》36页。

"假设检验"是检验由音韵材料得到的某一数值与其对应的标准值之间的关系。在朱氏的方法中,P就是一个标准值,R就是一个真实值。如果经过检验,证明R≥P,就认为两韵已经合并了;如果R<P,就说明两韵没有合并。在统计学的假设检验中,标准值用μ_0来表示,与它对应的知己数值用μ表示。进行检验要先提出假设,这个假设叫做"原假设";与其相对应的实际数值是"备选假设";然后用"小概率事件在一次试验中不可能出现"的原理,来检验"原假设"是否成立。在原假设条件下,如果理论上出现机会很小的事件出现了,就要否定原假设;否则就接受原假设。检验的步骤如下:

a) 提出原假设;

b) 计算出标准值;

c) 把要检验的材料分组;

d) 计算每组中两个韵相押韵次与两韵独用、混用韵次之和的比值;

e) 计算样本均值;

f) 计算样本方差;

g) 计算统计量;

h) 查统计学中的"t分布临界值表",以判断原假设是否成立。

在整个检验过程中,每一步都有数学公式和数学符号,比较烦琐,所以这里仅仅作一概要叙述,就不详细地介绍了。

2. "卡方检验法"

美国学者白一平(Baxster, W.H)的《上古汉语的*-u和*-iw在〈诗经〉中的反映》一文和《上古汉语音韵手册》所用的数理统计法是"卡方检验法"。他的统计单位是"韵对"和"次数",一个三字韵段ABC被分析为两个韵对,分别是AB和BC。由于每个韵对都有两个韵字,韵字的次数就是韵对数的2倍。例如,他把《诗经》幽部作为研究对象,统计出该韵部有228个韵对,韵字总次数为228×2=456。其中*-u韵对有201对,*-iw韵对有12对,*-u和*-iw合用的有15对,这样*-u韵母的字出现的次数是201×2+15=417,*-iw韵母出现的次数是12×2+15=39。白氏先假设两个韵母可以自由互叶,那么诗人在作诗时如果只取一个字,取得*-u 韵母字的概率是 P-u=417/456=0.9145,取得*-iw 韵母字的概率是 P-iw=39/456=0.0855。由于他所用的统计单位是"韵对",也就是说每一次都应当有两个韵字出现,而他又假设诗人在作诗时所用的韵字是可以重复的,就相当于诗人取了一个韵字以后,记录下来仍把它放回全部韵字中,再取第二个韵字时,还是从 456 个韵字中选取。取得第一个韵对时有三种可能,A,两个都是*-u 韵母字的概率为两个*-u 韵字的概率的乘积:0.9145×0.9145=0.8363;B,两个都是*-iw 韵母字的概率为两个*-iw 韵字的概率的乘积:0.0855×0.0855=0.0073;C,两个字分别是两个韵母,可能是先取*-u 韵母字,也可能是先取*-iw 韵母字,所以其概率为 0.9145×0.0855+0.0855×0.09145=0.1564。在卡方检验中需要得到的是理论频数(用 fe 来表示),也就是当此两韵母字可以自由互叶时理论上应有的韵对数量,算法是用 228 分别乘以其概率。χ^2 值是样本的实际次数与理论频数之差的平方再除以理论频数 之和,公式为:

$$\chi^2 = \Sigma \frac{(fo-fe)^2}{fe}$$

公式中的 f_0 代表实际次数,也就是实际的韵对;f_e 代表理论频数。根据这一公式可以推断出,理论频数与实际次数越接近,χ^2 统计值越小,说明两韵相合的可能性越大;反之,则两韵相分的可能性越大。白氏所得到的实际次数、理论频数和 χ^2 的结果如下表所列:

	f_0	f_e	f_0-f_e	$(f_0-f_e)^2$	$\frac{(f_0-f_e)^2}{f_e}$
*-u 韵对	201	190.68	10.32	106.50	0.56
*-iw 韵对	15	35.66	-20.66	426.84	11.97
合韵对	12	1.66	10.34	106.92	64.41
合计	228	228.00			χ^2=76.94

有了数据以后再查表比较 χ^2。查表时要确定两个问题,一是检验水平,一是自由度。白氏取检验水平为 α=0.001。自由度为 df=3-1=2。检验值为 13.815,小于计算所得值 76.94,标明两韵相合的可能性不足

千分只一,因此推翻了"两个韵母可以自由互叶"的假设。

关于数理统计法,郑林啸认为它有以下优点:一是比概率统计法更为精密;二是提高韵文的使用价值,不仅可以分韵辙,还对辙内的韵的分合做出定量分析;三是消除随机误差;四是可以解决因定韵脚的分歧造成的影响;五是可以解决文人用韵宽严不一或遵守韵书的程度不同的问题。郑氏也指出了本方法的几个局限:一是对材料的数量有较高的要求;二是用t检验法处理个别韵辙的内部差异时会遇到两难甚至三难的困境;三是在检验前的数据分组方法不同就会影响到以后的结果。

朱晓农自己指出了数理统计法的两个局限:一是它在处理出现频率较低的韵时把握不大,二是它在处理个别韵辙的内部差异时会遇到两难甚至三难的困境。但朱氏认为这不是方法本身的问题。关于第一个局限,他说:"这实际上并不是数理统计的不足,而是材料本身的不充足。因而想说明问题就得依靠更多的材料或其他证据。在处理少量材料时,数理统计即使不能做得更好,至少也不会做得更坏——如果不用数理统计,把握并没有就此增大。"关于第二个局限,他说:"这与其说是数理统计的不足,不如说是我们对语音演变方式的认识和表述上的不足。因而无法明了这些计算结果的物理意义。在这种情况下不用数理统计,分类并没因此变得容易起来,更有甚者,可能会把问题掩盖起来。使用数理统计至少可把问题暴露出来,这对于理性认识的进步当然是有利的。"①

除了以上问题,换一个角度来估价,数理统计法还有另外一个值得考虑的因素:它比起其他的方法都烦琐,工作量大了很多,如果不能比其他方法解决更多的问题,就无从显示出任何优越性,使用这种方法就不必要了。假如这一方法能够解决的问题都能够用其他方法解决,研究者劳神费力地使用数理统计法,会造成人力资源的浪费。

我们把这一方法的结果跟其他方法作了一些比较。在某些相同

---

① 《北宋中原韵辙考》,43页。

的研究题目上,我们发现不同的统计法所得到的结果都差不多:数理统计法能够解决的问题,其他方法也能够解决;其他方法所不能决断的问题,数理统计法也不能决断,方法的效用在伯仲之间。一个例子是宋词韵部系统的划分。鲁国尧用算术统计法研究宋词押韵,原先分为17部,后来改为18部。前后不同的地方是入声韵"德质部"(《广韵》质术栉迄物没职德缉)与"月帖部"(《广韵》月曷末黠鎋屑薛盇合叶帖狎洽业乏)的分合,前期合为一部,后来分为两部。之所以前后分部有所不同,是因为德质部与月帖部通押较广,界限不很分明,在可合可分之间,后来分为两部的重要根据是审音而不是仅仅以词韵为据。朱晓农用数理统计法研究北宋中原词韵,也分为17部(朱氏称"辙"),其中的入声韵辙"百辙"就相当于鲁氏前期所分的"德业部",即朱氏的分辙与鲁氏前期的分部相同,而与鲁氏后期分部有差异。但是朱氏也认为"百辙"内部差异显著,他说:"本辙的内部差异是很严重,也是很显著的。"① 所以,"我们把百辙分成两个小辙:甲小辙(包括黠洽两组)和乙小辙(包括陌栉缉三组)。"② 甲小辙相当于鲁氏的月帖部,乙小辙相当于鲁氏的德质部。在朱氏所分的17辙中,只有百辙被分成两个小辙。这样看来,两家的研究结果事实上是一致的,处理手法也基本相似。

从宋代词韵的分析结果看,朱晓农所分的辙就等于一般意义上的"韵部"。照此类推,他的分辙公式适合于划分诗文韵部。但是,从其他学者研究不同时代的诗文押韵材料的结果看,用这个公式划分出的单位往往比"韵部"要大。例如麦耘用同样的公式给隋代诗文押韵分出了28个辙。一般认为隋代的诗文韵部跟南北朝时代没有多大差别,而学者给南北朝隋代的诗文押韵所分出的韵部要远远高于28个,如王力《南北朝诗人用韵考》分54部,周祖谟《齐梁陈隋时期诗文韵部研究》分55部。邓琳的《西汉诗文用韵的统计研究》一文参照罗常培、周祖谟、邵荣芬、王力等人所分汉代诗文韵部,运用朱晓农的方法对西汉诗文押韵材料进行统计分析,发现前人所分很多韵部之间的"离合

---

① 《北宋中原韵辙考》,88页。
② 同上,96页。

指数"都高于2,即有不少的韵部还要合并,才能合乎朱氏的分辙标准。单以阴声韵而论,幽、宵两部间的离合指数为6.07,鱼、侯两部间的离合指数为4.44,歌、支两部间的离合指数为8.08,歌、微两部间的离合指数为2.02,支、微两部间的离合指数为3.54,脂、微两部间的离合指数为9.21。依照朱氏的标准,凡离合指数大于或等于2时,两辙就应该合并为一辙,那么,汉代诗文韵部的数目就会远远少于罗常培、周祖谟所分的27部,更少于王力所分的29部和李玉所分的31部。这样看来,朱氏的"辙离合指数公式"并不适用于不同时期诗文韵部的划分。此外,邓琳用朱氏的"韵离合指数公式"分析西汉诗文押韵材料,得出的结果为30类,与王力所分的29部基本一致,差别在于把王力的月部分为月、祭两部。朱氏这个公式本来是只用于分析辙内各韵的关系疏密的,却适合于分析汉代韵部。从这些研究看,用数理统计法研究历代诗文押韵材料,还有许多奥妙等待探究。

  回头总结一下,以下几点是数理统计法的主要局限。

  头一个局限就是程序烦琐,操作复杂,因而它在现实中的推广比其他方法要难一些。这一方法包含了一系列公式,多种数学符号,多次运算过程,如果其中任何一个环节的数字或运算出一个小问题,整个统计就完全报废。可以说运用这个方法的要求是相当高的。而对于多数音韵学者来说,为这一种方法耗费很大精力与时间是否划算,当是因人而异、因研究对象而异,不是所有的人、所有的研究对象都适合于用这套方法。

  其次,该方法只有在大量数据的条件下才能够发挥效用,数据较少时就无法处理。而在音韵学的研究中,有些数据少的现象不一定不重要,有些甚至是不可忽略的。比如《切韵》音系的俟母独立问题,尽管相关的支持资料不算多,但都是很强有力的。在这样的条件下,数理统计法却无所作为。

  其三,数字统计和计算的精确不等于研究成果的准确性。研究方法是为研究目的服务的,手段不等于目的。不管什么样的数据,都能够搞出精密的计算过程和计算结果,但是精密的计算结果跟客观事实之间的关系,可以是千差万别。历史上的音韵现象和音韵材料多种多样,其背后包含的语言事实并非都反映在机械的数字上,有些问题根本不能靠机械的数字得出结论,只能凭借其他方法达到目的。

其四,数学方法虽然以客观性更强、受主观因素的干扰较小为优点,但是数理统计法却不能摆脱主观因素的作用,当需要采取一定分界标准时,或者需要规定一个假设时,往往需要研究者自己的决断。不同的研究者可以采用不同的标准,当然也可能导致不同的研究结果。郑林啸所指出的"处理个别韵辙的内部差异时会遇到两难甚至三难的困境",是例子之一。

在汉语音韵学的研究中,数理统计法是最新引进的方法之一。新的研究方法的出现有可能会成为学科发展的一种动力,因此,引进新方法是值得欢迎值得赞扬的一件好事,何况本方法确有它的明显优点。但是,每一种方法都有其优势,同时也会有它的局限性。所以,我们谈到数理统计法时不能因为欢迎它的"新"而回避它的局限。

主要参考文献:

白涤洲《广韵声纽韵类之统计》,《女师大学术季刊》第二卷第一期,1931年。

邓　琳《西汉诗文用韵的数理统计分析》,北京大学中文系2001年硕士研究生毕业论文(未刊)。

李　玉《秦汉简牍帛书音韵研究》,当代中国出版社1994年。

鲁国尧《宋代辛弃疾等山东词人用韵考》,《南京大学学报》1979年第2期。

《宋代苏轼等四川词人用韵考》,《语言学论丛》第8辑,商务印书馆1981年。

《论宋词韵及其与金元词韵的比较》,《中国语言学报》第4期,商务印书馆1991年。

陆志韦《证广韵五十一声类》,《燕京学报》第二十五期,1939年。

《说文广韵中间声类转变的大势》,《燕京学报》第二十八期,1940年。

《古音说略》,《陆志韦语言学著作集(一)》,中华书局1985年。

麦　耘《隋代押韵材料的数理分析》,《语言研究》1999年2期。
邵荣芬《切韵研究》,中国社会科学出版社1980年。
　　《邵荣芬音韵学论集》,首都师范大学出版社1997年。
王　力《上古韵母系统研究》,《龙虫并雕斋文集》第一册,中华书局1980年。
　　《汉语语音史》,中国社会科学出版社1985年。
张世禄《杜甫与诗韵》,《张世禄语言学论文集》,学林出版社1984年。
郑林啸《音韵学中的统计运用:篆隶万象名义声母考》,南京大学2002年博士论文(未刊)。
朱晓农《北宋中原韵辙考》,语文出版社1989年。
Anthony Woods, Paul Fletcher, Arthur Hughes:《语言研究中的统计方法》(陈小荷等译),北京语言文化大学出版社2000年。
Baxster, W.H(白一平) *A Handbook of Old Chinese Phonology*, Berlin; NewYork: Mouton de Gruyter, 1992.

第六章　审音法

一、概　说

根据音系结构规律和语音发展规律来研究古音,检验文献材料的考据结果,决断音类的分合,就是审音法。审音法以音理作为分析音类的根据,在某种意义上属于演绎的方法,所以本章以"推证"为各方法冠名。

把"审音"作为研究古音的方法是从清代开始的。最早提出"审音"这个概念的应该是清代的江永,他在评论顾炎武古韵研究得失时说"《古音表》分十部,离合处尚有未精;其分配入声多未当,此亦考古之功多,审音之功浅。"(《古韵标准·例言》) 可见他明确地认识到审音在上古音研究中的重要用处。江永的学生戴震把审音法提到很重要的位置,他说:"仆谓审音本一类,而古人之文偶有相涉有不相涉,不得舍其相涉者,而以不相涉者为断;审音非一类,而古人之文偶有相涉,始可以五方之音不同,断为合韵。"(《答段若膺论韵书》) 看来戴震认为审音是可以起决定作用的方法。

清人所说的"审音"是个笼统的概念,近代以来才有学者对这一概念作了具体的解释。

王力在《上古韵母系统研究》一文中把清代古音学家分为"考古派"和"审音派",审音派的特点是"以等韵为出发点,往往用等韵的理论来证明古音","最大特色就是入声完全独立,换句话说,就是阴阳入三分。"[1]王先生对两派的划分包含着研究方法的标准,但不完全以研究方法为标准:"用等韵的理论来证明古音",是研究古音的方法,"阴

---

[1]　《龙虫并雕斋文集》第一册,中华书局1981年,81页。

阳入三分"则是审音的结果,是审音派学者所分韵部的一种特征。

唐作藩对"审音派"和"考古派"的区别有更明确的衡量标准,他说:"入声韵配入阴声韵部,还是独立出来,与阴声韵阳声韵三分,仅仅是两派在古韵分部上的一种具体表现,而其实质,则是能否运用等韵学原理与今音学的知识,对古韵进行等呼即洪细开合的分析,以考察其配合关系,并把古韵看作一个系统,进一步认识和掌握古音体系。"又说:"精通等韵和今音,能运用等韵原理,进行古今音比较即由今音上推古音,从系统上观察古韵,分立阴入阳三类韵部,这是审音派的本质特点,也是认定审音派的原则、标准。"这不仅是对"审音派"的特点加以界定,也是对传统音韵学里审音法的说明。①

以等韵学的知识分析上古音是清代古音学审音方法的主要特征。江永、戴震等"运用等韵原理,进行古今音比较即由今音上推古音",主要有两种途径,其一是以中古的开合四等为上古韵部区分韵类,其二是借助于等韵图分析上古韵类的相配对转关系。开合四等本是中古音的韵母分类,学者们以这些类别为基础去分析上古音的韵类,说明他们思想上有古今音对应的观念,有语音变化以"类"为单位的观念。从上古文献材料能够研究出韵部这种大类,但不能再细分韵部之内的小类;在没有直接材料的情况下,根据音变"以类相从"和"古今对应"的普遍规律,将中古音类上推,可以说是最明智的办法。顾炎武等人只重视入声韵和阴声韵的联系,把入声韵字归入阴声韵部,不能准确地把握语音的系统性;江永等以上古文献材料证明了阴、阳、入三种韵部都有对转关系,入声韵有其独立性,但文献材料所反映的对转细节并不明晰,而中古韵图的阳声韵与入声韵的对转是非常细致、非常有系统的,江永等人借助韵图的阳入配合关系,以入声韵为枢纽,把上古的阴阳入三类之间的对转条理都清楚揭示出来,这是建立上古韵母系统的一个重要步骤。近代以来的上古音构拟把这种系统性当作重要根据,充分显示了这种结构规律的重要性。

除了以等韵原理上推古音以外,清人用过的其他一些方法,如江

---

① 《论清代古音学的审音派》,《汉语史学习与研究》,商务印书馆2001年,第2页。

永把"侈弇洪细"作为划分韵部的一种标准,孔广森、江有诰以邻部合韵关系证明古韵的分部,也属于审音法。

进入20世纪以后,随着音韵学科自身的发展,审音法的外延扩大了,在清人所创造的方法之外,补充了更多的重要方法。这一时期人们对审音法的定义也有诸种不同的说法。如罗常培说审音法是"对于一个语音现象,都用生理的或物理的道理来解释它。"[①]周祖谟说:"若论审音之法,要不外四种,一曰反切,二曰等韵,三曰谐声,四曰现代方音……。"[②]冯蒸把传统音韵学里的审音法与现代音韵学的审音法加以区别:"传统音韵学者运用审音法主要表现在能否运用等韵学知识。""现代学者除了要根据等韵原理审音以外,还主要是根据现代音韵理论审音。这里的现代音韵理论是指下列六门学科:普通语音学、音位学、历史语言学、方言学、类型学和汉藏比较语言学有关音韵理论的集合概念。"[③]

各家对于审音法的不同定义可以使我们形成一种认识:审音法是具有共同基础的多种方法的总称,其外延不是封闭的,究竟应该把哪些具体方法包括在内,并没有一定的标准限制。并且,到目前为止,人们都只从原理上对审音法作了解释,或对个别具体方法有所分析,但还没有全面地、系统地对审音法加以总结以及深入的探讨。审音法的内涵十分丰富,除了前人归纳过的以外,还有其他内容可以包括在内。本章则试图对主要的审音方法重新加以归纳,通过实用例证的分析把这类方法的内容具体化、条理化。

本节开头给审音法下一个新的定义:根据音系结构规律和语音发展规律来研究古音,检验文献材料的考据结果,决断音类的分合,就是审音法。运用音系结构规律来审音,就是以古代一个音系内部的共时结构关系为根据来分析某项研究成果是否成立。语音结构有其系统性,从一个共时音系的结构特征出发,可以验证"考古"结果的正误。

---

① 《音韵学研究法》,《罗常培文集》第7卷,山东教育出版社2008年,391页。
② 《陈澧切韵考辨误》,《问学集》下册,中华书局1981年,575页。
③ 《汉语音韵研究方法论》,《汉语音韵学论文集》,首都师范大学出版社1997年,23—24页。

比如,以对立互补关系作为系联法的补充来检验系联反切下字的韵类分合,以阴阳对转关系检验上古韵部的分合,以邻部合韵的多少检验上古韵部的分合,这些就是针对音系内部的结构关系而运用的方法。运用语音发展规律来审音,就是以不同时代的音系的对比来验证某项古音研究成果是否成立。语音的发展有其规律性,某一时期的音系必定与它前后的音系有联系;如果两个语音系统的差别不是地域的差别而是历时的差别,应该能够从发展规律得到解释。在这样的前提下把不同时期的语音材料互相对比,来分析某项考古的正误,也是很有效的方法。比如从开合侈弇的条件推论上古韵部的分合,以魏晋时期的韵部推论两汉韵部的分合,都是以后代音系判断前代的分部是否有误。

本章要讨论的方法都是以研究古代汉语语音类别结构为目的的方法。至于构拟古代的音值,就完全离不开语音结构规律和音变规律,"审音"在其中占据着主导性的地位,但那与以建立古音系统为目标的音类研究有重要区别,需要另外探讨,本章不拟涉及。

二、侈弇洪细推证法

"侈"和"弇"是江永在《古韵标准》里分析上古音时使用的名词,是区别韵腹即主要元音的概念。"侈音"指开口度大的低元音,"弇音"是指开口度小的高元音或半高元音,也叫"敛音"。"洪细"大致跟侈弇近似,不过江永在使用这个术语时也指中古等韵学里的四等,如《音学辨微》说:"音韵有四等,一等洪大,二等次大,三四皆细,而四尤细。""洪大"应是指低、后元音而言;"细"应是指前、高元音而言。在《古韵标准》里,"口侈""口弇""口敛"指的是发音动作,"声细""声大"指的是发音效果,"口侈"是和"声大"联系在一起的,"声细"是和"口敛""口弇"联系在一起的,所以"声大"即为低元音,"声细"即为中、高元音。

《古韵标准》把侈弇洪细作为划分上古韵部的条件,是江永的一个重要发明。他比顾炎武多分出三个韵部(就阴声韵和阳声韵来说),都用侈弇作为依据。

他把顾炎武的第四部分为两部,一部包含《广韵》的真谆臻文殷魂痕诸韵和先之半,相当于后人的真、文二部;另一部包含《广韵》的元寒桓删山仙诸韵和先之半,相当于后人的元部。真部为弇音,元部为侈音。平声第四部"总论"说:"自十七真至下平二仙,凡十四韵,说者皆云相通,愚独以为不然。真谆臻文殷与魂痕为一类,口敛而声细;元寒桓删山与仙为一类,口侈而声大;而先韵者界乎间两类之间,一半从真谆,一半从元寒者也。《诗》中用韵本截然不紊,读者自紊之耳。"

他把顾炎武的第五部阴声韵部分为两部,一部包含《广韵》的宵韵、萧之半、肴之半、豪之半,相当于后人的宵部;另一部包含《广韵》的幽韵、侯韵、尤之半、虞之半、萧之半、肴之半、豪之半,相当于后人的幽部和侯部。幽侯部为弇音,宵部为侈音。平声第六部"总论":"此部为萧肴豪之正音,古今皆同。又有别出一支,与十八尤二十幽韵者,乃古音之异于今音,宜入第十一部,本不与此部通,后世音变,始合为一。顾氏总为一部,愚谓不然。此部之音,口开而声大;十一部之音,口弇而声细。《诗》所用画然分明。"

他把顾炎武的第十部分为两部,一部包含《广韵》的侵韵和覃韵,相当于后人的侵部;另一部包含《广韵》的谈、盐、添、严、咸、衔、凡韵,相当于后人的谈部。侵部为弇音,谈部为侈音。平声第十二部"总论":"二十一侵至二十九凡九韵,词家谓之闭口音,顾氏合为一部。愚谓此九韵与真至仙十四韵相似,当以音之侈弇分为两部。神珙等韵分深摄为内转,咸摄为外转,是也。'南男参三'等字,古音口弇呼之。若'岩詹谈啖甘监'等字,《诗》中固不与'心林钦音'等字为韵也。"

这一方法,从原理上说就是运用古今语音具有对应关系这一规律,把今音的分韵条件上推到古音。如果把江永说的侈弇理解为上古音的实际读法,那是不可靠的。今音读为侈音的,上古不一定是侈音;今音是弇音的,上古也不一定是弇音。但是,今音读侈音的一类,在古代大致上也是同类;今音读弇音的,在古代大致上也是同类。由于古今语音变化的规律性,就可以从今音的侈弇上推古音,作为区分上古韵部的一个条件。所谓侈音一类,在中古的等韵图一般属于外转,在近代音的韵腹是低元音 a 类;所谓弇音,在中古的等韵图一般属于内转,在近代音的韵腹是央元音 ə 类。侈、弇各韵系,既然中古音和近代音都是两个系列,说它们在上古音也分两个系列,就是十分合理的推论。王力先生认为区别侈弇是江永在古音学上最大贡献之一,他说:"汉语的语音,从古到今,都有 a 系统与 ə 统的对立。江氏区别幽宵两部,因为宵部是 a 系统,幽部是 ə 系统。这一发现是很重要的。"[①]

我们应该清楚,区别侈弇只是推理,是从后代音上推古音。而单靠推理是不能划分韵部的,必须有"考古"的证据才能得到可靠的结论。江永的分部还是以《诗经》韵为根据的,所以他在各部都声明:《诗》韵分用"截然不紊""画然分明"。他是以"考古"的成果作为基础,再加上审音的证明,论证区分元、真、宵、幽、谈、侵的合理性。审音仍然是辅助的方法。

以韵腹的侈弇为条件研究古韵,这种方法在 20 世纪里运用得不多。不过在这一方法的基础上派生出另外一些方法。如曾运乾研究《广韵》声类,也把"洪细侈弇"作为依据。但他赋予这些术语新的含义,他的论证方法也跟江永有所不同,因此应该把他的方法算作另外一种,即下文的"声韵相配关系推证法"。

三、韵类对转相配推证法

以阴声韵、阳声韵和入声韵三类相配的关系来证明上古音的分部,既是从语音系统性出发研究古音的方法,也是从语音发展的规律性出发的研究方法。

在上古汉语里,阳声韵与阴声韵、阴声韵与入声韵、阳声韵与入声韵存在一种相配对转的关系。所谓相配,是具有相同的主要元音、韵尾又在同一发音部位的韵部构成一类,它们之间有结构上的对应关系,这是上古音系统的一个内部结构特征。三类之间的配合关系主要是通过"对转"而发现的。简单说,所谓对转是相配的韵部之间的读音能够互相转变,阴声韵字可以变成阳声韵或者入声韵,阳声韵字可

[①] 《中国语言学史》,山西人民出版社 1981 年,146—147 页。

以变成阴声韵或者入声韵,入声韵字可以变成阳声韵或者阴声韵。韵部之间的对转关系在上古的押韵、谐声、一字多音等材料都有所反映。

为什么能够通过对转相配关系来研究上古音呢？这是因为互相配合的三个(或两个)韵部在内部结构上有平行的关系。在很多情况下,相配的韵类,如果某一范围内若干阴声韵类或阳声韵类是分为二部的,跟它对转的入声韵类也是分成两部的;反之,如果这些阴声韵类或阳声韵类是合为一部的,那么对转的入声韵类也是合为一部的。从变化方面看,相配的韵类如发生变化,则阴阳入三类都发生平行的变化。例如,中古音的东、冬、钟、江四韵系在上古音分为两部,东韵一等、钟韵和江韵的多数为一部,东韵三等、冬韵、江韵的少数为一部,那么,跟它们相配的入声韵屋韵一等、烛韵和觉韵的多数为一部,屋韵三等、沃韵、觉韵的少数为另外一部。根据这种规律,可以凭借中古音的韵类,把已发现的某一上古音线索扩大到没有直接证据的部分,连类而及,解决更多的问题。

这一方法的产生经历三个步骤,第一步是发现入声韵配合阴声韵,第二步是确定各个入声韵类与阴声韵类、阳声韵类的配合细节,第三步是把这种配合关系运用到古韵分部上。

第一步工作是顾炎武开始做起的。三种韵类对转关系的考定,关键是入声韵的配合关系的考定。中古韵书和等韵图都把入声韵配合阳声韵,不能反映上古的阴声韵和入声韵的关系。顾炎武的《音论》以上古的押韵、异文、一字多音、谐声等材料证明入声韵是配合阴声韵的,他的《古音表》把收 -k 和收 -t 韵尾的入声韵都归在阴声部,这是重要的发明。

第二步工作是江永开始做起的。他有两个重要贡献,其一是提出了"数韵共一入"的理论。所谓数韵共一入,即入声韵不仅配合阴声韵,还配合阳声韵,以入声韵为枢纽,阴声韵和阳声韵也能整齐相配,三类的对转关系就建立起来了。顾炎武发现入声韵在上古配合阴声韵,这是他的贡献;但他说入声韵配合阳声韵是"误",则是不对的。江永的"数韵共一入"理论纠正了顾氏的错误。江氏贡献之二是按照等呼的一致性决定各韵类的配合关系。江永既精通等韵学,又对上古音韵材料有深入的研究。他看出等韵图的阳入配合关系跟上古是一致的。所以在证明对转关系时几乎是把等韵系统和古音材料同等看待。古韵材料包括押韵、谐音、异文、多音字等,反映的是大类(韵部)之间的对转关系;一部之内各小类之间的配合关系就以韵图上等呼的一致性来决定,相配的韵部之间,开口入声配开口舒声,合口入声配合口舒声,一二三四等也分别相配。"数韵同一入,非强不类者而混合之也。必审其音呼,别其等等,察其字之音转,偏旁之声,古音之同,而后定其为此韵之入。"(《四声切韵表·凡例》)

第三步,在认识到三类韵母的对转相配关系之后,古音学家就把这种关系用在分部上。

段玉裁是"考古派"的古音学家,他的十七部把入声韵类归入阴韵部(只有质栉屑归入阳声韵真部,收-p尾的入韵归入阳声韵侵、谈部),但是从他的"异平同入说"就知道,他实际上意识到入声韵类有其独立性。他的审音工夫不是很深,但已经懂得用入声韵的分合来证明阴声韵的分合。他分支、脂、之三部,除了辨别合韵、换韵之外,还指出三部的入声韵都是独立不混的:"职德为第一部之入声,术物迄月没曷末黠鎋薛为第十五部之入声,陌麦昔锡为第十六部之入声。顾氏于三部平声既合为一,故入声亦合为一。古分用甚严。即唐初功令,陌麦昔同用,锡独用,职德同用,亦未若平韵之混合五支六脂七之为一矣。"(《六书音韵表》表一)

段玉裁或许并未重视这一方法,只是偶然地用一下。他的老师戴震则十分重视这一方法。戴震开始时不接受支脂之三分的意见,后来则因为相配的阳声韵清、真、蒸三分而肯定支脂之也应分为三部,他在给段玉裁的信里说:"大著辨别五支六脂七之,如清真蒸三韵之不相通,能发自唐以来讲韵者所未发。今春将古韵考订一番,断从此说为确。"(见段玉裁《声类表序》)戴氏更赞赏段玉裁以入声韵类作为分部的根据:"大著内第一部之咍、第十五部脂微齐皆灰、第十六部支佳分用,说至精确。举三部入声论其分用之故,尤得之。""今书内举入声以论三部之分,实发昔人所未发。"(《答段若膺论韵书》)

戴震本人的审音功夫很深,是审音派的代表人物。他第一个把古

第六章 审音法

韵部设计为三类整齐相配的局面。《声类表》重新组合各类的配合关系,二十五部分九类,阴阳入三者对转,细致程度与江永相当,准确程度超过江永。他认为顾炎武和江永在分部中的失误就有不懂四声相配的原因,对他们提出了不客气的批评。戴震的二十五部,采纳了段玉裁的支、脂、之三分的结论,但是不肯采纳真文分部和侯幽分部的结论,究其原因,其实就是过分追求对转各类的搭配整齐。因为他的系统里脂、微还没有分开,若分了真、文,就成了两个阳声韵配合一个阴声韵和一个入声韵,违反了他的均衡对称的格局。同理,若分了侯、幽,但没有分开东、冬,也出现搭配不均衡的问题,因此不赞成段玉裁的真文分部和幽侯分部:"今又分真以下为三,分尤幽与侯为二,而脂微齐皆灰不分为三,东冬钟不分为二",这样的系统不合乎他追求整齐的目标,所以他不分真文,也不分侯幽,"仆之意,第三(尤幽)第四(侯)当并,第十二(真)第十三(文)亦当并。"(《答段若膺论韵书》)他的缺点是没有从积极的方面寻找解决办法,即该分开的都分开,却是反过来从消极的方面寻求解决办法,把该分开的不分开,这是错误的。

对于同样的问题,孔广森的态度却是相反的,他不是合并幽侯,而是分开东冬。并且以幽侯之分来证明东冬应该分:"东为侯之阳声,冬为幽之阳声。今人之混冬于东,犹其并侯于幽也。蒸侵又之宵之阳声,故幽宵之三部同条,冬侵蒸三部共贯也。"(《诗声类》卷五)这样显然比戴震的做法更合理。但是他也没有分开真文,真(含文)部跟脂(含微)部才能相配对转。他还注意到对转各部在历史音变中表现出一致性:"阳之与东,若鱼之与侯。自汉魏之间鱼侯混合之一。东阳遂亦混合为一。"(《诗声类》卷三)

到了20世纪,以对转作为分部证据的方法主要仍用在上古韵部。在魏晋南北朝韵部的研究中也有应用。

王力分脂、微为二部,讲到了这样分部在对转相配的关系上更加合理。他说:"章氏(章炳麟)对脂队的分野的看法前后矛盾是富于启发性的。他看见了从𠂤、从佳、从𩂳得声的字应该跟脂部区别开来,这是很可喜的发现;他看见了队部应该是去入韵,跟脂部也有分别,这也是很好的发现。可惜他没有再进一步设想:从𠂤、从佳、从𩂳得声的字如果作为一个平声韵部(包括上声)跟去入韵队部相配,又跟脂部平行,那就成为很有系统的局面:脂:质:真;微:物:文。"①清人把真文分开了,章炳麟把质(至)物(队)分开了,从对转的关系看,若不分开脂、微,配合就不整齐,分开脂、微,配合就很整齐了。章炳麟因为没有考虑到对转规律,而在微部字的归属问题上举棋不定;王力分开脂微,在系统性上就完整了。

两汉时期韵部的系统大致跟先秦一致,仍然是阴阳入三类韵母构成对转关系,在发生演变的时候大体上还是三类平行。如罗常培、周祖谟认为从先秦到汉代发生了脂微合并、质物合并、真文合并的演变,即是相配的几个韵部共同转变:

"到了两汉时期脂微两部除了上声有一点儿分用的迹象以外,平去声完全同用,没有分别。至于入声也是如此。……王氏(念孙)所分脂至两部的入声,质术两部,汉代也是通用为一类的。""我们再从阴阳对转的关系看,上面所说《诗经》音脂微两部的阳声韵真文两部在两汉时期也是合为一部的,结果,阴阳入三声的演变完全一致:

　　　脂　质　真
　　　微　术　文"②

魏晋以后,入声韵与阴声韵之间脱离了对转关系,与阳声韵的关系更加密切了。入声韵与阳声韵相配整齐,平行变化的特点十分严格,如某阳声韵分化,相配的入声韵一定有平行的分化,某些阳声韵合并,相配的入声韵一定也合并。周祖谟说:"从晋代起,入声韵和阳声韵的关系转密,和阴声韵关系渐疏,即入声韵和阴声韵不相配,而和阳声韵配合得比较好。晋宋之间,凡阳声韵有变革,其相对的入声韵也同样有变革。"③根据这条规律,可以克服某些因材料不足造成的困难。周祖谟分析魏晋南北朝音系,充分运用了这一规律。如:

"魏晋时期屋沃分为两部,犹如东冬分为两部,入声韵的分类与阳

---

① 《古韵脂微质物月五部的分野》,《龙虫并雕斋文集》第3册,中华书局1982年,59页。
② 《汉魏晋南北朝韵演变研究》第一分册,30页。
③ 《魏晋宋时期诗文韵部的演变》,《周祖谟语言学论文集》,商务印书馆2001年,154页。

声韵的分类完全是一致的。"①

"到了晋代,没韵脱离质部独立,质部只包括质术栉迄物五韵,这跟阳声韵真魂在晋代分为两部是相应的。""宋代质物分为两部正与阳声韵真文分为两部相应。"②

有的韵很少见于诗文押韵,就根据相配的韵系的归属,来决定本韵的归属。如:"狎韵字仅见于三国时期《李鳞甲谚》,以'狎甲'为韵,虽然是独用的例子,但是由于跟它相承的衔韵字在三国时期也还没有独用的例子,所以只可归入叶部。"③

"至于沃韵字,在齐梁时期没有作为韵字的,在陈隋时期只有三个例子。……第一例'酷'字跟屋韵字相押,第二例'沃'字跟烛韵字相押,第三例有'毒告'二字跟德韵字相押。沃韵的归属类别似乎很难决定,但是我们按照平声冬韵与钟韵为一部的情形来对比,自然可以确定沃韵当属于烛部了。"④

从对转相配关系研究古韵部的分合,要注意整个音系里的相配关系并非绝对整齐,阴阳入三类相配常常是有缺口的。在上古音,多数韵部可以形成三类整齐地配合,有的韵部则只有两类相配,而缺少一个。阴声韵宵部配入声韵药部,没有阳声韵跟它们配合;阳声韵侵部配入声韵缉部、阳声韵谈部配入声韵叶部,也没有相配的阴声韵。江永以宵部配阳部,孔广森以宵部配侵部,都不合乎《诗经》时代的系统。所以运用本方法时要有客观的态度,不能把对转相配的规则看得太死。如果一意追求完全的整齐,就可能背离古音的本来系统,戴震、孔广森有这种失误,影响到他们的研究成绩。

四、邻部合韵推证法

本方法也是研究诗文韵部时用到的一种方法。

---

① 《魏晋宋时期诗文韵部的演变》,《周祖谟语言学论文集》,169页。
② 同上,172页。
③ 同上,174页。
④ 《齐梁陈隋时期诗文韵部研究》,《周祖谟语言学论文集》,193页。

假如有两个"韵基"("韵腹+韵尾")的读音很接近,它们分别构成甲、乙两个韵部,这两部就可能发生合韵。韵部的构成条件在于韵腹和韵尾,韵尾相同时,作韵腹的元音相邻就是韵母相近;韵腹相同时,作韵尾的音有明显的共性(如同是鼻音或同是塞音,或同一部位的音)也是韵母相近。一个语音系统里的音位可以呈连贯递进的排列状态,一个音造成的合韵有一定范围,距离远的音就不合韵了。精细的音韵学家从这微妙之处看出分部的条件。比如元音系统里有 i、e、ε、a 这些元音时,在韵尾相同的条件下,e 作韵腹的韵部容易跟 i 和 ε 作韵腹的韵部发生合韵,但不容易跟 a 作韵腹的韵部发生合韵;以 ε 作韵腹的韵部容易跟 e 和 a 作韵腹的韵部发生合韵,但不容易跟 i 作韵腹的韵部发生合韵。当相邻两部的分合问题不易解决的时候,可以把合韵的趋势作为分部的参考条件。

清代学者划分上古韵部时用了这种方法。

孔广森把顾炎武、江永的第一部分为东、冬两部,除了押韵谐声的证据之外,还有合韵的证据:冬部字跟侵部、蒸部合韵,而东部不跟侵、蒸合韵。《诗声类》卷五:"右类字(按即冬类字)古音与东钟大殊,而与侵声最近,与蒸声稍远。故在《诗》《易》则侵韵'阴临谌心深禽',覃韵'骖'字,寝韵'饮'字,蒸韵'朋应'等字,皆通协。在扬氏《拟经》,则蒸韵'升兴冯凌朋承',侵韵'阴心深禁',皆通协。略举秦汉人文,其冬蒸同用者,有若《劝学》'螣蛇无足而腾,鼫鼠五技而穷',《汉书·叙传》'元之二王,孙后大宗,昭而不穆,大命更登'之类。冬侵同用者,《长门赋》尤多,而亦无出'中宫崇穷'之畛域。"又说:"冬韵之字皆与侵覃有相关通。《说文》众从乑声,乑读若岑,今感勘二韵有挴字、粽字、悰字;荀氏《易》'朋盍簪'作'朋盍宗';鲁有崇鼎,《吕览》谓之岑鼎,韩非谓之逸鼎;而《春秋》仍叔,《穀梁》经作任叔;《诗》荏菽,《尔雅》谓之戎菽;不尤足明三类相通欤?"

江有诰也很重视这一方法,他在《复王石臞先生书》就提到真文部、东冬分部可由合韵得到证明:"段氏之分真文,孔氏之分东冬,人皆疑之,有诰初亦不之信也。细抽绎之,真与耕通用为多,文与元合作较广,此真文之界限也。东每与阳通,冬每与蒸、侵合,此东冬之界限也。"按：段玉裁已经注意到真近于耕、文近于元，《六书音韵表·古十七部合用类分表》："真臻先质栉屑音近耕清，故次之；谆文欣魂痕音近真，故次之；元寒删山仙音近谆，故次之。"而他排列十七部次第的重要根据是合韵："合韵以十七部次第，分为六类求之，同类为近，异类为远。"不过段氏没有单独论述哪些分部参考了合韵关系，还是江有诰讲得更清楚。

近代学者研究汉代韵部，把出自不同时间、不同地点的押韵材料合并考察，韵部界限更容易混淆，也就更需要从多重证据解决分部问题，其中考察合韵是重要方法之一。罗常培和周祖谟的《汉魏晋南北朝韵部演变研究》就多次用到这一办法。如：

歌、支分部："西汉时期歌支两部的读音是很接近的，很像是并为一部。但是歌部字可以跟鱼部字押韵，而支部字绝不跟鱼部字押韵，足见歌支两部还不能就作为一部看待。所以我们把它分为两部。"（26页）

东、冬分部："再从这两部跟其他部分合韵的情形来看，东部跟阳部叶韵的很多，冬部跟蒸部侵部叶韵的也很多，但是冬部很少跟阳部通押，东部很少跟蒸部侵部通押，这是很大的区别。"（33页）

真、元分部："汉人用真文合为一部，但是真文与元并没有合为一部。我们看到以下几种事实：……（2）真部字和耕部字押韵，元部字很少单独和耕部字押韵；（3）真部字有时和侵部字押韵，元部字没有这种情形。"（36页）

周祖谟在研究魏晋南北朝诗文韵部时也用到本方法，如：

"（三国时期）屑曷两部的分别，除在押韵上表现出两部分用以外，在与其他入声韵和阴声韵通押的关系上也可以看得出来：

（1）屑部跟阴声韵祭部通押的较多，曷部跟泰部通押的较多；

（2）屑部可以跟泰部合韵，曷部很少跟祭部合韵；

（3）屑部可以跟质部合韵，曷部绝不跟质部合韵。

这都是很明白的区别。"[①]

[①] 《魏晋宋时期诗文韵部的演变》，《周祖谟语言学论文集》173页。

由以上的举例可以看出,合韵的趋向可以作为分部的参照,不能单独用作分部的根据。只有相邻两部既有分用,又互相牵连而界限模糊时,才参考它们与另外的韵部的合韵情形来判断其分合。

五、声韵相配关系推证法

曾运乾的《切韵五声五十一纽考》,把江永的洪细侈弇理论运用到中古音的研究里。他以"鸿(洪)声、细声"为标准把反切上字分成两个系列,以"侈音、弇音"为标准把反切下字分成两个系列,而上字与下字的搭配组合是有条件的:洪(鸿)声配侈音,细声配弇音。曾氏说的洪细侈弇的内涵不同于江永所说。江永的侈弇,是从韵腹的开口度说的;曾氏的弇侈,是从四等来说的。虽然江永在分析中古音的时候也把洪细当作四等的发音特征,但江永把一、二等看作洪音,三四等看作细音;曾氏则是把一、二、四等看作洪音,只把三等看作细音。曾氏把"洪细"专用于声类方面而不用于韵母方面,也跟江永不同。依据反切上字与反切下字的搭配关系,曾氏把《广韵》声类分为51类,称为五十一"纽",意思是每一声类即为一个声母。他的论述如下:

"盖声音之理,音侈者声鸿,音弇者声细。《广韵》切语,侈音例为鸿声,弇音例为细声;反之,鸿声例用侈音,细声例用弇音。此其例即见于法言之自序云:'支(章移切)脂(旨夷切)鱼(语居切)虞(遇俱切),共为一韵,先(苏前切)仙(相然切)尤(于求切)侯(胡沟切),俱论是切'。上四字移夷居俱,明韵之易于混淆者;下四字苏相于胡,明切之易于混淆者。故支脂鱼虞皆举音和双声,以明分别韵部之意;先仙尤侯皆举类隔双声,以明分别纽类之意。如,先苏前切,苏相不能互易者,先为真韵之侈音,苏在模韵亦侈音也;例音侈者声鸿,故先为苏前切也。仙相然切,相苏不能互易者,仙为寒韵之弇音,相在阳韵,亦弇音也,例音弇者声细,故仙为相然切也。又如尤于求切,于胡不能相易者,尤为萧韵之弇音,于在虞韵亦弇音也,例音弇者声细,故尤为于求切也。侯胡沟切,胡于不能相易者,侯为虞韵之侈音,胡在模韵亦侈音也,例音侈者声鸿,故侯为胡沟切也。是故法言切语之法,以上字定声

第六章 审音法

之洪细,而音之侈弇寓焉;以下字定韵之侈弇,而声之洪细亦寓焉。见切语上字其声鸿者,知其下字必为侈音;其声细者,知其下字必为弇音矣。见切语下字其音侈者,知其上字必为鸿声;其音弇者,知其上字必为细声矣。试以一东部首东、同、中、虫四字证之:东、中、同、虫皆类隔双声,此与先仙尤侯一例。东德红切,同徒红切,德、徒鸿声也,亦侈音也;红侈音也,亦鸿声也;故曰音侈者声鸿,声鸿者音侈。中陟弓切,虫直弓切,陟、直细声也,亦弇音也;弓弇音也,亦细声也;故曰音弇者声细,声细者音弇。四字同在一韵,不独德、陟、徒、直不能互易,即红、弓亦不能互易。此陆生'轻重有异'之大例也。东塾举此四字,以明清浊及平上去入,而不知声音之弇侈鸿细即寓其中,故其所分声类,不循条理,囿于方音,拘于系联,于明微之应分者合之,影等十母之应分者亦各仍其旧而不分,殆犹未明陆生之大法也。今辄依切语音侈声鸿、音弇声细之例,各分重轻二纽。陈氏原四十类,加入微、影二、见二、溪二、晓二、匣二(即陈氏所分之于类)、疑二、来二、精二、清二、从二、心二,十一母,故四十类为五十一纽也。"①

用这种声韵结合的规律来分辨声类,实质上是把韵类作为背景条件,考察反切上字在不同条件下的分布规律。具体说来,是三等字所用的上字为一系,一、二、四等字所使用的反切上字为一系。曾氏说的"鸿声""侈音",是一二四等的一系,他说的"细声""弇音"是三等的一系。曾氏之所以只讲洪细弇侈而不用等的名义,大约是因为他的观念里的"等"还是宋人等韵图上分的等,那里有很多三等字分别放在四等和二等,即所谓"假二等""假四等",这跟《广韵》的实际韵类有较大出入,按照等韵图的等位分配去说明反切的分类是有困难的。例如,精组反切上字只在一等和四等、以母反切上字只在四等,但四等上字所配合的反切下字却有三等;反之,这些四等字作反切下字时,所配合的上字却有三等字。曾氏既是从等韵图出发,他就无法说"一二四等反切上字为一类、三等反切上字为一类",于是只好舍弃等的名义,专用洪细侈弇的名目。如果恢复到《广韵》本身的等,分布规律就看得很清

---

① 《音韵学讲义》,中华书局1996年,119—121页。

楚了。在发现这样一条规律之后,把它作为区别声类的一个线索,确实是一种新鲜方法。

曾氏虽然发现了《广韵》反切的一种规律,但他的推论方法却有明显的缺陷。

首先,他的证明方式是一种循环论证。既以反切上字的洪细作为证明反切下字侈弇的条件,又反过来以反切下字的侈弇作为证明反切上字洪细的条件,"见切语上字其声鸿者,知其下字必为侈音;其声细者,知其下字必为弇音矣。见切语下字其音侈者,知其上字必为鸿声;其音弇者,知其上字必为细声矣。"照这样的说法,反切上字的洪细和反切下字的侈弇都是预先可以知道的,那么以什么根据而先知道了它们的洪细侈弇?既然可以预先知道它们的洪细侈弇,又何须再互相证明?这样互相证明,是不合乎形式逻辑的无效证明。如要用下字的侈弇来证明上字的洪细,那么下字的侈弇就不能再凭借上字的洪细来证明,而应该用另外的条件证明。

其次,他对音理的认识也不对。所谓"音侈者声鸿,音弇者声细",并不是一定的"声音之理"。如果把介音部分也包含在声母内,才有声母的洪细之分;如果去掉介音部分,纯粹的辅音声母本无所谓洪细,同一声母,所配的韵母既可是侈音,也可以是细音,所以"音侈者声鸿,声鸿者音侈"和"音弇者声细,声细者音弇"这种公式是不成立的。对于《广韵》反切上下字的配合规律,用"介音和谐说"来解释更合乎实际。"介音和谐说"认为,《广韵》的作者选用反切上字时考虑了反切下字和被切字的韵类,尽量使用介音与被切字相同的字作上字,于是反切上字和反切下字就呈现出"等"的一致性。三等韵类的被切字,所用的反切下字自然要用三等字,而同时它们的反切上字也大多是三等字;在一、二、四等韵类,反切下字自然与被切字属于同样的韵类,同时它们的反切上字也大多是一、二、四等字,但是不限定是同等字。这就是所谓的"鸿声例用侈音,细声例用弇音"。按照现代学者构拟的音值,三等字有i介音,一、二、四等字没有i介音。上下字的配合关系,本质上就是介音的一致性。

再次,他对于声类和声母的关系的看法跟后来的通行看法是不同的。他把一个声类就看作相当于一个声母;后来的学者一般认为声类是以四等条件分析出的反切上字的分类,还不能和声母画等号。对于三十六字母的牙音、唇音、齿头音和喉音影晓母以及来母,声类不等于声母。它们当中每个字母的反切上字虽然分出两声类,但两类的分用只是一种大致的趋势,其间混用的也不少,说明其区别不是音位性的差别,不能当作两个声母看待。后来的学者把五十一声类合并成三十几个声母,是更为恰当的处理方式。

六、历时对应关系推证法

语音变化有很强的规律性。从前一个时期的语音系统到后一个时期的语音系统,所发生的自然变化都会符合音变规律,其间的演变有一定的轨迹脉络可寻。如果两个音系之间的差异主要是时间造成的差异,两者之间的主要差别应该都能够从音变原理行解释。基于这一观念,可以对通过"考古"方法研究到的两个古音系统进行对比,互相检验;也可以用现代语音对某个古音系统进行检验。如果两个音之间有某些差别不能够用音变规律讲得通,那就意味着某一研究结果可能存在问题:或者是错误地解读了语音史料,或者是有些历史真相仍被掩盖着。本方法在古音研究中用得比较普遍,下面仅举两例。

一个是汉代韵部研究的例证。

罗常培、周祖谟研究两汉诗文押韵,归纳出二十七个韵部,跟他们所定的先秦三十一部相比,汉代韵部的重要特点是鱼侯合一、真文合一、脂微合一、质物合一。邵荣芬从音变规律对鱼侯合一提出质疑,道理之一是先秦鱼部和侯部在汉代若合并为一部,是不合乎语音变化规律的。邵氏《古音鱼侯两部在前汉时期的分合》的论证如下:

"《研究》(按指罗、周的《汉魏晋南北朝韵部演变研究》第一分册)对鱼、侯两部倒有十分明确的结论,它认为前汉时期鱼、侯两部已经完全合并。这个结论从音理上,也就是从语音发展的规律一来看,也存在着很大的疑问。我们知道,上古鱼部音韵学家们大多认为是 a 类主元音,而侯部则大多认为是 u、o 等后高主元音。……到了中古,模、鱼、虞₁几韵的主元音都向后高方向发展,而麻韵则仍然保留a类主元音,基本上没有变,侯部的变化也不大。……如果我们假定,前汉时期鱼侯两部全部合并,那就得承认这是鱼部主元音向后高方向移动的结果。这对于模、鱼、虞₁三韵来说倒还可以解释,因为这同它们从上古到中古的发展方向是一致的。可是对上古是a、中古仍然是a的麻韵来说就不太好解释了。如果设想,鱼部麻韵主元音从上古到中古曾经经历了由前低到后高,又由后高回到前低的循环过程,那就未必与事实相符了。更值得注意的是,到了后汉时期,鱼部麻韵字全都并入了歌部(《研究》也是这个结论),那也就是说,鱼部麻韵的主元音后汉时期是a。如果认为前汉时期鱼、侯合为一部,那就等于说,在周秦时代是a的鱼部麻韵主元音完成它的循环演变过程,只不过用了前汉二百年的时间。在这样短促的历史时期内,发生这样的循环演变,符合事实的可能性就更小了。

"当然,假定鱼、侯合并,也还可以作另外两种解释,即侯部主元音向前低方向作了移动,从而同鱼部靠拢,或者鱼、侯两部的主元音都向中间方向移动,彼此靠拢。不过这两种解释不但都仍然避免不了上述的那种困难,而且还将引出更多的元音循环,因而从语音发展的角度就更不容易说得通了。

"以上是根据一部之内各韵的主元音相近的假设立论的。如果假定一部之内各韵的主元音相同,那么鱼、侯合并就更没法解释以后麻与鱼模及侯互有区别的事实了。"①

邵荣芬的理由是很充分的。在西汉时期,鱼部里的麻韵字还没有跟鱼、虞、模分开,假如以为这时的鱼部跟侯部合并了,至少要承认鱼部的韵腹已经升高到ɔ了,那就不好解释为什么到东汉时麻韵的韵母倒退到a;反之,如果以为是侯部的韵腹下降到a而与鱼部合并,则不能解释为什么不久之后侯部的元音就上升,三国时期的梵汉对音里侯韵字对译u,岂不是韵腹回升得太快了?邵荣芬的看法是:西汉时鱼部仍然是a类主元音,并没有向后高方向演变;跟侯部合韵的原因,一是

---

① 《邵荣芬音韵学论集》,首都师范大学出版社1997年,90页。

偶出的宽韵,一是方言的反映,一是风格兼方言因素。我们也许可以提出另外一种推测:西汉时鱼部的鱼、模、虞韵字韵腹比原先略有提高,但还没有达到音位的改变,所以仍然跟韵腹在原位的麻韵字为同一部;跟侯部字合韵比例增加是主元音的接近而不是主元音合一。总之,把鱼侯并为一部是不妥当的。邵荣芬对汉代押韵情况重新统计,以更精确的数据证实了这一点。

另一个例子是对邵雍《声音唱和图》的清浊声母的分析。

宋代邵雍的《皇极经世书·声音唱和图》把声类称作"地音",其中的全浊声母和次浊声母都比较独特:塞音和塞擦音的全浊声母每个都分成两类,一类配全清声母,一类配次清声母;次浊声母也分两类,除了喻母之外每个次浊声母都分清音和浊音,上声字为清音,平、去、入为浊音。从形式上看,可以说是全浊声母分成了送气和不送气两类,次浊声母的上声字变成了清音。但大多数研究者都不取这种看法,而是认为:全浊声母已经清化,不再是浊音;次浊声母的上声字之所以被算作清音,是因为它的调值跟清声母字相同,辅音则仍然是浊辅音。各家都以后代的方音为旁证。

陆志韦说:

"这地音图有好几点证明邵氏的方言,在辅音跟元音的变化上,已经比早期的等韵更近乎现代官话。其中最重要的是中古浊音的消失。……图里从上往下读,可以分为四个横栏,第一第三栏跟第二第四栏的关系是一目了然的[①]。要不是第一三栏清音,而第二四栏浊音,就得像现代方言似的,一三栏阴调,而二四栏阳调。究竟哪一种解释较为合适呢? 可以先比较破裂辅音古(k)坤(k')行,卜(p)普(p')行,东(t)土(t')行,卓(ţ)坼(ţ')行;破擦辅音走(ts)草(ts')行,庄(tʃ)叉(tʃ')行。这几行的第二四栏全配中古的浊音字。可是第二栏跟第四栏的分别最清楚不过。第二栏配k、p、t、ts、tʃ的浊音字全都是仄声,第四栏配k'、p'、t'、ts'、tʃ'的全都是平声,这现象断不能用等韵来说明,然而一比较《中原音韵》以后的韵书跟吴语以外的现代方言,就很

---

① 以塞音、塞擦音而言,邵雍图上第一栏为全清,第三栏为次清,第二栏为不送气浊,第四栏为送气浊。

容易叫人得到两个结论:(一)中古的浊平声字在这方言里已经变为阳调的送气平声字,浊仄声字变为阳调的不送气字;(二)邵氏方言的上去声都还有阴阳两调,正同现代粤语,跟古官话不同。"①

雅洪托夫说:

"邵雍音图中的声母也成对相配,一'清'一'浊'。通常认为'清'是清辅音,'浊'是浊辅音,但事情并不这么简单。所有研究邵雍图表的人都注意到,第一,分清浊的不仅有噪辅音,还有响辅音,然而汉语根本没有清响辅音;第二,响辅音声母在上声中被当作'清',而在其他声调中被当用'浊'。""汉语声母的清浊跟声调的高低有关。在有高低两组声调的方言中,声母为浊音和响音的字有低声调。但这条规则有个重要的例外。我们可以看一下杭州话声母跟声调的关系(杭州话属吴方言,但保留着宋代北方方言的很多特点):……在响辅音作声母的字中,上声是高调,而不是像一般规则所应有的那样是低调。其他很多方言,包括古浊音已经消失的方言,也有这种(或类似的)声调系统。现代北京方言上声的发展跟杭州话一样(北京方言的第三声跟杭州话的第三调相当,北京方言的第四声跟杭州话的第四、第五及部分经七调相当)。""显然,这种情况在邵雍的方言中也有。邵雍的'清''浊'不是指辅音声母的清浊,而是指调高,高调为清,低调为浊。"②

陆氏、雅氏都认为邵雍所分清浊实际上是以声调的阴阳为条件,而不是辅音本身有清浊的差别,理由之一是后代的北方话里全浊声母都变成清声母,并且是平声送气(同次清)、仄声不送气(同全清);理由之二是次浊声母从未分化出一套清音,倒是声调属于阴调类,跟古清声母字相同。二人关于全浊声类就等于阳调类的观点,还大有商榷余地。但他们以今音推古音的方法是合理的。

---

① 《记邵雍皇极经世的天声地音》,《陆志韦近代汉语音韵论集》,商务印书馆1988年,41页。

② 《十一世纪的北京音》,《汉语史论集》,北京大学出版社1986年,191—192页。

七、音位分布格局推证法

一个语音系统之内,音位的组合规律和聚合规律都对音类研究有重要参考价值。由此形成了一些研究方法。

1. 对立互补关系分析法

这是从组合规律上研究音类分合的一种方法。每个音位在跟其他音结合为更大的语音单位时都有一定的功能(如汉语的辅音是作声母的,部分可作韵尾),具有相同功能的两个音,如从来不在相同的语音条件下出现,它们是互补分布的。互补的两个音可能是同一个音位,对立的两个音一定不是同一个音位。这一原理也适用于古代声类和韵类的区分。如果两组反切上字具有相同的功能(比如都跟一、四等韵类结合),但从来不跟同一个韵类结合(在相同的韵类条件下有此则无彼,有彼则无此),它们就是互补的,可能是同一个声类;如果它们能跟同一个韵类结合成不同的音节,它们就是对立的,不会是同一个声类。反之,有相同功能的两组反切下字(比如都属于开口一等),如果从来不跟同一个声类结合,它们就是互补的,有可能是同一个韵类;如果它们能跟同一个声母结合成为不同的音节,它们就是对立的两个韵类。运用这一原理研究古音的实例有不少。

邵荣芬研究《切韵》韵类,把凡韵系并入严韵系,把臻韵并入真韵开口三等韵类、栉韵并入质韵开口三等韵类。他的道理是严韵系和凡韵系各音节基本上都是互补的,只在上声、入声的溪母有对立,而这种对立是靠不住的,是后人增加了小韵造成的;臻韵系只有庄组字,跟真韵系的庄组字出现机会是互补的。因此而推论:"显然在《切韵》的基础方言里,真与臻,严与凡,都有特定的声母条件下,韵母主元音随着声调的不同(这里是平入对上去)而有所改变。""严韵系和凡韵系,臻韵系和真韵系的区别既然是在一定声母条件下的异调异读,所以我们认为可以把严韵系并入凡韵系,臻韵系并入真韵系。"[①] 用现代音系学的说法,严与凡的主元音互为同一音位的条件变体,真与臻的主元音

---

① 《切韵研究》,中国社会科学出版社1982年,81—83页。

互为同一音位的条件变体,由于音值略有差别,所以韵书作者把它们分为不同的韵;因为主元音是同一音位,就可以合并韵类。

陆志韦用统计方法把《广韵》反切上字归为五十一声类,其中有实同类而不能系联者,因它们从不在相同的韵类环境出现而定为一类:"凡两类同组而永不相逢,是同类也。""两类同组者,谓两类与组内其他各类之关系相同,而与组外任何一类之关系亦大致相同也。内外关系相同,而彼此又不相逢,则不假思索,可知其同为一类。譬如甲乙二人,在家出外,权力义务,绝无分别,而永为参商,则甲必是乙,犹黑衣出而白衣归也。故知'多'类即是'都'类,'卢'类即是'郎'类。"[①]

互补方法的运用必定有一些先决定条件,如邵荣芬合并严凡、合并臻真,都有每对韵在同摄而且次序邻近作为先决条件;陆志韦合并反切上字有"两类与组内其他各类之关系相同,而与组外任何一类之关系亦大致相同"作为先决条件。如不具有这些先决条件,互补的也不一事实上是同类。单纯凭借互补关系合并音类是不可行的。如李荣《切韵音系》仅以出现机会互补而合并匣、于,从方法上说是靠不住的。事实上人们合并匣于,大多把早于《切韵》的某些反切和其他音注资料作根据,而那些语音资料不一定跟《切韵》是同一系统,可能反映了六朝江南的语音现象,当作归并《切韵》韵类的根据不大妥当。

2. 音位对称平行关系分析法

这一方法从聚合关系上分析一个音能否作为音位独立存在。

语音的系统性在音位的聚合关系上表现得很显著,一个聚合群内的各组音位通常都具有平行、对称的特征,按照音位的区别特征(一般是发音方法和发音部位的特征)把各音位排列,就会形成整齐的矩阵。例如中古音的塞音与鼻音声母:

---

① 《证广韵五十一声类》,《燕京学报》第二十五期,25—26页。

第六章 审音法

	全清	次清	全浊	次浊
唇音:	帮 p	滂 p'	并 b	明 m
舌音:	端 t	透 t'	定 d	泥 n
牙音:	见 k	溪 k'	群 g	疑 ŋ

这是很典型的平行对称。从横行看过去，双唇、舌尖、舌根三个部位上各有四个声母，分别是不送气清塞音（全清）、送气清塞音（次清）、浊塞音（全浊）、鼻音（次浊），对应整齐；从竖行看下去，具相同发音方法的音在每个部位上都会出现，没有空缺。这样的聚合关系可以帮助人们决定一些音位的有无。关于《切韵》音系里的俟母的研究是这一方法的例子。

《切韵》的塞擦音声母和擦音声母构成下面这样一个聚合群：

	全清	次清	全浊	清擦音	浊擦音
正齿二等	庄	初	崇	生	(?)
正齿三等	章	昌	船	书	禅
齿头音	精	清	从	心	邪

表中打问号的位置上没有一个声母？仅仅从文献材料不是很容易决定的。可用的文献材料主要有三种。第一种材料是宋代等韵图，《通志·七音略》《四声等子》和《切韵指掌图》，这些韵图内这个位置有平声之韵的"漦"和上声止韵的"俟"两个字，可是字数太少，跟其他声母位置无法相比，未免让人们缺少信心把它看作独立声母。第二类材料是《广韵》的反切，这两个小韵的上字跟崇母字系联为一类："俟，床史切"，床为崇母，俟即为崇母；"漦，俟甾切"。漦也就成了崇母字。虽然"漦""俟"两小韵分别跟"茬，士之切"和"士，锄里切"对立，似乎有其独立性，可是《广韵》内因讹误而造成同音的两小韵不在少数，所以陈澧没有把"俟"类看用单独的声类，黄侃、曾运乾、陈志韦等人所定的《切韵》声母系统里也没有这个声母。第三类材料是近代发现的唐人写本《切韵》系韵书的反切，"俟""漦"两字互为反切上字，《切三》"俟，漦史反"，"漦，俟之反"，两两互用；《王三》"俟，漦史反"，"漦，俟淄反"，也是两两互用；都不跟床母系联。但是韵书中本同类而不能系联的切上

字也很多,仍不足以因此而断定俟母独立。学者们把三类材料联系起来分析,再加上音位系统的考察,断定有一个俟母。《切韵》音系的三组齿音是平行的,章组、精组既然都是五母并存,各有浊擦音,若庄组没有浊擦音,就出现了空位,违反了聚合关系的整齐规律;有这个音才是合乎规律的。所以董同龢、李荣、邵荣芬都肯定俟母在该系统的存在。李荣也把满足三组平行关系看作设立俟母的优点:"俟跟庄初崇生同部位,跟邪常同方法,应该是$\underset{.}{z}$。这样一来,精庄章三组就完全平行了。"①

研究上古音也用到本方法。俞敏从梵汉对音研究东汉三国音系,对音的用字并没有反映所有的声母,对音中未用上的声母就凭借出现过的同类来推测补充:根据对音的"初"($t\underset{.}{s}h$)"山"($\underset{.}{s}$),推出"庄"($t\underset{.}{s}$)和"床"($d\underset{.}{z}$);根据对音的"心"(s),推出"精"(ts)"清"(tsh)"从"(dz)。②

用这一方法一般需要参考其他证据。声母系统内各单元之间不全是整齐对称的,有所谓"单向聚合"的音位,在结构内的地位是孤立的,缺少平行的同类,就不能硬给它配上对应的音位。

根据以上所述的研究实例,我们可以总结如下:审音法是基于同一原理的若干种方法的统称。这些方法的共同之处,是把音系的结构规律和语音的发展规律作为根据,针对不同对象而从不同途径去研究古音的类别。审音法在古音研究中是辅助性的方法,不是主导性的方法;这些方法主要是起检验的作用或启发思路的作用,而不是起发现古音的作用。但是,当文献不足或疑似难明的时候,它是很重要的,有时可以成为决定性因素。

主要参考文献:

戴　　震《声类表》,渭南严氏《音韵学丛书》本。
　　　　《声韵考》,渭南严氏《音韵学丛书》本。
董同龢《汉语音韵学》,广文书局1968年。
段玉裁《六书音韵表》,中华书局1983年。

---

① 《切韵音系》,科学出版社1956年,127页。
② 《后汉三国梵汉对音谱》,《俞敏语言学论文集》,商务印书馆1999年,17页。

冯　蒸《汉语音韵学论文集》,首都师范大学出版社1997年。
江　永《古韵标准》,中华书局1982年。
　　　《音学辨微》,渭南严氏《音韵学丛书》本。
　　　《四声切韵表》,渭南严氏《音韵学丛书》本。
江有诰《音学十书》,中华书局1993年。
孔广森《诗声类》,中华书局1993年。
李　荣《切韵音系》,科学出版社1956年。
陆志韦《陆志韦近代汉语音韵论集》,商务印书馆1988年。
　　　《陆志韦语言学著作集(二)》,中华书局1998年。
罗常培《音韵学研究法》,《罗常培文集》第7卷,山东教育出版社2008年。
罗常培、周祖谟《汉魏晋南北朝韵部演变研究》,科学出版社1958年。
邵荣芬《切韵研究》,中国社会科学出版社1982年。
　　　《邵荣芬音韵学论集》,首都师范大学出版社1997年。
唐作藩《论清代古音学的审音派》,《汉语史学习与研究》,商务印书馆2001年。
王　力《龙虫并雕斋文集》,中华书局1980—1982年。
　　　《中国语言学史》,山西人民出版社1981年。
雅洪托夫《汉语史论集》,北京大学出版社1986年。
俞　敏《俞敏语言学论文集》,商务印书馆1999年。
曾运乾《音韵学讲义》,中华书局1996年。
周祖谟《问学集》,中华书局1981年。
　　　《周祖谟语言学论文集》,商务印书馆2001年。

第七章 历史比较法

一、概　说

20世纪汉语音韵学引进的西方现代语言学方法中,历史比较法占据重要地位,本方法的运用在音韵学从传统学术向现代学术转变的过程中起了重要作用。

历史比较法是19世纪的欧洲语言学界建立起来的方法。欧洲学者通过古印度的语言与欧洲语言的对比,发现了大量的具有整齐对应规律的同源成分,证实这些语言来自一个共同的原始语言,是有亲属关系的一个语言群,即印欧语系。以同源成分在各个语言中的现存形式为依据,可以推测出它们的原始形态,进而拟测即"重建"古音系统。这套方法在20世纪初被引进到汉语的古音研究中。

历史比较法基于一个理论前提:有亲属关系的语言或同一语言的各个方言是从一个共同的祖先语言分化的结果,亲属语言间或方言间的差别是历史演变造成的;由于语言变化的规律性和不平衡性,这些差别有的代表着不同的发展方向,有的代表着同一发展方向的不同阶段;各语言间或方言之间存在的对应规律暗示着从古到今的变化过程。这个理论假设虽然存在漏洞,但仍有其合理性,所以历史比较法在语言学史上的贡献是巨大的。把同源成分在各个语言或方言的表现形式摆到一起,寻绎线索,按照最合理的解释,推测出古代形式,就是成功的构拟。

在汉语音韵学里,历史比较法运用的材料主要有三部分:汉语方言,域外汉字音,汉语的亲属语言。

汉语的方言复杂多样,各方言的关系有亲疏远近之分,它们是在不同时代先后分化、各自朝着不同方向发展、受不同演变规律影响之下逐渐形成的。各方言的演变是不平衡的,一个方言内部的演变也是不平衡的,所以在包含古音特征方面,各方言的状态很不一致。例如,粤方言的韵尾系统比其他方言更近似中古汉语音系,而声母则或然或否;吴方言在保存全浊声母这一点上比其他方言更近似中古汉语音系,而韵母则否。这种复杂多样性为历史比较提供了便利的条件。

域外汉字音指的是邻近国家在古代从汉语借入的词语的读音。中国周围的国家在历史上曾受到汉文化的深远影响,日本、朝鲜、越南等国家长期引进中国文化的同时,也吸收了大量的汉语词汇,这些词汇已经融入了他们的本国语言,跟普通所说"对音"之类的音译词是不同的。当初这些词语被借入的时候,借入者都尽量地按照汉语的本来读音去念它们,虽然不可避免地要作些改造以适合本国语的语音系统,后来也会经历些变化,但至今仍保留很多古音特色。它们对汉语古音构拟的用处跟中国的汉语方言是相似的,所以被看作"域外方言"。

汉语的亲属语言指的是跟汉语有同源关系的汉藏语系各种语言。汉藏语系的比较研究有很多悬而未决的问题,人们对于汉藏语系历史比较法的态度也不同。

到目前为止,历史比较法在汉语研究中主要用在三个领域:一个是构拟中古音系统,用的材料主要是现代方言和域外汉字音;另一个是构拟上古音音系,用的材料主要是汉藏语系各语言的同源词,也有类型学的比较;第三个是构拟原始方言,用一个方言区内次方言的材料为依据。构拟中古音和原始方言音系,历史比较法是基本方法;构拟上古音,内部拟测法是基本方法,历史比较法仅仅是配合内部拟测法来使用的。

二、《切韵》音系的构拟——以汉语方音为主的历史比较

历史比较法的引进首先从构拟《切韵》开始。这项工作由西方学者发端做起,瑞典的高本汉(Bernhard Karlgren)第一个全面地构拟了

《广韵》音系,成为《切韵》构拟的奠基人。高氏的拟音成果集中于早期的《中国音韵学研究》和晚年的总结性著作《中上古汉语音韵学纲要》两书,前者于1915—1926年陆续出版,对中国音韵学界影响深远,有赵元任、罗常培、李方桂合译的中文本。后者于1954年出版,有聂鸿音的中译本。中国学者接受了他们的方法和成果,并进一步改进、完善了构拟的结果。

高本汉首先以《广韵》反切为主并参考等韵图中得出中古音的音类。他没有完全采纳陈澧等人的系联结果,自己又重新对反切上下字系联整理,确定所谓"真韵母"和声母;再根据韵图的开合、四等、韵摄、七音、清浊,分别判断音类的性质。韵摄体现各韵之间的远近关系和韵尾的一致关系,开合、四等体现韵头、韵腹的对立关系,清浊、七音体现声母的对立关系,参考它们来划定中古音的音类界限和语音性质,是最便捷的方法。音类的系统建立起来之后,再对比多种方言读音,一一推敲,决定每个语音单位的具体音值。高氏曾亲自到中国各地调查了相当多的方音,也采用了不少间接材料。《中国音韵学研究》一共用了33种方音作为构拟的根据,其中包括"域外方音"日译汉音、日译吴音、朝鲜汉字音(书中称高丽音)和越南汉字音(书中称安南音)。

1.《切韵》声母的构拟

高本汉对声母的构拟大多采取分组进行的方式,也有少数是单个进行。具体办法是先列出一组或一个字母在各方言的现代读音,找出它们的共同特征和个体特征,从历史演变规律分析它们的古代读音形式。

试以《中国音韵学研究》第七章里牙音一组为例看高氏的拟测方法。这一组把见、溪、群三个字母放在一起分析(疑母另外单独讨论),下面是根据高氏原书所罗列的方言读音材料加以简化而成的表[①]:

---

① 原表参看《中国音韵学研究》,商务印书馆1995年,239—245页。

见母：

	一等		二等		三四等	
	开口	合口	开口	合口	开口	合口
官话	k	k,tɕ	k	tɕ	k,tɕ	
上海、宁波	k	k,tɕ	k	tɕ	k,tɕ	
温州	k	k	k	tɕ	k,tɕ	
越南	k	k,z	k	k	k	
闽、粤、日本	k	k	k	k	k	

溪母：

	一等		二等		三四等	
	开口	合口	开口	合口	开口	合口
官话	k'	k'	k',tɕ'	k'	tɕ'	k',tɕ'
温州	k'	k'	k'	k'	tɕ'	k',tɕ'
越南	k'	k'	k',s	k'	k'	k'
广州	k',h	k',h,f	k',h	k',h,f	k',h	k',h
客家	h,k'	h,f,k'	h,k'	h,k'	h,k'	h,k'
朝鲜	h,k'	h,k'	h,k'	h,k'	h,k'	h,k'
福建	k'	k'	k'	k'	k'	k'
日本	k	k	k	k	k	k

群母（只有三等）[①]：

	平声		仄声	
	开口	合口	开口	合口
官话	tɕ'	k',tɕ'	tɕ	k,tɕ
平阳（临汾）	tɕ'	k',tɕ'	tɕ',tɕ	k,tɕ',tɕ
上海、宁波	dz	g,dz	dz	g,dz
广州	k'	k'	k,k'	k,k'
福建	k,k'	k,k'	k,k'	k,k'
客家	k'	k'	k'	k'
域外	k	k	k	k

根据以上所列各种读音，高本汉推论牙音的古读原是舌根音；其他读法可以从音变规律得到解释。他的分析，概括起来有以下几点：

读舌面塞擦音是舌根音受腭化影响的结果，这种腭化现象在许多

[①] 原书依《康熙字典》的等韵图，称"群母"为"郡母"。

语言中都是很常见的。在汉语官话和方言里,读舌面塞擦音的都是在 i、y 的前头,是受这两个舌面高元音影响下的变化。有些演变程度浅一点的方言里这种腭化只达到[c]。越南话里 17 世纪的时候演变到舌面音,到现代河内话又进一步变作齿音 z、s 了。

粤语及朝鲜译音里 k' 变成了 h(例如"开",广州读 hoi),是由于舌根送气音的松懈,最初变成舌根摩擦音 x,然后再变成喉部摩擦音 h。这种变化在西方语言中很容易找出例子。

溪母合口字部分变成 f,是 k 变成 x 以后向另一方向的进一步变化。f 的发生是因为 u 的合唇作用使摩擦音提前。此类变化,在拉丁语和在斯拉夫的语言中不少见。粤语中就有这种演变(如"宽"官话 k'uan,广州 fu:n)。

以上是关于牙音发音部位的分析的几个要点。

关于声母的发音方法,全清是不送气的清辅音,次清是送气清辅音,全浊是带音,这是容易断定的。高本汉下的功夫,是要证明全浊声母读送气音。

群母在现代方言的读法有:吴语里读作浊音,域外汉字音读作弱清辅音,客家话读作送气清辅音,官话大部分地区平声读送气清辅音、仄声读不送气清辅音,山西西南部平声送气、仄声大部分也送气,广州平声送气、仄声也有送气的,闽方言平仄都有送气有不送气。高本汉认为,从不送气的 g 变送气的 k' 是不可能的,而从送气的 g' 变到 k' 就是自然的,而且在印欧语的希腊语有同样的例子,所以群母应该是送气的 g'。

由牙音见、溪、群三个声母的构拟结果,可以类推其他各组声母的读音。见母是不送气清音,其他各部位的"全清"字母也都是不送气的清音;溪母是送气的清音,其他各部位的"次清"字母也都是送气清音;群母是送气浊音,其他各部位的"全浊"字母也都是送气浊音。擦音、鼻音、边音也容易从现代音推知。日母比较麻烦一些,它在聚合群里的地位特殊,在各组字母里都缺少平行的音,需要个别拟测。依照高本汉所列,日母在现代方言里有浊擦音 ʑ、z、v 的读法,有浊塞擦音 dz、dʑ 的读法,有鼻音 n、ȵ、ŋ 的读法,有边音 l 的读法,有零声母 ər 的读法,综合各种可能性,拟测了一个既包含鼻音也有摩擦成分的 nz。

2.《切韵》韵母的构拟

对于《切韵》韵母的拟测,更需要着眼全局,立足于系统。高本汉的说法是正确的:

"因为声母是简单的音,至多不过复杂到塞擦跟送气的程度,又因为这样它们就可以并为容易概括的几类,所以讨论声母的时候,宜于首先把一类古声母的现代代表简明而有系统的列出来,然后对于这些声母在古代汉语的音值跟现代音的演变,再下确定的结论。

"韵母一层就完全两样了。它们时常是很复杂的音,并且作韵母表恐怕远远不能如作声母表那么清楚。还有,好多最重要的拟测的问题,只有靠着从所有各韵摄里提出来的材料才可以解决。所以韵母的拟测不能像声母那样片段的去作。"①

高本汉看到构拟韵母不能用跟声母相同的方法,即不能一个韵一个地韵孤立进行,而要把各个韵摄的材料放到一起全盘考察,从韵头、韵腹、韵尾几个方面分别着手。

甲,韵尾

韵尾的构拟比较简单。从现代方言读音和域外汉字音,能够知道等韵所分十六摄包含韵尾的条件,同摄内各韵的韵尾相同,鼻音韵尾与塞音韵尾同部位。兹从《中上古汉语音韵学纲要》摘录例证:

山摄

例字	干	葛	官	括
广州	kon	kot	kun	kut
汕头	kan	kat	kuan	kuat
福州	kaŋ	kak	kuaŋ	kuat
日译汉音	kan	katsu	kuan	kuatsu
日译吴音	kan	katɕi	kuan	kuatɕi
朝鲜音	kan	kal	kuan	kual

---

① 《中国音韵学研究》451页。

结论是山摄的阳声韵韵尾是-n,入声韵的韵尾是-t。

咸摄

例字	甘	阖
广州	kɔm	kɔp
汕头	kam	kap
福州	kaŋ	kak
日译汉音	kan	kapu
日译吴音	kon	kopu
朝鲜音	kam	kap

结论是咸摄的阳声韵韵尾是-m,入声韵的韵尾是-p。

宕摄

例字	刚	各	光	郭
广州	koŋ	kok	kuoŋ	kuok
汕头	kaŋ	kak	kuaŋ	kuak
福州	kouŋ	kauk	kuoŋ	
日译汉音	kau	kaku	kuwau	kuwaku
日译吴音	kau	kaku	kuwau	kuwaku
越南音	kaŋ	kak	kuaŋ	kuat
朝鲜音	kaŋ	kak	kuaŋ	kuak

结论是宕摄的阳声韵韵尾是-ŋ,入声韵的韵尾是-k。
用以上方法构拟出的十六摄韵尾分别是:
山摄、臻摄有相同的韵尾-n 和-t;
咸摄、深摄有相同的韵尾-m 和-p;
通摄、江摄、宕摄、梗摄、曾摄有相同的韵尾 -ŋ 和-k;
效摄、流摄有相同的韵尾-u;
蟹摄的韵尾是-i;
止摄或有韵尾-i、或无韵尾;
遇摄、果摄、假摄无韵尾。

乙,韵腹
高本汉构拟韵腹的办法,是找出一个有代表性的韵摄,剖析它的元音,再用平行类推的办法,把所得到的元音套用到其他的几个韵摄中。这是很经济而有效的办法。

作为典范韵摄来分析的是山摄。这一摄开合四等俱全,"这一摄从许多方面看都是很可以作代表的。如果弄清楚了山摄在古代的元音,我们同时就得到可以共同应用的结果来帮助我们解释别的韵摄了。"[①]

在列举了山摄在现代方言的读音之后,高本汉又参考果摄一等、假摄二等(高氏把假摄也并入果摄)的方言读音,对韵腹有如下构拟:

山摄一二等在某些方言有区别,一般是一等的元音较高较后,二等的元音较低较前。如一等开口字"干",广州话和客家话都读 kon;二等开口字"艰",广州话读 kA:n 客家话读 kan;一等合口字"官",广州话读 kun,客家话读 kon;二等合口字"关",广州话读 kuA:n,客家话读 kuan。而果摄一等字在大多数方言读 ɣ 或 o 或 ɔ,假摄二等字在大多数方言读 a 或 A 或 ɑ。

结论是:"在现代方言里,一等字最常读的是 o,二等字最常读的是 a。别的语言的经验告诉我们,深 ɑ 最容易变成 o。这两等在古代汉语既然严格的分成不同的韵,所以我们完全有理由定一等为深 ɑ,二等为浅 a。"[②]

丙,韵头

韵头的区别在于开合和四等。从现代方言很清楚地看到,合口韵有介音 u 而开口韵没有这个介音。高本汉把合口介音分两个,同摄同等而开合分在两韵的,合口韵的介音定为强的 u;而同摄同等开合在同一韵的,合口介音定为弱的 w。三四等字在现代方言以读齐齿、撮口为常,它们原先应有一个介音 i。但是高本汉认为,三等和四等应该是有区别的。他从朝鲜译音发现,见系声母的四等字都有介音 i 而二等字常常没有,因此认为"前腭介音成素"在四等韵里最强,即四等有一个元音性的 i,而三等韵有一个辅音性的ĭ。介音的构拟跟声母又有联系:高氏把三等介音ĭ前的声母都拟作"j 化"的声母,如见母 k 在三等

---

① 《中国音韵学研究》,455 页。
② 同上,461 页。

韵母前是 kj，这是沿袭了商克等人的说法。

构拟三四等韵主要元音时也把介音的区别考虑进去。在现代方言里三四等的元音往往比二等较高或较前，在域外汉字音也有同样的表现，如日译汉音山摄三四等读 en，二等字读 an；朝鲜汉字音三四等读 ən，二等字读 an。高本汉认为辅音性的ǐ之后的元音应该是比较开的，所以拟三等韵腹为 ε；元音性的 i 之后的元音是比较闭的，拟四等韵腹为 e。

分析山摄所构拟出的介音，可以用在所有的开合四等；构拟的山摄主要元音，也用于好几个韵摄；但是有的韵摄是不能套用山摄主要元音的，仍须分别考定。这里不再详细介绍。

在某些韵摄，有的两个韵属于同"等"，而且都包含开口和合口，或同为开口或合口，这叫"重韵"。高本汉以主要元音的长短来区别一、二等的重韵。如蟹摄一等泰韵为 ɑ:i、uɑ:i，灰哈韵为 ɑi、uɑi；二等皆韵为 ai、uai，佳韵为 a:i、ua:i。

高本汉构拟的声、韵系统虽然有不少失当之处，有待于后人补充修订，但它成为以后各家构拟中古音的基础，其重要的历史地位是公认的。

3.《切韵》拟音的改订

高氏成功地把西方语言学的历史比较法跟中国的传统音韵学的方法密切结合起来，为汉语音韵学的研究开辟出一条新途径，他的拟音体系得到普遍接受。人们肯定了高本汉的成绩，同时也从许多方面对他提出了批评，继续修订、改进了《切韵》拟音。对他的拟音体系的重要修订有：

A. 改全浊声母的塞音、塞擦音为不送气音。高本汉构拟全浊声母为送气音，后来陆志韦等改拟为不送气音。

B. 取消高本汉的 j 化声母，高本汉等人把三等声母拟成"j 化"或叫做"喻化"（jodicization）的声母，后来中国学者把这一个"j 化"成分取消，仍拟作普通声母。

C. 改庄组声母为舌叶音。高本汉原拟音是卷舌音，陆志韦等改成舌叶音。

D. 取消纯四等韵的i介音。高本汉拟测四等韵有i介音,后来人们改成没有介音。

E. 改一二等"重韵"之间长短元音的差别为音素的差别。高本汉原把一些韵之间的区别拟测成长短元音,后来的学者改成元音的差别。

F. 区分重纽的三四等。高本汉的拟音没有区别重纽三四等。后来多数人认为,重纽三四等代表着两种不同的韵母的对立,在《切韵》时代的实际语言中仍有差别,需要分为不同的韵类,构拟出不同的读音。

G. 把梗摄、曾摄的韵尾从舌根音改为舌面中音。高本汉以及多数学者构拟的这两摄的韵尾都是舌根音,跟通、江、宕摄一样,薛凤生等认为舌根音韵尾人多了在整个系统内不平衡,而且还不得不构拟很多主要元音,再从方言看,有的方言里这两摄的韵尾读成舌面前音,所以改为舌面中音 ɲ、c 等。这一条修订意见还没有被普遍接受。

后来的学者对拟音作进一步的改进,表现出他们对材料的占有和方法的运用上都前进了一步。

甲,运用的文献材料更加丰富而广泛。高本汉没有参考较早的韵图如《切韵指掌图》《切韵指南》《韵镜》等,却把很晚出的《等韵切音指南》拿来作分析韵类的根据,因而,有时认错了开合(如把鱼韵当作合口,其实在早期韵图鱼韵本为开口),有时搞错了韵与韵的关系(如模韵本和虞韵相配,却给配上鱼韵)。他对《广韵》声类、韵类的系联还有些马虎,有些该分出的韵类也没有分出来。后来的学者利用了近几十年间发现的各种唐人写本《切韵》,和高本汉未曾利用的《韵镜》《七音略》等早期等韵图,对《切韵》音类研究得更为透彻准确。如在重纽问题上,董同龢广泛考察古代典籍,包括唐慧琳《一切经音义》的反切、元熊忠《古今韵会举要》的反切等,肯定了重纽三四等存在差别,应拟为不同的音。在全浊音是否送气问题上,陆志韦甚至用到《说文》谐声和《广韵》又读字,来证明全浊音跟全清音关系更密切、跟次清音关系疏远,所以不会是送气音。

高本汉拟测全浊音为送气,似有马伯乐引用的梵汉对音的支持。

后来陆志韦改全浊音为不送气,则对更大范围的梵汉对音材料作分析:"隋唐以前,凡是译经,不论南朝、北朝,全都用《切韵》的浊音来译梵文的不送气音,困难都在梵文的送气浊音。……我以为肯定古汉语的浊音全作不送气的,不至于有大错。"①

乙,后来学者的审音方法跟高本汉有很多不同,尤其是运用音位学的观念审音,是技术上的进步。陆志韦反对高本汉的"j化"声母,指摘高说的不妥,立足点就是音位学原理:"试问一等的k跟二等的k,真是全没有分别的么? 要是有分别的,它们的分别会比三等的kj跟四等的k更小么? 要分的清楚呢,像《辨字五音法》管一等的k叫喉声,二等的k叫牙声。要不分呢,三十六字母把一二三四等的k全归入见母。然而凭高氏的解释,六朝人会把kɑ、ka、ki归为一类,kɪ另为一类,这可不近情了。"②韵母对声母的音色会有影响,同一声母不仅三等字跟其他等的字可能有区别,一、二、四等字之间也可能有些不同。如神珙《四声五音九弄反纽图》分"东方喉声"(一等)和"中央牙音"(二等),必是某方言读音有区别,但这种区别并不能成为不同的音位。同理,三等的声母跟其他各等的声母不会有音位性的差别。

李荣则从声韵结合的规律上批评j化说。他认为,高氏自己的拟音和喻化说是矛盾的。在他的拟音体系里,三等字有弱的介音ǐ,四等字有强的介音i,而说弱的介音ǐ能够影响前边的声母使它喻化,强的i反而没有这种能力,在理论上难于自圆其说。

同样,取消四等的i介音也跟声韵组合规律有联系,"反切上字有拿一二四等跟三等作条件分成两组的趋势。假定一等'干'[kân]、二等'奸'[kan]、三α等'甄'[kiạn]、三β等'建'[kiẹn],四γ等'坚'[kien],反切分组的趋势会趋向于'干奸坚'一组、'甄建'一组,而不是'干奸'一组、'甄建坚'一组吗? 有[i]介音的字有一个趋势,要拿有[i]介音的字作反切上字;何以有[i]介音的字没有这种趋势? ……所以反切上字的分组趋势对四γ等有[i]介音的说法是不利的。""就声韵配合的情形来说,三α等的介音是弱的前颚介音[i̯],能跟前颚音章[tś]

---

① 《古音说略》,《陆志韦语言学著作集(一)》8页。
② 同上,4页。

组配合；四γ等的介音是强的前颚介音[i]，何以不能跟章[tś]组配合？三β等也不跟章[tś]组配合，可是三β等的反切上字分组趋势跟三α等一样；四γ等的反切上字分组的趋势既然跟一二等相同，又都不跟前颚音章[tś]组拼，这一点也跟四γ等有[i]介音的说法不利。"①

丙，对音变规律的解释不同于高氏。高本汉拟音时对某些音变规律的看法，被后来的学者所反对。高氏构拟全浊声母为送气音的重要理由是全浊声母平声字在现代方言里读送气清音，认为不送气的浊音不可能变成送气清音。李荣认为，这并非一个定律，古印欧语的d就变成古日耳曼语的t'，是不送气浊音变送气清音；其变化途径大概是不送气浊音先变为送气浊音，再变为送气清音（如 g → g' → k'）。

丁，运用方音材料的角度不同于高氏。高氏以方言为证，认为吴方言的全浊声母送气，是古代送气音的遗迹。李荣反驳说：浊塞音、塞擦音在吴语是送气音，在湘语是不送气音，不能在二者之间有所取舍，吴语不能支持送气说。邵荣芬则指出，吴语的"浊送气"不仅出现在塞音或塞擦音的后面，同时也出现在擦音、鼻音、边音等"通音"的后面，同一个声母出现于阳调时，后面有这个送气成分；出现于阴调时，后面没有这个成分；它是后起的，在声调分化为阴阳之后，受阳调的影响产生的。这个成分和韵母的关系比和声母的关系更为密切，与其说它是声母的特征，还不如说它是韵母的特征。②

李荣纠正"j化"的理由有：(1)方言里完全找不到所谓喻化的痕迹。如见母字在广州话都读[k]，分不出喻化不喻化；在北京话分别读[k]和[tɕ]，是以今音的四呼洪细来分，在开口、合口之前读[k]，在齐齿撮口之前读[tɕ]，和喻化不喻化无关，读[tɕ]的既有高氏拟作喻化的三等字，也有不喻化的二等、四等字。(2)在日本、朝鲜、越南的汉字音里，没有喻化与不喻化的区别。

戊，用了高氏没有用到的方音材料。由于汉语方言研究在前进，发展水平超过了高本汉所处的时代，有了更丰富更精确的方言记音。

陆志韦证明四等字没有i介音时用了暹罗语（泰语）的证据："仙三

---

① 《切韵音系》112页。
② 《切韵研究》87—88页。

等于暹音有作 ien 者,先四等有作 en 者。"①如"坚千片扁燕"等,陆氏认为,这些虽不能肯定为确凿证据,但胜过朝鲜音。

邵荣芬论证全浊音不送气,用了湖南城步苗族自治县的苗族所说的汉语方言、贵州锦屏县一些地方的苗族所说的汉语方言为证;也用了汉藏语系的语言为证:"在这些语言里,凡是只有一套浊塞音或浊塞擦音的这套只有都不送气。"②

以上是构拟《切韵》音系的大致情形。关于这一项拟测工作,有以下几个问题应该讨论。

首先,拟测汉语古音的路子跟西方语言的拟测有很大不同,它不是对未知的古老语言的"重建"而是对已知的音类系统进行"诠释"。单纯的历史比较法是从已知的若干后代语言推测出它们的"共同祖语",这共同祖语是一种没有文献记载的、人们对它无所知晓的"原始语"。这种构拟,需要完全依赖于后代的语言,整个原始语的框架系统都必须是构拟出来的,构拟的结果是否合理,只用活语言来检验,如果跟后代语言的对应关系符合规律了就算成立。而汉语的构拟不是这样,汉语的古音音值虽然没有保留下来,但是它的音类有文献的记载,或者是能够从文献中考证出来。音类框架不是凭借拟测决定而是凭借文献研究得到,音值的拟测是对音类的说明。为音系框架拟测音值,就好比给一个代数式里填上数值。自周秦以后的古音构拟都是这样一种性质。这样的拟测,每一个音值是否正确,不仅要在音变规律上讲得通,还必须合乎音类的内部系统,要合乎它在系统内的位置,合乎它跟内部其他音的分布对比关系。音类的系统对于拟测提供了很大的方便,减少了拟音的主观任意性,提高了拟音的可靠性。这是汉语史研究的优势。高本汉从一开始就走了这样一条正确道路,这是他和后来者取得成功的主要原因。

高本汉拟音的成功,也说明了他在方法上的正确与合理。后人对高本汉的评价很高,有人说 20 世纪的中国音韵学是"高本汉时代",足见他的影响之大。后人在拟音方面的修订,主要是利用了更多的材

---

① 《三、四等与所谓"喻化"》,《陆志韦语言学著作集(二)》,503 页。
② 《切韵研究》88 页。

料,以及审音的深化,至于方法与原则还是跟高氏一致的。有些修改是运用了别的方法,如梗摄、曾摄韵尾的改拟,用的是内部拟测方法,那是由于学术研究总需要多种方法的互补,不是高氏的方法有什么大问题。历史比较法的固有疵瑕,在古代汉语的拟测中并没有放大。

其次,评价《切韵》拟音系统又涉及对《切韵》性质的认识。关于《切韵》的性质,向来有多种看法,主要的是单一音系还是综合音系的分歧。"单一音系说"者认为《切韵》代表了一时一地之音,"综合音系说"者认为《切韵》音系是将多个方言的语音特点甚至某些古代音都综合在一起组成的系统。音系性质不同,拟音的意义也是不同的。有人认为,对于一个综合性的音系,拟测音值是不可能也没有必要的。我们认为,即使是综合的音系,拟音也是必要的而且是能够做到的。从必要性说,《切韵》音系代表的虽然不是一个单纯的系统,但它记录的是汉语的几个方言,而不是几个不同的语言。那些汉语方言在语音上有不同之处,更有很多相同之处。现代多数方言的音系之所以能够把《切韵》作为来源,我们之所以把《切韵》当作现代多数方言的共同祖语,就因为它的综合性,现代方言的直系祖语已经被包含在这个系统内了。拟测出的内容,不是当时每个方言全都具有,可是每个方言可以具有其中的一部分或者大部分。这样的综合系统可以充当现代每个方言的祖语,而且是最可靠的祖语,对于解释汉语的发展有着不可替代的作用。因此拟测一个综合系统,它的价值并不小。再从可能性说,这个综合系统也是依据当时的实际读音来区分音类的,不是脱离实际的;它所记录的实际读音发展到现代,血脉传承,或者保留着原貌,或者留下痕迹,我们根据这些线索推求当时读音,于情于理均无不合。拟出的音值,有些是各方言共有的,有些只在个别方言中存在,但都是现实的。一个方言中现实的音,也可能在更古老的时候存在于另一个方言。总之,综合音系的拟测也同样是有其必要性的而又有可能性的。

三、汉语方言原始音系的构拟

汉语古音的构拟,在主流音韵学界一直是先根据古代的韵书确定音系框架,或者先从其他文献考订音类框架,然后再拟测音值。到了20世纪60年代,西方一部分学者想另辟蹊径,尝试在完全不凭借古代韵书的情况下,为某些方言构拟原始形式。他们的设想是,中国东南地区的方言不能从切韵音系解释其演变,它们不是从《切韵》音系分化出来的,可以完全抛开《切韵》,只用现代方音来拟测那些方言的原始形式。沿着这一思路,有人拟测了原始粤语、原始吴语、原始闽语、原始客家语等。其中美国学者罗杰瑞(Jerry Norman)的原始闽语拟测具有代表性。

罗杰瑞以现代福建方言为根据,全面地拟测了"原始闽语"的声母、韵母和声调。他估计所拟测的原始闽语的时代大约跟《切韵》同时或早出几百年。下面只谈他的声母拟测以及人们对他的评价,从中可以看出他的拟测方法。

罗杰瑞发现,《切韵》的一个声母在某些福建方音里有不同的读法,如果把这些不同读法看作同一声母的分化,就缺乏语音条件;只有假定这些现代声母本来就有不同的来源,才能解释为什么会有这种不同。另外,有些字的声调似乎也有点特别,而汉语的声调的演变常常是跟声母联系的,声调特别的那些字也要从声母上找原因。于是,他给原始闽语拟测了一个比较复杂的声母系统,跟《切韵》的声母系统相比,这个声母系统有以下几个特点:

A. 不仅清塞音、塞擦音有送气与不送气的对立,浊塞音和塞擦音声母也分成送气音(b'、d'、dz'、dʐ'、g'等)和不送气音(b、d、dz、dʐ、g等)两组;

B. 无论清、浊,塞音和塞擦音声母里都有一组弱化音(-p、-t、-ts、-tɕ、-k 和 -b、-d、-dz、-dʐ、-g);

C. 牙音与喉音各有一个浊擦音声母(ɣ 和 ɦ)形成对立;

D. 鼻音、边音声母分为浊不送气(m、n、ŋ、l等)和清送气(m'、n'、ŋ'、l')两组。

第七章 历史比较法

现在看一下他的拟测思路。

甲,浊音送气与不送气的对立

古代的全浊塞音、塞擦音声母在现代闽方言里都成了清声母,清化后大部分读送气音,小部分读不送气音。摘例如下(举例中省略声调符号,下同):

	爬	皮	瓶	茶	啼	长	骑	床	树
厦门	pe	p'e	pan	te	t'i	tŋ	k'ia	ts'ŋ	ts'iu
福州	pa	p'uei	piŋ	ta	t'ie	touŋ	k'ie	ts'ouŋ	ts'ieu
建瓯	pa	p'yɛ	paiŋ	ta	t'i	tɔŋ	(kyɛ)	ts'ɔŋ	ts'iu
建阳	pa	p'u	vaiŋ	ta	hie	lɔŋ	(i)	t'ɔŋ	ts'iu
邵武	p'a	p'ei	p'en	t'a	t'i	t'oŋ	k'i	t'oŋ	tɕ'y

哪些字送气,哪些字不送气,各地基本上一致。邵武话里都读送气音,但是声调分派不同:别处不送气的字,邵武话按照一般调类的分派规律演变;别处读送气音的字,邵武话就特别了,古平声和入声字读成入声,古去声字读成阴去。罗杰瑞认为邵武话里声调的分化也反映了声母的不同来源,因此,原始闽语的声母系统内,浊塞音、浊塞擦音应该有送气音和不送气音两套。

乙,弱化声母

前文所列全浊音例字里,"瓶""长"在建阳话的声母不跟别处一样读塞音 p、t,而是读 v、l,此外别处读 k' 声母的"骑"在建阳话里读零声母。这些字的声调也跟阳平字不同,罗杰瑞称之为"第九调"。建瓯话里这些字也不读阳平而读成上声。罗杰瑞认为这些字的声母应不同于其他浊塞音声母,因为 v、l 和塞音、塞擦音相比,具有弱化的性质,罗氏即拟测原始闽语有弱化的浊塞音声母。

不仅浊声母,在清声母里也有类似的现象。古汉语全清声母字在闽方言有读 v、l 及零声母的,如"发""飞""转""狗"在建阳话分别读 voi、ye、lyeŋ、eu,声调也不是阳平;这些字在建瓯话里的声调也读上声,邵武话中平、上、去、入声字"飞""转""戴""发"的声母送气,平声字"飞"和入声字"发"的声调还成为上声。罗杰瑞认为这些字的特殊声母音值和声调分派都反映它们的声母有独自的来源,因此拟测了清声母的弱化音。

丙,鼻音边音分清浊两套

罗杰瑞注意到,古汉语里的次浊声母在闽语有特殊的音值。一是闽北话里少数来母字声母有 s 的读音,如"螺"字建瓯话读 so,建阳话读 sui,邵武话读 soi,建瓯话"卵"lua文/sɔŋ白;二是闽南话中明、泥、日、疑声母的少数字声母有 h 的读音,如厦门茅 hm̩、耳 hī、蚁 hiã,潮州年 hī。此外,上述次浊字的古平、入声字在邵武话读入声,如猫 mau、目 mu;去声字在福州话里读阴去,如面 meiŋ。罗杰瑞根据它们的声母音值和调类分派的特殊性,推断原始闽语中的鼻音边音声母除了浊不送气音 m、n、ȵ、ŋ、l 之外,还有一组清送气音 m'、n'、ȵ'、ŋ'、l',形成对立。

丁,舌根浊擦音与喉浊擦音的对立

古汉语匣母和部分于母(喻三)字在闽方言的读音相同,音值或为 x,或为 h。如厦门话"豪"ho,"远"uan文/hŋ白,福州话"喉"uɛx文/xɔ白,"雨"y文/cux白。闽北的建阳、崇安等地兼有 x、h 两个擦音,如建阳话"下"xa文/a白/ha白,"雨"xy。罗杰瑞认为,如果说 x 跟 h 是从同一个声母分化来的,则缺乏分化条件,应该拟测它们有不同的古声母分别作为来源。所以构拟了两个浊擦音 ɣ 和 ɦ。

他所拟测的原始闽语声母系统如下:

p	t	ts	tɕ	k		b	d	dz	dʐ	g
p'	t'	ts'	tɕ'	k'		b'	d'	dz'	dʐ'	g'
-p	-t	-ts	-tɕ	-k		-b	-d	-dz	-dʐ	-g
	s	ɕ	x	ʔ		m	n	ȵ	ŋ	l
	z	ʑ	ɣ	ɦ		m'	n'	ȵ'	ŋ'	l'

从理论上说,罗杰瑞的拟测完全符合历史比较法的原则。闽方言内部存在较大差别,具有进行比较的条件;他掌握的材料也是很丰富的,所关注的特别现象都是真实的;推理严密细致,合乎音理,似乎是无懈可击。但是,由于西方本色的历史比较法自身存在的局限,罗杰瑞的拟测却不怎么成功。后来有许多学者指出了他的重大失误。概括起来,人们对他的批评集中于以下几点。

其一是孤立地看待方音现象，眼光只限于闽方言，没有跟其他方言结合起来，因而也就不能准确判断共性与个性。罗杰瑞当作拟音根据的那些现象，其实不仅存在于闽方言，也在其他方言中存在。(1)关于全浊音送气与不送气两套的对立，王福堂指出，四川永兴的"老湖广话"全浊塞音塞擦音就有对立；安徽徽州方言古浊声母清化后塞音塞擦音大多数送气、少数不送气，两者也对立，如休宁话"提 te≠啼 t'e""投 tiəu≠头 t'iəu""弹 tɔ≠檀 t'ɔ"。(2)关于弱化声母，王福堂指出，声母的弱化现象不是闽方言特有的，历史上重唇音变成轻唇音（帮组分化出非组）就是一种弱化；现代不少南方方言可以见到塞音、塞擦音声母的弱化，江西永新话的 p、p'、t、t'、k、k' 有的就变成 v、l、ø ~ ʋ，如"把"va(p→v)，"步"vu(p'→v)，"点"liã(t→l)，"团"lõ(t'→l)，"间"ã(k→ø)，"口"æy(k'→ø)；湖北崇阳话的 b'、d' 与 β、l 成为自由变体，如"盘"b'uɣ→βuɣ，"道"d'ao→lao。各地的变化结果是相同的，唇音变成 v 或 β，舌尖音变成 l，舌根音变成零声母。(3)关于来母字读 s，在湖南泸溪乡话里有类似现象，来母字虽然没有变到 s，但是已经变成浊擦音 z，如"来 zɛ""梨 za""漏 za"。

不能够从整个汉语的大背景下观察方音性质，不能够准确认识音变的性质，从根本上就动摇了拟测的可靠性。把原始闽语构拟成跟《切韵》音系有重大不同的一个系统，理由就是现代闽方言具有不同于其他方言的特色；如果被当作特色的这些现象并非闽音所特有，而在别的方言也出现，那么，以此为根据的拟音就失去了基础。

其二是把某些音类的来源简单化了。罗杰瑞构拟舌根音浊擦音 ɣ 与喉音浊擦音 ɦ 的对立，是由于古汉语匣母字和于母字在现代闽方言里都有读 x 跟 h 的。他所举的例字都是匣、于两母的字，从他的分析看，他是把这两个现代声母都当作古汉语匣、于的字，拟测两个原始闽音声母，正是为了体现闽方言的独特性。但是，他的材料是片面的。王福堂指出，从建阳、崇安方言的情况看，现代 x 声母的来源是晓、匣母，而现代 h 声母的来源要复杂得多，如建阳话 h 声母大部分来自古汉语舌音透、定、彻、澄诸母：他 ha、替 hai、退 hui、桃 hau、头 həu、啼 hie、撑 haŋ、超 hiɔ、丑 hiu、澄 haiŋ、虫 hoŋ、杖 hioŋ；也有来自唇音滂母和并母的：帕 ha、破 ichoi、品 hɔiŋ、屁 hy、稗 hai、鼻 ichoi、皮 hui、被 hui；此外还有崇母、心母、溪母等，来自匣、母于母的只占一小部分。显然罗杰瑞忽略了这种事实，才专门往牙喉音方向拟音。

其三是未能区别语音的不同层次，对历史音变的成因有些错误的理解。在罗氏看来，前述几种方音现象都是从原始闽语发展来的，在原始闽语时代就具备了分化的条件，经过内部的自然变化成为现在的状态。这一观念引起的失误有：音理判断的错误；音变时间判断的错误；还把一些外来影响下出现的变化当作了自身的变化。

音理判断出现错误，就不能准确看待音变的原因。以鼻音边音的清浊两套拟音为例，罗杰瑞以为闽方言把来母读为 s、明泥日疑母字读为 h 是原始闽语的"清送气"鼻音边音变来的。王福堂结合其他方言的同类现象作了分析，认为真正的原因不是清鼻音、边音"送气"成分。来母字读为 s，是边音的"擦音化"，其变化过程应该是 l→z→s。鼻音明、泥、日、疑母字的声母读 h，是一种从鼻辅音向口辅音的转化，鼻音声母在"气化"后失去鼻音成分，就成为清擦音 h。

对音变时间判断的错误，是把发生比较晚的后起变化看成很早发生的变化。学者认为，前文提到的几种方音现象，即声母的弱化，浊塞音、塞擦音清化后出现一部分送气音，次浊声母变擦音，送气塞音变擦音，都是比较晚出的，不是原始闽语的遗留痕迹。王福堂指出："闽北话声母的弱化完全可能也是近期才产生的音变，不需要归因于原始闽语的弱化声母。"[①]关于次浊字读擦音声母的问题，王氏认为："它不是原始闽语时期特殊声母演变的结果，而只是一种近期的鼻辅音向口辅音的音变。"[②]

罗氏没有注意到有些特别语音现象不仅是后起的，而且并非本方言内部自行发生的变化，是受了外部方言影响才发生的。如古汉语全浊声母在邵武话清化后有些读送气音，声调也同时改读入声，王福堂认为，这是受江西的赣方言影响而出现的，是一种小称变调形式，属于语法层面的音变，和语音的历史演变无关，更不是罗杰瑞所说的是"闽

---

① 《汉语方言语音的演变和层次（修订本）》，语文出版社 2005 年，130 页。
② 同上，145 页。

语独具一格的特点。"

王福堂从语音构成的不同层次对罗氏所用的一些材料作了深刻分析。他指出:"其他闽北话中一个古调类有几个调值的现象也见于清平、浊平、浊去等字。……实际上闽北话中这些普遍存在的一个古调类有多个调值的现象是可以从方言中存在声调层次这一角度去理解的。""建瓯话清浊声母字的声调大多有调类分化合流所形成的不同层次。""对建阳话和石陂话的声调作同样的处理,也可以归纳出大同小异的层次,和建瓯话的声调相对应。""如果排除方言中声调层次和不同古声母来源相联系的设想,则可以考虑这一层次与吴方言的影响有关。"①

综上所述,罗杰瑞对原始闽语的构拟虽然很有积极意义,但失误严重,基本上是不成功的。这种单纯从现代语言材料为出发的构拟路子,真正贯彻了"本色"的西方历史比较法,这项工作的失误,也恰恰由于历史比较法的固有缺陷。该方法的主要缺陷有:无法区分所用的语言材料中哪些是不反映古代语言的后起现象,哪些是真正体现语音历史变化的现象,若把后起现象当作了构拟古音的根据,拟测就走入歧途;这种方法的又一缺陷是忽略语言(方言)之间的互动关系,总是把语言的演变看作是自足行为,似乎语言的演变就只有分化,分化之后就在封闭的状态下自行发展,而不考虑语言间特别是方言间的互相影响互相渗透,这样就会把外来的语言现象看作本系统内的音变结果,构拟的结果就可能远离原始语言的本来面目。

历史比较法还有一个先天性的缺陷,就是拟测结果时间上的不确定性,即所拟测的结果究竟属于什么时代,可能并不十分清楚。时代越久远,问题会越多。也许所拟测的某些声母是三千年以前的,而另外某些韵母是二千年以前的,把它们凑在一起组成一个系统,并不能真正代表某一时代的真实系统。

可见,构拟古代汉语音系,无论是共同语还是原始方言,脱离了《切韵》音系都是不可取的。《切韵》音系作为一个包容多种方言特点的

---

① 《汉语方言语音的演变和层次(修订本)》132—134页。

综合系统,是拟测各原始方言的主要参照物。若因为闽方言有些特点无法从《切韵》音系得到圆满解释,就把闽方言看作一个独立发展的系统,这是不对的。事实上,每个汉语方言都有一些现象不合乎《切韵》音系,比如北京话,古代床母、禅母的关系就是混乱的,庄组字在现代也有些读成精组,都不能够从《切韵》音系的演变来解释,但不能因此就否认《切韵》作为祖语的作用。其他方言也应该同样看待。

张琨认为:"构拟古闽语的目的在于说明闽方言与其他汉语方言的关系,《切韵》是衡量汉语方言演变的最好的工具,通过《切韵》可以把闽方言与其他方言联系起来。"[①]又说:"利用《切韵》的音韵类别作间架来掌握闽方言的音韵历史,虽然不免有些例外难以解释,还勉强有线索可寻。要是完全放弃《切韵》,就根本无法驾驭这堆方言材料了。"[②]他还直接批评罗杰瑞:"运用现代方言的材料研究汉语史一定要参照《切韵》,但是又不能完全拘泥于《切韵》。完全抛开《切韵》是不对的。罗杰瑞写了一篇原始闽语的韵母系统的文章,完全不管《切韵》,忽略闽语中的文白异读,这是不对的。……完全抛开《切韵》,一定会把汉语的历史搞乱,甚至会得出现代汉语的各个方言历史上不同源的荒诞结论。"[③]罗杰瑞对原始闽语的构拟没有成功,是国内汉语研究者比较一致的看法。

四、上古和远古汉语构拟中的方言比较

现代大多数方言的语音类别都可以从《切韵》音系找到来源,能够往更古老的时代追溯的内容比较少。自高本汉以后,多数学者认为现代方言不适用来构拟上古音,于是大家把内部拟测法作为上古音拟测的主要手段,这是明智的选择。

全面地比较现代方言构拟上古音的方法行不通,零星地利用某些方言读音来证明上古音还是可以的。有些学者做了这方面的尝试,其

---

① 《论比较闽方言》,《史语所集刊》第五十五卷第三分,416页。
② 《再论比较闽方言》,《史语所集刊》第六十卷第四分,829页。
③ 《张琨教授谈汉藏系语言和汉语史的研究》,《语言学论丛》第十三辑,247页。

结果各不相同,有的可信,被学界接受下来;有的不可信,被学界否定。

比较可信的,如林语堂把闽方言中有重唇p类音而没有分化出轻唇音、有舌头音t类音而没有分化出舌上音这些特征看作古音的保留,符合钱大昕关于"古无轻唇音、古无舌上音"的结论,就被公认为定论。

不可信的,如梅祖麟以某些方言读音为证据支持蒲立本的"上声原有喉塞音韵尾"说。他认为,温州、浦城、建阳、定安、文昌等地的上声字有喉塞音韵尾,是古音的保留。丁邦新对这一论证予以反驳,指出方言中有的上声字带有喉塞音韵尾成分,总是跟特定的调值关联着。"海口、万宁、澄迈的上声字因为低降调的关系,有一个附属的喉塞音。""因为降得太低,所以产生一个喉塞音。建阳、定安、文昌都是偏低的上声调,情况非常相像。"①此外,有的方言里非上声调由于是低降调也带有喉塞音,如崖县的军话,阳平调是21,也收喉塞音韵尾。徐州话里阴平调是低降升调,听起来也有喉塞音或喉头紧缩的作用。丁氏认为,这些方言里的喉塞音韵尾都是后起的现象,难以推到上古去。

可见,梅祖麟的失误是把方言中的后起现象当作了古音遗迹。用方言进行历史比较所需要的是从古代"共同祖语"发展下来的同源成分,要排除的是方言中的后起成分。方言的发展过程是复杂的,若把看上去有些特殊的现象都当作古音的保留,那就犯了历史比较法的大忌。

张琨用历史比较法研究汉语古音有他的独家特色。他用古代的方言推论远古汉语的音系,其方法值得一谈。

张琨把《诗经》时代以前的汉语古音称作"原始汉语"或"前上古汉语"。构拟这一时期音系的方法,是内部拟测法和历史比较法相结合。内部拟测法是通过分析《诗经》时代的拟音系统,从结构特征上推论更早期的音系。这一方法在本书第八章有介绍。历史比较法是用中古以前的汉语方言作材料,分析原始汉语的语音现象。

张氏主要从《诗经》音系、《切韵》音系以及汉魏晋南北朝诗韵这三类材料的对比中寻找古代方言差别。他认为,汉语的方言差别自古就

---

① 《汉语声调源于韵尾说之检讨》,《丁邦新语言学论文集》,商务印书馆1998年,97页。

存在,《诗经》的押韵代表周朝的雅言系统,它是以黄河中游地区的北方方言为基础的,不是现代各个方言的祖宗;当时就存在着南方方言,其面貌没有在文献中记录下来。后来的汉语方言差别是南北方言平行发展的结果。他大致上是把《切韵》音系看作一个包罗南北方音特点的综合体系,"代表的是公元601年以前若干百年不同地区的方言"。其中最可注意的是南音成分,他认为《切韵》里边所包含的南方语音系统是从《诗经》音系以外的古方言独立发展下来的,里边体现着原始汉语的成分,这些特点是《诗经》系统未能反映的。张氏还认为,不同地区的方言曾在不同的时代占有优势地位并曾被用作文学语言,周、秦、汉代的文学语言的基础是北方方言,而在齐梁时代是南方方言,唐、宋、元、明、清复以北方方言为基础,魏晋宋时期是个过渡阶段。

以下是张琨举出的一些古方言差别的例子。

大多数汉代诗韵显示"侯""鱼"两部合流,汉以后又再度分立,这种合而又分却没有任何语音理由的现象未免不可思议,其实侯鱼合流是个区域性现象。

《诗经》的 jug(侯部三等,属《切韵》虞韵的字)跟 jag(鱼部三等,属《切韵》鱼韵的字)在南北朝诗人的作品里的押韵行为不同:属于"北方传统"的全部合用,而属于"南方传统"的唇音字和圆唇舌根音字合用,其他声母的字分用。①

《诗经》与汉代同在 -jən(文部)的文、欣两韵的字,在南北朝时期分为两系,这是-jən/t与-jun/t的区别,在原始汉语就存在,"在长江下游一带,*jən/t、*jun/t的区别自古一直保存下来。"②

《切韵》元韵在《诗经》时代属于元部,跟仙、寒类韵同在一部;齐、梁、陈、隋时期"言"类字跟魂痕相押,这是由于受南方方言影响的结果。③

张氏认为,古代方言这些差别都得从原始汉语来解释,即这些方言差异不是《诗经》以后分化而成,而是来源于原始汉语。他拟测的原

---

① 《汉语音韵史论文集》58—59页。
② 同上,63页。
③ 同上,86页。

始汉语要包容各种差别,就成为一个分类细密的韵母系统(参见本书第八章)。不过张氏又说:"把原始汉语设想成一个语言,后来分裂为方言群,例如先分裂成原始吴语、原始闽语等等,然后再分裂为各个方言。这是荒谬的假设。早期汉语的方言必定比今天更为复杂,一个小的相当孤立的部落必定有它自己的语言。后来由于科技的进步,人口的繁殖,语言接触的机会增多,也越趋向频繁,方言越来越加感受到标准语统一的影响力。因此,我们的原始系统不是一个历史上的语言,而是一个假想的对立系统,要用最简单的、最合乎语言实际的办法来解释已知的历史文献上的记录。"①

对于张琨的拟测方法,有以下这些问题值得讨论。

首先,古代汉语存在方言差别,这一点应该是可以肯定的。《颜氏家训·音辞篇》就有"九州之人,言语不同,生民以来,固常然矣"的观念,现代学者对此不存在多少疑问。有了方言的差异,也就具有了历史比较的条件。张琨以汉魏六朝的南北方言为分析对象,上推更古老的原始汉语,方法上是完全站得住的。

张氏对于《切韵》性质的认识也是正确的。《切韵》是包容不同方言音类特征的综合性音系,由于颜之推、萧该二人是由南入北的学人,而他们在论定《切韵》大纲的时候又"多所决定",那么张琨所说《切韵》系统中南方音占有相当的比重,也在情理之中。

张氏对南北朝押韵特点的看法也很有道理。他说:"南朝的文人诗韵也不能反映南朝人们说的活语言,只能代表一种同时反映南北方言特点的书面语的传统。"②笔者也认为南北朝时期的韵部系统不是简单的南渡官话,而是折中南北方音的复合系统。这在本书第一章谈过,此处不再赘述。

张氏构拟原始汉语的思路从总体上可以是肯定性的评价,理论上完全站得住。但是他的论证方式还有一些疑义,有待于进一步推敲。

关于汉代鱼、侯两部的分合,张氏采用罗常培、周祖谟的说法,认为汉代大多数地区两部已经合流,个别地方有分别。据后来邵荣芬、

---

① 《汉语音韵史论文集》90页。
② 《张琨谈汉藏系语言和汉语史的研究》,《语言学论丛》第十三辑,240页。

王力等人的观点,汉代鱼、侯两部并没有真正合流、只是合用较多而已。这一条作为古代方音差别的例证,需要重新考虑。

关于南北朝时期元韵脱离仙寒类韵而合并到魂痕,张氏认为这一现象起源于北方的某一方言,曹魏皇室可能操这种方言。曹丕的诗歌里"言"(元)跟"存"(魂)相押,"翻"(元)跟"臻"相押;曹植的诗歌里"言"跟"存"相押,"论"(魂)跟"焚"(文)相押。"这种非《诗经》类分发展,是4世纪从北方带到南方的。"①我们认为从两个方面看起来这个问题要打问号。其一,汉末三国时期,等韵臻摄字跟山摄字混押的情况比较多,不限于元韵和韵痕韵,这恐怕是汉人用韵宽泛的时尚的一个表现,跟后来南北朝的元韵归魂没有直接联系。其二,根据学术界普遍的看法,魏晋时期的"通语"还是以洛阳一带的北方话为基础方言,东晋朝廷并且把这一通语带到江南。在这个历史阶段上没有发生什么事件能够引起共同语的改变,曹魏皇室不大可能让语言也来个改朝换代。所以,"元韵归魂"这一现象还是要看作古南方方言的现象,不是从北方带到南方的。

张氏所拟测出的原始汉语的音系性质也有讨论的余地。张氏不认为汉语各方言有一个共同的祖宗,说"把原始汉语设想成一个语言……是荒谬的假设。"拟测这样一个假想的系统,只是为了"解释已知的历史上的记录"。因此他的拟测原则也是"从分不从合",凡是后代的古方言差别都要在这个假设系统里体现出来。如果我们站在实际语言的立场上,不妨说这个系统乃是一个汉魏晋南北朝时代方音特点的"集合体",其综合性质跟《切韵》音系没有多少差别,说它是原始汉语也行,说它是中古汉语音系的混合物也可。

五、汉语与亲属语言的历史比较

1. 汉藏语的历史比较与汉语古音研究的关系

汉语所属的语系是汉藏语系,或者叫藏汉语系。汉藏语系各语言

---

① 《汉语音韵史论文集》87页。

第七章 历史比较法

的历史比较有助于汉语古音的研究,这一点应该是没有疑问的。不过目前汉藏语系的总体研究水平能够在多大程度上对汉语史研究发挥作用,人们的看法是不一致的。有人对这方面的研究评价颇高,把一些假设看作定论,认为汉藏比较已经解决了汉语上古音的拟测问题;而很多学者还是抱着审慎的态度。

高本汉在1928年写的《上古中国音当中的几个问题》一文中说,研究周朝的汉语读音,有四种主要方法,"这里头最要紧的恐怕是中国以外的各种支那系语言的比较的研究。可是要作这种研究,现在的时候还不能算成熟。那些T'ai语(就是暹罗的语言)跟那些西藏缅甸语先得彻底的研究好了,用比较的方法把它最古的音考定了,然后拿它们来研究中国语言才有用处。"①

此后的大半个世纪内汉藏语系的研究有了长足的进展,无论是这个语系内每种语言的单独研究,各语言之间的比较研究,以及通过不同语言材料的比较来构拟汉语上古音,都有人做过大量工作。那么,这些研究在汉语史学科中的作用达到什么程度了呢?我们看几位著名学者的评论。

李方桂1971年出版的《上古音研究》中说:"汉语与别的藏汉语系的语言的比较研究,这是将来发展汉语上古音的一条大路,以前有不少尝试。……可是这种工作一直到现在还只是初步的,还没有十分肯定的结论。我们现在可以应用的也不过是少数比较可靠的例子拿来作上古音系的印证而已,还没有成系统的拟测汉语音系的原始汉语系统。"②

张琨于1983年的一次谈话中说:要建立原始汉语,"除了《切韵》以外,只有靠别的所谓藏汉语的方言了。可惜藏汉语的方言研究的程度有限,一时恐怕难以有显著的成绩……做这个东西是危险的事情,完全是猜想。猜想的东西很难使人相信。比方说,我们发表过一篇文章,讲'浓'和'稠',有很多所谓藏汉语的同源字,连我都不相信。……原始汉语究竟在什么时候能够整个地从汉语以外的材料中得到证明,

---

① 《史语所集刊》第一本第三分,345页。
② 《上古音研究》,商务印书馆1982年,5页。

看来还是渺茫的事情"①。

李荣在1984年一次座谈会上说:"至于汉藏语的比较,现在还处在'貌合神离'的阶段,看着藏文有点像,就凑上了。目前汉藏语的研究还在起步时期,我们不能过分苛求。要依靠汉藏语的比较来研究上古音,现在恐怕为时尚早。"②

以上几位学者的意见值得重视。他们都认可汉藏语系语言对于研究汉语上古音以及更古老的原始汉语的重要性,同时也都认为目前的汉藏语研究没有给汉语古音的研究提供很多可靠的材料,还不能把汉藏比较作为拟测汉语上古音和原始音系的主要途径。当今的汉藏语研究现状仍然没有超出他们所说的水平,还不能成系统地证明上古音或原始音。从汉藏比较构拟汉语上古音或远古音,能够看作定论的成果也还是有限的。

2. 汉藏语系研究中的几个问题

汉藏语的比较能够在汉语史研究中起多大作用,跟这个语系的总体研究有很大关系。学者们在这个领域内做了大量工作,但存在的问题也相当多,多年来这一研究领域一直是个聚讼纷纭的地方,在语系范围、系属划分标准、同源词与借词的区别等问题上的一直有争议。

(1) 汉藏语系的范围及支系划分

汉藏语系这个概念是19世纪初西方学者提出来的。他们比照着印欧语系,设想汉语与周围一些语言具有发生学上的同源关系,属于一个语系。至于这个语系包含着哪些语言,语系内部分出哪些语族,则有过好几种说法。

早期的研究者所讲的汉藏语系分作两支:东部的"汉台语群",以汉语和台语为代表;西部的藏缅语群,以藏语和缅甸语为代表。此外,有把西伯利亚的叶尼塞语算在里边的,有把孟-高棉语算在里边的,有把高加索语算在里边的。这一时期的分类,正如李方桂在《藏汉语系研究法》一文所说的,还不过是在泛泛观察的基础上的粗略分类。

20世纪30年代,李方桂提出了汉藏语系分为四个支系的分法,即

---

① 《张琨教授谈汉藏系语言和汉语史的研究》243—244页。
② 《上古音学术讨论会上的发言》,《语言学论丛》第十四辑,商务印书馆1987年,5页。

分为汉语、藏缅语、侗台语(后改称壮侗语族)、苗瑶语。叶尼塞语等不再被包括在汉藏语系之内。这种四分法后来为中国大陆学者沿用。

美国学者白保罗(Benedict,P.K.中文名亦作本尼迪克特)和马蒂索夫(Matisoff,J.)所提出的对汉藏语系的范围和分支划分法跟李方桂有很大差别。他们把壮侗语族和苗瑶语族排除在汉藏语系之外,认为汉藏语系只包括汉语和藏-克伦语两大分支,藏-克伦语下分藏缅语和克伦语两支。这一主张最早在40年代形成,到70年代由于《汉藏语言概论》一书的出版而产生很大影响。

20世纪后期,沙加尔、邢公畹等又有新的主张,认为不仅苗瑶语、壮侗语还要算在汉藏语系内,而且连以前所说的南岛语系也要划入同一语系内,这样一个大语系的名称叫做"华澳语系"。这个观点也有一定数量的支持者。

与古汉语音韵研究有关的一个问题是,同语系内哪一支语言跟汉语的关系比较密切?在主要的分类法中,汉语都被看作一个独立的支系,跟其他语族并列。早期的分类法中,把汉语跟台语的关系看得比跟藏缅语关系更近;后来的分类法则把汉语跟藏缅语的关系看得更近一些。白保罗把壮侗语族、苗瑶语族排除在汉藏语系之外,只承认藏-克伦语跟汉语有亲属关系,但是也认为汉语跟藏缅语关系疏远:"藏缅语和克伦语可以构成一个与汉语对立的上位语族(藏-克伦语族)。藏-克伦语和汉语的关系比较疏远,可与闪语和含语或阿尔泰语和乌拉尔语之间的关系相比。"[①]汉语跟其他语族的亲缘关系都比较疏远,能够确认的同源成分也很少,这对于历史比较是不利的。

(2)汉藏语系的分类标准

早期的研究者对于汉藏语系的认识相当粗浅,那时的系属划分不过是凭借着一些"泛泛的观察",甚至更可能把地理分布当作了语言归属的重要条件。自30年代以后,有了对多种语言的深入详细的调查,掌握的材料越来越丰富,分类的标准问题却随之逐渐尖锐起来。

当初提出汉藏语系概念时,是模仿了印欧语系的方法。但是印欧

[①] 《汉藏语言概论》,罗美珍等译,中国社会科学院民族研究所语言室1984年,1页。

语系的研究方法却不能套用到汉藏语言上。印欧语系的历史比较,既利用了同源词成分,更重要的还有语法形态上的严格对应,因此而有牢固可靠的比较基础。但是汉藏系语言的关系却复杂得多,尤其是多数语言缺乏语法形态,古典的西方历史比较法难有用武之地。西方历史语言学家一向重视形态的重要性,甚至认为只有形态的比较才是建立语系的可靠依据。如梅耶说:"可以作为确定'共同语'(按即原始祖语)和后代语间连续性的证据的,只有那些表示形态的特殊规则。""一种形态繁杂的语言,包含着很多的特殊事实,它的亲属关系自然比较容易得到证明;反过来,一种形态简单的语言,只有一些一般的规则,如词的次序,要找出有力的证据就很不容易了。""远东的那些语言,如汉语和越南语,就差不多没有一点形态上的特点,所以语言学家想从形态的特点上找出一些与汉语或越南语的各种土语有亲属关系的语言就无所凭借。而想根据汉语、西藏语等后代语言拟构出一种'共同语',是要遇到一些几乎无法克服的阻力的。"① 岑麒祥说,汉藏语系的研究远比不上印欧语系的重要原因之一,"就是汉藏系语言文字结构的特殊。印欧系语言多有很复杂的形态,我们无论在什么地方碰到一种这样的语言(例如吐火罗语),只要把它稍加诠释就可以认识到它的印欧语的面孔。汉藏系语言的形态多很简单,一部分语言并且是用象形文字的,声音不很显著,所以要加以比较就会感到特别困难。"②

形态比较法在汉藏语系难有用武之地,研究者就探索用其他特征作为这个语系的分类标准。

李方桂等人所用的标准是所谓类型学上的"同构关系",即语音结构类型和语法结构类型的共性。其中有:单音节性,即单音节词占优势为特征;声调上的一致性,即多数语言有声调,并且不同语言间的声调有对应关系;语法相似性,即缺乏形态变化、有量词、虚词是重要的语法手段、语序多有相同处;等等。

后来有的学者对类型学标准持否定态度或强烈的怀疑。他们认为,类型特征的相似性不能证明同源关系。世界各种语言的结构类型

---

① 《历史语言学中的比较方法》,岑麒祥译,世界图书出版公司2008年,26—27页。
② 《语言学史概要》,北京大学出版社1988年,195—196页。

是有限的,在发生学上毫无关系的语言也可以具有共同的类型学特征。非洲苏丹等地的一些语言,语音和语法上有跟汉语相似的特点:单音节词占优势、有声调、主要用虚词和语序表示语法关系等,没有人认为它们跟汉语是亲属语言。类型学上的相似性可以在互相隔绝的环境下分别独立形成,如单音节语言都可以独立地产生出声调。语言之间的深度接触影响也可以导致类型的趋同,如经过借用可以产生一套量词,语法的影响可以改变修饰语与中心语的位置,本来后置的修饰语改为前置。

否定同构标准后,能够作为语系划分标准的条件只有同源词。在这个问题上同样也是困难困难重重,让不少人大伤脑筋。

(3) 辨别同源词和借词的方法

汉藏语系很多语言都有不少相互借词,特别是有很多从汉语借入的词语。有的借词的借入时间很早,跟同源词难于区别,有人就给不同语言间音义对应的词起了个名称叫"关系词",以回避二者间的区分上的困难。但是要确定语言的亲属关系,却不能回避这两者的界限问题。由于不能凭借形态和类型来划定语系,只能用同源成分作为分类标准,就必须把同源词跟借词区分开来。于是学者们探索各种方法来解决这一问题。

严学宭提出:"划清民族固有词和借词的界限,大致可以采取如下措施。第一,排斥雷同、偶似和并存的语词。各民族语中的同源词经过长期发展变化,必有变异不合之处,故宜求其语音相似,雷同则多为借词,偶似如傣语的'地'din^1和布依语的'笑'ziu^1等,很可能是汉语借词。并存在现象如壮侗语族各语言有两套数字系统,则应排斥其中借用汉语的一套。第二,联系各民族社会发展的历史,把有关生产工具、生活用品和社会制度的借词一一删汰,各民族语不论早期和现代所借用的都有这类词汇。各民族语借用汉语词来不断充实、丰富和发展自己,本为符合语言发展规律的好事,但要发掘同源词,则须加以识别,不使相混。第三,存疑与汉语近似的词,待进行整个汉藏语系比较时,再予以确定。在民族语言中常有一类与汉语近似的词,仅是声母、韵母或声调有不一致之处。这类词目前尚难确定其为借词或同源词,暂宜存疑,留待以后解决。"①

邢公畹从同音字和同族词两个条件探讨同源词。他给自己的方法起过两个名称,一个叫做"深层对应",一个叫做"语义学比较法"。

邢氏《汉台语舌根音声母字深层对应例证》一文对于"深层对应"的定义是:"台语的一个字和汉语的一个字在意义上相同或相近,在音韵形式上可以对应,我们说其中有同源关系的可能性;若是台语有一组意义各不相同的同音字,也能各自和汉语的一组字在意义和音韵形式上相对应,我们就管它叫'深层对应',其中的同源关系大体可以肯定。"②在邢氏较早的一篇文章中,有表示这种对应关系的一套公式和举例。

用 C 代表汉语一个词形,用 T 代表泰语一个词形,用 M 代表汉语和泰语的词义,用":"代表两个单词对应关系,用括号"{"代表一组对应关系,这个公式写成下面的形式:

$$\begin{cases} CM_1:TM_1 \\ CM_2:TM_2 \end{cases}$$

对应词的例子如:

$$\begin{cases} \text{广州 }ɔ:n^1 < *^ʔan \text{ "鞍"}:\text{泰 }ʔa:n^1 < *^ʔ\text{- "马鞍"} \\ \text{广州 }ɔ:n^1 < *^ʔan \text{ "侒"}:\text{泰 }ʔa:n^1 < *^ʔ\text{- "吃"} \end{cases}$$

汉语的"鞍""侒"两字同音,"侒"义为"享宴";泰语的"ʔa:n¹"字有"鞍""吃"两个意义。邢氏的观点是:"汉语'鞍'字和'侒'字只是两个同音词,在意义上差距很大,其间不存在引申关系。如果泰语从汉语借去"鞍",没有必要也借去'侒'。现在泰语'马鞍'与'吃'是同音词,汉语'鞍'与'侒'也是同音词,这决不是偶然地巧合,而是可以用来证明汉台两语之间有发生学关系的现象。"③

关于"语义学比较法",邢氏的定义是:"语义学比较法是以音韵

---

① 《论汉藏语系同源词和介词》,《江汉语言学丛刊》第1辑,15页。
② 《邢公畹语言学论文集》511页。
③ 同上,484—485页。

学、训诂学为主要工具的研究汉藏语比较语言学的一种方法。这种方法是先求出汉语(例如以广州方言为代表)的一个字(当然是属于基本词汇的)的上古音形式,然后在台语(例如以曼谷话为代表的泰语及原始台语形式)以及藏缅语(例如藏文和缅文所保存的形式)里查找有没有可以和它相对应的字;如果有,我们再看汉语的这个字有哪些和它同音不同义的字,然后再查找这些同音不同义的字在台语以及藏缅语里是不是也都能对应;如果能对应,我们就可以得到一组多层对应的字群。在这个字群里,汉台语以及藏缅语的这些能对应的字之间的关系是发生学关系,不是借贷关系。"[①]这个方法用以下的公式表示(符号的含义跟上面的公式相同,小 s 代表"细微差别"):

$$公式\ A \begin{cases} CM_1 : TM_1 \\ CM_2 : TM_2 \end{cases}$$

$$公式\ B \begin{cases} CM_1 : TM_1 \\ CsM_2 : TsM_2 \end{cases}$$

例如:汉语"雀""爵"两字有语源上的联系;泰语的 tɕɔ:k⁷¹ 有两个义项:(1)麻雀,又称 kra²tɕɔ:k⁷¹,(2)祭祀用的高脚酒杯。这样,就有下列的对应式:

$$\begin{cases} 广州\ tsœ:k^{71} < *tsjakw\ "雀":泰\ tɕɔ:k^{71} < *tɕ\text{-}\ "麻雀" \\ 广州\ tsœ:k^{71} < *tsjakw\ "爵":泰\ tɕɔ:k^{71} < *tɕ\text{-}\ "高脚酒杯" \end{cases}$$

邢氏认为:"汉语上古音*ts 声母可以和泰语*tɕ-对应,汉语上古音药部字可以和泰语-ɔk 韵字对应","麻雀、酒杯两义相距很远,而汉台两语完全对应,决不是巧合;汉语的 tsœ:k⁷¹ 和泰语的 tɕɔ:k⁷¹ 的关系是发生学关系,不是借贷关系。"[②]

"深层对应"和"语义学比较法"事实上是同一套方法,同族词的对应也包含在同音词的对应里边。邢公畹后来也把两个概念合并在一起讨论。

---

① 《语义学比较法简说》,《语言学论丛》20辑,7页。
② 同上,8页。

从同音词和同族词的角度能否区分开语言之间的同源词和借词？有的学者持不同的看法。丁邦新认为："同音异义的字也可能一起借入另一个语言"，并引用陈保亚所指出的例子，西南官话中同音的"墨""麦""脉"三个字彼此毫无关系，但借入德宏傣语也是同音；改变的"改"和解开的"解"借入傣语也同音。丁氏又举出了英语跟汉语相似的词，比如："汉语的'设'是擦音声母，收-t尾，和英文的 set 很接近；正好'设定'和 setting 意义极近，语音也相当。显然英语的 set 和汉语的'设'没有同源关系，那么'语义学比较法'和'深层对应'的方法可能都有问题。"①

聂鸿音也对这一方法提出质疑，他说："甲语言的同音异义词借到乙语言中还是同音异义词，只要这些借词多到足够的数量，我们从中整理出多少条深层对应规则都可以做到。"②

按照丁、聂等学者的观点，音义对应的词既可能是同源词，也可能是借词。借词的数量比较多的时候，也能够在两个语言之间出现成组、成系列的音义对应，这类对应跟同源词的对应没有形式上的界限。这的确是"深层对应"所遇到的严重障碍。由此看来，"深层对应""语义学比较法"所比较出来的同源词，也还只是具有或然性的而不是必然性的结论。这一方法有待于完善改进。同源词与借词的识别问题，仍然是困扰着汉藏语学家的难题。

对于构拟上古汉语和远古汉语来说，同源词和借词的界限一时难于分清楚，并不是特别重要的问题。其他语言中借自汉语的古老借词可能保存着借入时的某些汉语音韵特征，同源词的读音也经历了变迁不再是当初的面目，它们都能够对构拟汉语古音有参考作用，但不是精确的指示作用，所以两者的价值大体是相等的。正如日本汉字音、朝鲜汉字音、越南汉字音在研究汉语中古音的作用一样，在用于研究汉语上古音和原始音的时候，藏缅、壮侗、苗瑶诸语族里跟汉语有关的"关系词"也都可以一视同仁。不过，此前的研究者从同源词角度进行比较的多一些，明确地用借词的比较少。可能是因为各语族里的汉

---

① 《汉藏系语言研究法的检讨》，《中国语文》2000年第6期，486页。
② 《"深层对应"献疑》，《民族语文》2002年第2期，2页。

借词的时代难以论定,不好说一个词的读音跟何时的汉语古音有关系。

3. 以"同源词"的比较构拟汉语古音

汉语跟同系语言之间没有形态可资比较,主要的比较内容就是同源词。学者都希望借助于汉藏同源词的比较来构拟汉语上古音或原始音系。但是运用这个方法应该首先解决的一个问题却没有解决,即建立对应规律。有了成系统的对应规律,就知道甲语言的 A 音在乙语言中必定是 a,或者是 a、b、c,而在何种情况下是 a,何种情况下是 b,何种情况下是 c,条件是明确的。反之,如果乙语言的 a 音对应了甲语言的 A、B、C 三个音,其间的对应条件也是明确的。有规律的语音对应是可以类推的,见到甲语言一个词,根据它的读音能够知道在乙语言里会有什么样的读音。汉藏语之间的比较就一直缺少这样的对应规律。李方桂早在30年代就很清楚地指出这个问题,他于1939年在北大文科研究所的讲演《藏汉系语言研究法》中,提到汉藏语系研究的成绩不能跟印欧语系相比,重要的差别就是没有建立起对应规律:"如果我们要问藏语的 t'- 在缅甸语应当是什么,在汉语应当是什么,在台语应当是什么,我们还不能给一个答案。"[1]李氏还用西门华德的汉语藏语同源词的比较来证明这一问题,西门的比较中,不论是声母还是韵母,都找不出对应的规律。这个问题过了几十年也还没有解决。到80年代,美国汉学家罗杰瑞仍然认为:"汉藏语的比较研究还很差。汉语和藏语的语音对应还没有搞得很详细,只有完成了这项工作,汉藏语的比较研究才能真正起步。""汉藏语的比较研究相对来说还属于初级阶段,两组语言的语音对应规则,由于缺乏足够数量的确实可靠的同源词,还不能加以总的、全面的叙述。"[2]

如果是为了研究上古汉语而进行比较,就应当把建立可靠的对应规律作为比较的前提。未能建立对应规律,很多所谓同源词就不一定可靠,进行比较就始终缺乏牢固的基础,总不能给人充分的信任感。尽管如此,在汉藏比较方面仍然有相当多的学者投入了很大的热情,

---

[1] 《中国语言学论集》133—134页。
[2] 《汉语概说》,语文出版社1995年,12页。

有一段时间几乎算得上热门。下面用两个例子来看这方面研究的基本思路。

一例是龚煌城根据藏文和缅甸语的分析,并综合以前一些学者的观点,认为汉语来母对应的藏文的r,喻母(喻四)对应的是藏文的l,据此可以修改李方桂拟测的上古音(李氏拟测来母为l、喻母为r)。下面是他在《从汉藏语的比较看上古汉语若干声母的拟测》一文所用的例字(表中汉语古音是李方桂的拟音,藏文、缅甸文用转写形式):

汉语l对藏文r:

	汉语上古音和中古音	藏文	缅甸语
六	*ljəkw>ljuk	drug(六)	khrok(六)
凉	*gljang>ljang	grang(凉、冷)	
量	*ljang>ljang	grang(动词"数")	khrang(量)
	*ljangs>ljang	grangs(数目)	
络	*glak>lâk	grags(捆绑)	
罗	*lar>lâ	dra(网)	
类	*ljəds>liwi	gras(部类)	
联连	*gljan>ljän	gral(行列、排、绳索)	
篱	*ljar>lje	ra(篱笆、城墙)	
蓝	*glam>lâm	rams(靛青、蓝)	
髅	*glug>ləu	rus(骨骼)	
龙	*ljung>liwong	brug(龙、电)	

汉语的r(包括喻母r和邪母rj)对应藏文的l:

	汉语上古音和中古音	藏文	缅甸语
扬	*rang>jiang	lang(起来)	
繇	*rug>iu	lug(绵羊)	
詍	*rab>jiäi	lab(说话)	
翼	*rək>iək	lag(手)	lak(手臂)
夜	*rags>ia	zla(月) la(月)	
俗	*rjuk>zjwok	lugs(风俗)	
象	*rjang>zjang	glang(象、牛)	
习	*rjəp>zjəp	slop(学习)	
移	*rar>jiě		lay>lɛ(改变)

龚氏说:"如果要根据上面的对应关系来拟测原始汉藏语,则只能依藏语来拟测更古的阶段。因为藏语至今仍然保存两种流音,实无法想象在过去某一时代曾发生 l- 与 r- 的互换。而汉语则因为两种流音(即来母与喻母)之中有一种(即喻母)在中古以前即已消失,所以如果来母原来是 r-,只要假设在喻母 l-音消失以后,发生了 r->l- 的语音变化,来母字由原来的 r-音变成现代的 l-音,汉藏语的对应关系便可以得到合理的解释。"[①] 上古汉语的来母应该拟测为 r,上古汉语的喻母应该拟测为 l,就是从以上的比较中得出的结论。龚氏另有三条理由来证明这种拟音存在于上古时代,此处不赘。

上面是局部地运用汉藏语的比较拟测汉语古音的例子。试图通过汉藏比较的方法系统地构拟汉语古音,则有俞敏的《汉藏同源字谱稿》可为一个范例。该文用了将近六百例可以比较的词,分为32韵部,是在罗常培、周祖谟所分31部的基础上调整而成。32部中有3部没有字,其余各部里字数多寡不一。每条的内容包括:1. 藏文拼法和简单释义;2. 相应的古汉语词;3. 王力构拟的上古音;4. "藏文透露的古汉语音",即俞敏拟测的上古音值;5. 经籍里的用例。下面举其中的第一部"之"部为例。

藏文音和释义	古汉语词	王力拟音	藏语指向	经籍用例
gyi ……的	其	gɪə	gyei	《书·康诰》:"朕其弟,小子封!"
sńi(ma) 穗、(豆)荚	耳	nɪə	ńyei	《易·噬嗑》:"何校灭耳"。《释名·释形体》:"耳,耏也。耳有一体属著两边,耏然也。"
sńi(ba) 软	耏、而	nɪə	ńyei	《汉书·高帝纪》:"以上请之。"注:"耏亦颊旁毛也。"《考工记》:"鳞之而。"
adi 这个	时	zɪə	adyai	《诗·公刘》:"于时处处。"
ni 呢	而	nɪə	ni	《左传》隐十一年:"天而既厌周德矣。"

[①] 《从汉藏语的比较看上古汉语若干声母的拟测》,《汉藏语研究论文集》35页。

adzi 辞、不受	辞	zɪə	adzyai	《仪礼·士相见礼》："某也固辞不得命……敢辞挚。"
rdzi 管理人、牧人	尸	zɪə	dzyai	《大盂鼎》："死　戎"。"死"经传作"尸"，主也。
ri(mo) 花纹儿	理	lɪə	ryai	《说文叙》："知分理之可相别异也。"
rtse 尖儿、词尾	子	tsɪə	rtsyai	《左传·僖十五年》："则婢子夕以死。"
brtse 爱（小孩儿）	字、慈	dzɪə	rtsyai	《易·屯》："女子贞不字。"

以上两家和其他一些学者们所从事的这些研究无疑有建设性意义。对于具体的构拟结论，可能会见仁见智，笔者不拟置评；但对于比较材料的使用上有些看法谈一谈。

由于没有成系统的语音对应规律作为背景，在同源词的认定上似乎缺乏稳固的基础，也没有客观的衡量标准，各人要凭着自己的知识系统逐词推敲，在一定程度上难免有主观性，被用来比较的同源词有不少是不可靠的。这可以从字音和字义两方面看。

从字音方面说，跟藏缅语进行比较的是汉语上古音，而目前的汉语上古拟音还没有定论。拿某家的拟音系统去进行比较，跟拿另一家的拟音系统进行比较，结果可能很不相同。而且，进行比较若是为了推定上古拟音，却先把上古拟音当作比较的出发点，这在逻辑上有些不通。为什么不用相对可靠的中古音跟其他语言比较呢？如果用中古进行比较，能够辨认出的同源词数量会减少，但是可靠性会提高。各家都不用中古音比较，或许是难度大，能够找出的同源词数量少的缘故。

在字义方面，一个明显的现象是生硬配对，把意义上没有联系的词当作了同源词。由于缺少语音对应规律这个便利条件，在选定同源词时就应该在词义上要求严格一些，只有意义相同或者十分接近的词才可以当作同源词。而在汉藏比较中常常见到把词义几乎毫无关系的词看成同源词。龚煌城所用的例字中，汉语来母字对对应藏语r的"六、凉、量"等都讲得通，而汉语喻母字对应藏语l的例字有问题：汉语的"扬"对应藏语的"起来"(lang),汉语的"翼"对应藏语的"手"(lag)和缅甸语的"手臂"(lak),汉语的"夜"对应藏语的"月亮"(zla)和缅甸语的"月亮"(la),汉语的"移"对应缅甸语的"改变"(lay),像这样的对应是十分可疑的。这些词都是最常见的动词和代表经久不变的事物的名词,每对事物在古代的语言中应该已经区别为不同的词,比如"月亮"跟"夜",不可能用同一个词来代表,把它们当作同源词是没有道理的。笔者以为这样生硬牵强地配对的词根本不是同源词,不具有比较的资格,拿它们作构拟古音的根据是靠不住的。

这种做法颇不少见。比如在包拟古的《原始汉语与汉藏语》一书中类似的例子触目皆是,如把藏语的"太阳沉落"nub跟汉语的"入"对应,给后者拟音为 *nöp(中译本64页);把藏语的"蜘蛛"sdom跟汉语的"蚕"对应,给后者拟音为 *sdhəm(70页);把藏语的"生长、充满"sgang跟汉语的"盎"对应,给后者拟音为 *sgangs;把藏语的"负载物、重负"sgal跟汉语的"鞍"对应,给后者拟音为 *sgal(74页);把藏语的"扔、摆脱"skyur跟汉语的"讳"对应,给后者拟音为 *skhyurs(76页);把藏语的"圆圈"skor跟汉语的"蒜"对应,给后者拟音为*skwar;把藏语的"回转、回来"log跟汉语的"又"对应,给后者拟音为 *ɦwɨlks。如果照这样子进行比较,差不多任何一个词都可以在压根没有亲属关系的语言中找出对应的词,因为意义上的辗转解释造成了词与词之间无数种可能的牵连方式,只要其中有一种牵连方式碰巧又和读音的辗转解释吻合,就可以拿来充数,当作比较的依据。可是如此随心所欲地指定同源词,就谈不上科学的严谨的研究了。

在同源词比较中还有一种失误,就是错误地解释词的古义。我们知道,所谓同源词是从最古老的原始"共同语"一直沿用到后代不同语言里的词,能够进行比较的必须是来历久远的词语,只有古老的词语才有同出一源的可能。如果把晚近出现的词作为汉藏语历史比较的材料,就犯了知识性的错误。我们确实看到,有些研究者把后代的词义当作古代的词义。例如包拟古拿汉语的"本"(他的拟音是*pun)跟壮语的"册"pløn对比(中译本129页),拿汉语的"崩"(他的拟音是pim)跟藏语的"被打败、被征服"'pham对比(142页),都是把后起词义误解为古义。汉语中的"本"作为"书本""本册"这个词义出现很晚，在上古时代"本"有"树根""根本""本原"等意义，或者作为树木的名量词（相当于"棵"），没有书本的意思。汉语的"崩"在上古时代的意义是"山崩"或"土崖崩塌"，比喻义是帝王死亡，没有"军队崩溃"之类的用法。这两例是以后起义误作古义。还有一种，凭借主观猜想给词加上一个从来没有过的意义。例如包拟古拿汉语的"笔"跟藏语的"掘、刻、割、凿"意义的'bru、'brud对应，说"汉语的笔原来可能指（在骨、铜上）刻写的铁笔"，就是主观的猜想。因为保存至今的最古老的汉字资料以甲骨文、金文为主，包氏就以为"笔"是铁笔。其实商朝已经用毛笔写字，而且主要的书写方式可能是用毛笔在竹简上写字；在龟甲兽骨上刻写文字是为了记录占卜这样的特殊用途。只不过毛笔写的字是在竹简上面，竹简一腐烂，文字也就不见了；不像刻在龟甲兽骨上的字和铸在青铜器上的字能够伴随所附着的实物保存下来。出土的甲骨上有用毛笔书写的文字，可以证明商代的笔是毛笔。"笔"字的繁体字是"筆"，竹字头是后加的，最早写作"聿"，甲骨文的字形是"𦘒"，象一只手拿着写字工具，这个工具的下端有分支，就是毛笔的形象。把笔说成铁笔是错误的。

字音和字义两方面的联系都很脆弱的那些字，作为同源词靠不住，同时也就不能看作借词。换句话说，它们不能被当作"关系词"来使用，对于证明汉语上古音是没有用处的。

4. 参照语音的结构类型构拟汉语古音

按照历史语言学的理论，亲属语言有共同的来源，它们的早期音系结构应该大致相同，所以可以参考别的语言的类型特征推测原始汉语或上古汉语的语音。研究汉语史的语言学家们也这么做了，比如构拟清鼻音、复辅音、原始汉语无声调、有前后缀等。

李方桂、董同龢给上古音构拟了清鼻音，把同系语言有这样的声母作为一条根据。董同龢《上古音韵表稿》构拟了一个双唇清鼻音m̥，自己说是从少数民族语言的调查结果中受到鼓舞："近年李方桂、张琨两先生在贵州一带调查若干台语与苗瑶语的方言，正发现有不少清鼻音的存在。……由于他们的发现，我倒是得到一些勇气，把这样一个陌生的音介绍到古代汉语里来。"①李方桂构拟的上古音有清鼻音 hn、hng,也用现代苗语作支持:"我在贵州调查苗人语言的时候,发现苗人除掉鼻音声母 n-之外,还有不带音的声母 hn-,至少有些个苗人方言里,不带音的 hn-,我听起来仿佛是 n̥th-。我想 n̥a-跟 n̥tha-是很相近的,不带音的 n̥ 变成 th-不是不可能的。我想 th-母字,能够跟鼻音谐声,是因为这一类 th-母字是从 hn-来的。所以我决定上古声母在不带音的 m̥ 之外,还有一个不带音的 hn-。"②这种类比式的拟测与同源词无关,是看到别的语言有某种音,也给古汉语拟测同样的音,以解释某些特别的谐声现象。

别的语言的音节结构方式也可以套用在汉语的上古音。

先秦两汉以前有没有复辅音声母,是长期存在争议的问题。早期的研究多半是根据谐声字提出上古音存在 kl、tl、pl、sl、sn 等类型的复辅音声母,也有人否认复辅音的存在。现在发现藏缅语族有不少语言里有丰富的复辅音,有些语言虽然现代不存在复辅音了,但在古代本来也是有的;据此,可以推断上古汉语存在复辅音的可能性极大。

关于汉语声调起源问题,亲属语言也能提供线索。藏语古代没有声调,现代产生了声调,有的方言至今没有声调。声调产生的原因,有的是因为声母清浊对立消失,有的是因为音节前缀的脱落,有的是因为辅音韵尾的简化。其他亲属语言声调的产生还和元音长短对立的消失有关。有的学者以此为据,论证上古汉语也是无声调语言,声调是后来产生的。

藏语有一些后缀和前缀,有的学者据此论证上古汉语也有类似的后缀和前缀。

从音系类型上推求汉语上古音,作为一种补充性的方法是可以的。但是我们认为,只有在文献考证的基础上运用藏缅语族作旁证,才能有比较可靠的拟测;如果脱离了文献考证的根据拟测上古音,任意把藏缅语族的特征加在上古汉语,都难免陷入主观臆测。

以汉藏语的历史比较来拟测上古汉语,目前存在着以下缺失。

---

① 台联国风出版社 1975年,13页。
② 《中国上古音声母问题》,《上古音研究》100—101页。

一个问题是对上古汉语和原始汉语（或"远古汉语"）不加区分。汉语上古音跟原始汉语音一定会有差别，原始汉语比起上古汉语来应该更跟"共同汉藏语"接近。把藏文作为根据来构拟古汉语，需要考虑哪些现象可能属于上古音、哪些现象可能属于原始音。有些论著则不然，它们拿藏语来比附汉语，一概称之为"上古音"，究竟这个"上古"的范围有多大，根本不加界定。有的则明确地称为"先秦音"，这样做的问题更大，会把许多应该属于原始音的现象强加给先秦音系，构拟出的先秦音系会远远脱离当时的实际情况。

　　方法上的另一个问题，是有些学者把尽量多的藏语特征都加给上古汉语或原始汉语，使得汉语上古音或原始音成为藏文音系的翻版，这是很不妥当的。因为两种语言毕竟分离很久远了，它们的相似程度有多大，还是无法说清楚，很可能有些相似，但不会十分相似。可以推想，自从两种语言分离以后，不仅汉语在变，藏语也在变。尽管藏语处在一个相对封闭的环境里，它也不可能不变。现代藏语的方言分歧足以证明这一点。现代藏语内部分为三大方言，各方言内也有次方言，各方言之间甚至也不能相互通话。这样巨大的分歧就是各方言朝着不同方向变化的结果。从制定藏文到现代也不过一千多年的时间，而现代藏语跟藏文之间的差别非常显著。那么，我们不能想象，在藏文创制之前的二三千年内它的变化很小。若把藏文的诸多特征都算在上古汉语或原始汉语的系统内，连理论上的可能性也是不存在的。

　　多年来进行汉藏比较的学者付出了大量心血和劳动，取得了一定的成绩，但是能够称为定论的东西并不多，研究方法上存在着不少问题。这在很大程度上是由于客观条件有障碍，研究对象本身不能满足研究方法所需要的条件。藏缅语的音系结构、语法形态等方面都跟汉语有很大差别，以及不能建立语音对应规律，种种迹象都意味着汉语跟藏缅语关系相当疏远。现实条件如此，确认同源词就不会轻松。同源词数量少，要想通过汉藏比较而"重建"上古汉语音系就必然是十分艰巨的任务，有一段步履艰难的历程。从历史上看，汉藏语系的研究起步并不算晚，在19世纪初就已经发端，跟印欧语系的研究开始时间差不多，而在经过不少学者的长期努力之后，所取得的结果并不理想，远不能跟印欧语系相比,这或许可以启发人们从另一种思路去思考问题:建立汉藏语系的基础跟建立印欧语系的基础各不相同,研究的路数是否也该有所不同?汉语史学界都期待着汉藏比较在汉语上古音研究中发挥出重要作用,但这项工程的前景还不明朗,目前还难以见到根本性突破的光明征兆。研究汉藏语多年的张琨说:"原始汉语究竟在什么时候能够整个地从汉语以外的材料中得到证明,看来还是渺茫的事情。"连研究原始汉语都不能从汉藏比较得到充分的支持,那么研究上古汉语要想以汉藏比较为基础就更加不容易了。

主要参考文献:
包拟古《原始汉语与汉藏语》,潘悟云、冯蒸译,中华书局1995年。
本尼迪克特、马提索夫《汉藏语言概论》,罗美珍等译,中国社会科学院民族研究所语言室1984年。
岑麒祥《历史比较语言学讲话》,湖北人民出版社1981年。
　　　《语言学史概要》,北京大学出版社1988年。
陈保亚《语言接触与语言联盟》,语文出版社1996年。
　　　《20世纪中国语言学方法论》,山东教育出版社1999年。
丁邦新《上古汉语的音节结构》,《丁邦新语言学论文集》,商务印书馆1998年。
　　　《汉语声调源于韵尾说之检讨》,同上。
　　　《汉藏系语言研究法的检讨》,《中国语文》2000年第6期。
董同龢《上古音韵表稿》,台联国风出版社1975年重印本。
　　　《汉语音韵学》,中华书局2001年。
高本汉《上古中国音当中的几个问题》,赵元任译,《史语所集刊》第一本第三分,1930年。
　　　《中国音韵学研究》,赵元任、罗常培、李方桂译,商务印书馆1995年。
　　　《中上古汉语音韵学纲要》,聂鸿音译,齐鲁书社1987年。
龚煌城《汉藏语研究论文集》,北京大学出版社2004年。
李方桂《藏汉系语言研究法》,《中国语言学论集》,台湾幼狮文化事业

　　　　　公司1979年。
　　　　《上古音研究》,商务印书馆1982年。
李　荣《切韵音系》,科学出版社1956年。
陆志韦《陆志韦语言学著作集》(一),中华书局1984年。
　　　　《陆志韦语言学著作集》(二),中华书局1999年。
罗杰瑞《闽语声调的演变》,张惠英译,《中南民族学院学报》第4期中国音韵学研究会1983年。
　　　　《原始闽方言的声母》,海牧译,《音韵学研究通讯》1983年第4期。
　　　　《闽北方言的第三套清塞音和清塞擦音》,《中国语文》1986年第1期。
马学良等《汉藏语概论》,北京大学出版社1992年。
梅　耶《历史语言学中的比较方法》,岑麒祥译,世界图书出版公司2008年。
梅祖麟《中古汉语的声调与上声的起源》,《中国语言学论集》,台湾幼狮文化事业公司1977年。
聂鸿音《深层对应献疑》,《民族语文》2002年第1期。
邵荣芬《切韵研究》,中国社会科学出版社1981年。
施向东《汉语和藏语同源体系的比较研究》,华语教学出版社2000年。
王福堂《汉语方言语音的演变和层次(修订本)》,语文出版社2005年。
王　力《汉语史稿》,中华书局1980年。
　　　　《汉语语音史》中国社会科学出版社1985年。
邢公畹《语义学比较法简说》,《语言学论丛》20辑,商务印书馆1998年。
　　　　《邢公畹语言学论文集》,商务印书馆2000年。
邢　凯《汉语和侗台语研究》,军事谊文出版社2000年。
　　　　《语义学比较法的逻辑基础》,《语言研究》2001年第4期。
　　　　《关于语义学比较法的理论问题》,《民族语文》2002年第5期。
徐通锵《历史语言学》,商务印书馆1991年。
徐通锵、叶蜚声《历史比较法和〈切韵〉音系的研究》,《语文研究》1980年薛才德《汉语藏语同源字研究——语义学比较法的证明》,上海大学出版社2001年。

薛凤生《汉语音韵史十讲》,华语教学出版社2000年。

严学宭《谈汉藏语系的同源词和借词》《江汉语言学丛刊》第1辑,1979年。

《论汉语同族词内部屈折的变换形式》,《中国语文》1979年第2期。

《原始汉语韵尾后缀-s试探》,《华中师院学报》1979年第1期。

《原始汉语研究的方向》,《王力先生纪念论文集》,商务印书馆1990年。

俞　敏《俞敏语言学论文集》,商务印书馆1999年。

曾晓渝《论壮侗水语古汉语借词的调类对应》,《民族语文》2003年第1期。

张　琨《张琨教授谈汉藏系语言和汉语史的研究》(徐通锵整理),《语言学论丛》第十三辑,商务印书馆1984年。

《论比较闽方言》,《史语所集刊》第五十五卷第三分,1984年;又《语言研究》1985年第1期。

《再论比较闽方言》,《史语所集刊》第六十卷第四分,1989年。

《汉语音韵史论文集》,华中工学院出版社1987年。

中国社会科学院民族研究所语言研究室、中国民族语言学术讨论会秘书处《汉藏语系语言学论文选译》,1980年。

第八章 内部拟测法

一、概　说

内部拟测法也是从西方语言学引进到汉语古音研究中的一种方法,这一方法的特点是对一个共时音系的内部状态加以分析,从中发现语音变化的痕迹,通过合理的逻辑推理来探究古代的音系。它不是借助于多种方言或语言的比较来研究古音,这是它跟历史比较法的根本区别。

内部拟测法的理论根据是语言结构的系统性和语言发展的不平衡性。由于语言的系统性,各种语言单位的聚合分布和组合分布都趋向于整齐和对称;而语言发展的不平衡性则破坏整齐对称的格局,在语言的共时系统内部结构中造成某些缺口,提供了一些语音演变的线索。徐通锵说:"内部拟测法着眼于规则系统中的不规则现象,实际上就是从语言系统中的结构差异入手来研究语言的发展。"[①]所谓不规则现象,包括了聚合关系当中的空格、组合关系当中的互补、音变结果的例外,以及其他的一些看上去有些特殊的现象,我们也可以把它们看作特殊的规则。语言学家认为这些特殊规则可能是音变中形成的,是古音演变留下的痕迹,是语言史研究的一种突破口。

内部拟测法起源于19世纪的欧洲语言学界。当时著名语言学家索绪尔曾经成功地拟测出了一个消失的原始印欧语辅音。他发现原始印欧语多数词根的语音结构是"辅音+元音+辅音"的CVC结构,但是有些很普通的词根的语音结构却是VC式,如拉丁语、希腊语的ag-,索氏假定这个VC结构的原始形式本来也是CVC式,第一个C在发展

[①] 《音系中的变异和内部拟测法》,《徐通锵自选集》,河南教育出版社1993年,89页。

中消失了,他推测失去的音是h,即ag-来自于heg-。到1906年由于发现了希底特语而证实了他这一假设,也就证明了这一研究方法的效用。到了20世纪30年代以后,语言学家把这种方法定名为内部拟测法。

这种方法在汉语古音的研究中主要用在上古汉语语音的构拟。在构拟上古音之前,已经有了完整的《切韵》音的构拟系统,这是拟测上古音的出发点。根据汉语史的文献资料十分丰富和前人已有许多音类上的研究成果这一特点,运用内部拟测法时就不是完全照搬西方语言学的做法,即不是纯粹地从《切韵》音系的拟音系统出发,还要充分利用传统古音学的分类成果,并与其他方法结合起来使用。构拟上古音的前提是先把上古诗文韵部跟中古音的韵类对比、把谐声系列所反映的声母现象跟中古音的声类对比,按照对应关系,以音变条件和语音变化的规律为线索,分析可能的上古读音。

第一个运用内部拟测法研究汉语上古音的也是高本汉。他在完成了《切韵》音系的构拟之后,就把目标转移到上古音的拟测。他认为,现代方言不能揭示隋朝《切韵》以前的任何现象(只有闽方言所指的是更早些的音),所以构拟上古音不能像构拟中古音那样直接用现代方言作依据通过历史比较法去构拟;汉藏语系的比较对于构拟上古音固然很重要,但是还不具备成熟的条件,也不能成为构拟上古音的主要方法。在这样的认识之下,他就用内部拟测法,从构拟出的中古音系出发拟测上古音的音系。高氏从一开始就不是机械地套用西方的研究方法,不是仅仅凭借中古的拟音系统去研究上古音,他懂得从中国语文学的特点出发,充分利用了前人的研究成果,把文献材料作为研究的基础。在韵母方面,他把清儒所分出的古韵系统作为框架;在声母方面,他把谐声系统作为考察上古声母的根据。有了这些参照,就能够发现上古汉语跟中古汉语在系统上存在哪些显著的差别,再把《切韵》音值系统跟上古的音类作详细的对比,按照一定的语音条件和音变规律,全面地拟定古音的系统。跟构拟中古音的另外一点重要不同之处,是上古音的构拟不是仅仅给现成的音类推定音值,还要进一步建立音类的系统。这是因为,从文献考据所得到的上古音的类别系统不像中古音那样细致,人们了解到的仅仅是反映在《诗经》等韵文材料的韵部和谐声字所反映的声母接触关系,韵部只是韵母的大类,谐声系列仅仅反映声母的线索而不是清晰的声母系统。构拟上古音时要解决小类划分的问题,还要发现新的音类,以成为严密完整的语音系统。这跟中古音的构拟又有很大差别。

高本汉发端之后,参与构拟上古汉语的中外学者很多,并且也出现过多种拟音体系,而内部拟测法一直是主导性的方法。

徐通锵、叶蜚声把高氏的研究途径概括为两条:"一条是考察《切韵》音的分布,从一些异常的分布现象例如空格(空档)和互补中进一步推断上古音系的特点;一条是以《切韵》音系为基础,理清上古各类音在《切韵》音系中的投射(projection),即弄清他们和《切韵》中各类音的对应关系,然后加以分析比较,为上古各类音拟测各方面都说得通的符合音理的音值。"[①]这里说的两条途径是总的概括。根据汉语音节结构的特点,我们还可以为古音研究中的内部拟测法梳理出更细致的一些头绪。以下就按照这种头绪叙述并评介主要的研究途径。

二、"投射式"拟测法

在很多情况下,由于作为构拟对象的上古音音类跟中古音的音类对应比较直接,研究者也没有发现特别的线索表明音值上有太大的差别,于是把这些音类的上古音构拟成跟中古音相同或者很近似的音值。用"投射"来比喻这样的拟测方法是很恰当的,所以我们采用徐通锵、叶蜚声用的名称,称之为"投射式"的构拟。

1. 投射式构拟上古声母

如果某些辅音是各种语言中普遍用到的音,上古音跟中古音的对应也比较直接,就把中古音的音值作为上古音的音值。如舌根音 k、k'、g、x、ŋ,舌尖音 t、t'、d、n、ts、ts'、dz、s,双唇音 p、p'、b、m 等。

另有些音类在上古音与中古音的对应也是直接的,类别基本上一

[①]《内部拟测方法和汉语上古音系的研究》,《语文研究》1981年第1期,68页。

致,但种种迹象显示它们不大可能是完全相同的读音,就拟测另外的音值。如中古读舌面前塞擦音的章 tɕ、昌 tɕʻ、船 dʑ,因为在上古跟舌头音端透定关系密切,所以高本汉、王力等拟测它们在上古读塞音 t、tʻ、d。

有些中古声母在谐声字常常接触,人们为此而构拟了一些复辅音声母,即把这两个中古声母结合在一起当作一个声母,这也可以算作投射式的构拟方法。如见母跟来母出现在同一谐声系列的情况很常见,人们构拟了 kl 这样的复辅音,就是把中古音见母的音值跟来母的音值结合在一起作为复辅音声母,用以解释上古音到中古音的演变。心母字常常跟其他辅音互谐,人们构拟了有 s- 作前加成分的复辅音,即把心母跟所谐的声母的音值结合在一起作为一个声母。如果拟测成清鼻音 ṇ 之类,就不是投射式的拟测了。

2. 投射式构拟上古韵母

韵母的结构比声母复杂,需要分别从介音、韵腹、韵尾三方面加以构拟。

古音学家划分出的上古韵部系统是构拟韵母的基础,但这还不足够;构拟韵母还要区别一部之内的各个韵母小类,要把韵尾、韵腹(主要元音)和韵头(介音)三部分都拟测完整,这就势必需要把各韵部分成更细致的小类。清代的江永、戴震等人凭借中古的等韵图来划分上古的韵母小类,凡上古音同部但中古音属于不同韵、或同韵不同等、同等而不同开合的韵类,在上古音也都算作不同的韵类。高本汉也沿袭了这一方法,中古音不同的韵类,在上古音也大致算作不同的韵类。而且每个韵类所包含的各个成分的音值,也主要从它们在《切韵》音系的拟音情况来推断。

甲,韵头的拟测

诗韵和谐声字都不能反映韵头,所以从文献材料里无法发现上古音的介音系统。高本汉没有发现上古音介音系统的更多线索,就把中古音的介音系统直接推到了上古音。他的中古音介音系统是:一等开口呼没有介音、合口呼有 w(开合同韵)或 u(开合分韵),二等开口呼没有介音、合口呼有 w,三等韵开口呼有辅音性的介音 i̯,合口呼有二合介音 iw；四等韵开口呼有元音性的介音 i，合口呼有二合介音 iw。他拟测的上古音的介音基本跟中古音一致。

从上古到中古一千多年的时间，介音不可能毫无变化。把中古音的介音系统照搬到上古音内，毕竟值得怀疑。后来人们在介音问题上就没有完全接受高本汉的拟音，而从另外的方向拟测介音音值。例如王力给二等韵构拟了介音 e(开口)和 o(合口)，条件是二等韵的元音比一等韵较高一些或靠前一些。李方桂根据二等韵里有卷舌声母知组和庄组这一特点，给二等韵构拟了一个带有卷舌性质的介音 r。这些拟音，都是考虑了各韵类的语音条件，推测介音的音值，或给本无介音的韵类拟测出一个介音。这样构拟的系统，跟中古音的对应关系仍是比较单纯的。

乙，韵腹的拟测

上古一个韵部的字，在《切韵》音系往往分别属于不同的韵，韵腹不同，其间很多是不能共同押韵的。既然这一类字在上古属于同部都能够押韵，说明他们的韵腹必定相同或相近。于是就根据中古音的几个元音可能有的共同来源，拟测出一个上古的元音。

高本汉的方法是：如果某个上古韵部在中古音分布的几个元音能够用变化条件解释它们是从一个元音变化而来，就构拟一个元音；如果用一个元音不足以解释全部音变，就构拟几个较接近的元音。一般说来，介音常常是韵腹变化的重要条件，高本汉构拟的上古介音跟他的中古音没有太大差别，就比较重视从主要元音上找变化条件，因此一个韵部而包含几个元音的情况相当普遍。下面以《中上古汉语音韵学纲要》里元部主要元音的构拟来说明他的方法。

上古元部在《切韵》音系分布在七个韵，韵母比较多，主要元音也差得较远。高本汉先把各韵的中古音列出来作为比较。

	开口	合口
一等：	寒韵 ɑn	桓韵 uɑn
二等：	删韵 an	删韵 wan
	山韵 ăn	山韵 wăn

```
三等：仙韵 iɛn          仙韵 iwɛn
      元韵 iɐn          元韵 iwɐn
四等：先韵 ien          先韵 iwen
```

高本汉说："不难看出，整个这一部的主要元音在上古都是这种或那种/a/，而中古的韵母 iɛn、iɐn、ien 是通过 i 音变"(i-umlaut)造出来的：*ian>iɛn，*iǎn>iɐn，*ian>ien。谐声字证明了这一点，我们只需举出很少几个例子来说明中古先仙元韵和寒删有关系就够了：彦声有颜、旃从丹声、蝉从单声、践与残同声、轩从干声、霰从散声。"[①] 以上说的是三等和四等的韵母在所谓"i 音变"的理由下解释了构拟的根据。此外还考虑两个重要的因素：一个是一等韵与二等韵的元音不同，由于一等韵跟二等韵的韵头是完全相同的，其间的差别就只能从元音上找，所以高氏给一等构拟的元音是后元音，给二等韵构拟的元音是较前的。另一个是二等和三等韵各有两个"重韵"，也不能凭借介音来区别，就用主要元音的长短来区别：二等的山韵是短元音 ǎ，删韵是普通的 a；三等的元韵是短 ǎ，仙韵是普通的 a。他构拟的上古元部韵母就成为以下的状态：

```
              开口              合口
一等：寒韵 ɑn              桓韵 uɑn
二等：删韵 an              删韵 wan
      山韵 ǎn              山韵 wǎn
三等：仙韵 ian             仙韵 iwan
      元韵 iǎn             元韵 iwǎn
四等：先韵 ian             先韵 iwan
```

构拟上古韵母有一条捷径：决定了一个韵部的主要元音之后，也就同时解决了相配韵部的元音。古音学家都懂得"阴阳入相配对转"是上古音系统的一个特点，而相配对转的语音条件是主要元音相同、韵尾在同一部位。基于这一点，拟测了一个韵部的主要元音，这些主要元音也就作为本部相对转的韵部的主要元音。比如拟测出了元部

---

① 《中上古汉语音韵学纲要》，聂鸿音译，齐鲁书社 1987 年，109 页。

的韵腹,这韵腹也就是祭部、月部的韵腹。

在相配的两三个韵部中,一般是首先从闭音节、没有介音的韵入手拟测。雅洪托夫说:"通常认为元音在闭音节里比在开音节里保留得好一些,在一等字里比在有介音或腭化声母的字里保留得好一些,因此,对上古各韵部的所有音节,通常是构拟一个中古在相应韵部一等闭音节字里出现的元音。例如之部,中古以 ək、juk、ɑi、əu、i 等作韵母,王力为上古该部的所有字构拟了 *ə,因为正是 ə 符合前述条件。"①这一原则适用于相当多数上古韵部,阳声韵部和入声韵部里边只有东、冬、屋、觉、药等几个韵部的上古音韵腹不同于对应的中古音韵系。

丙,韵尾的构拟

在阳声韵和入声韵部分,韵尾的构拟也比较简单。上古音每个阳声韵部和入声韵部的字虽然到了中古音分散在几个韵系,但都有同样的韵尾,阳声韵收鼻音韵尾,入声韵收塞音韵尾。如上古的东部字分别在中古音的东、钟、江韵,这三韵都收 ŋ 韵尾;上古的屋部字分别在中古音的屋、烛、觉韵,这三韵都收 k 韵尾。根据这种情况,高本汉就把中古音的辅音韵尾直接上推到了上古音:中古音收鼻音韵尾-m、-n、-ŋ的韵类在上古音也分别收-m、-n、-ŋ韵尾,中古音收塞音韵尾-p、-t、-k的韵类在上古音也分别收-p、-t、-k韵尾。比较复杂的是中古音的阴声韵类,它们在中古音或是没有韵尾,或是收元音韵尾,但是在上古的谐声字里,阴声韵往往跟入声韵大量谐声。高本汉认为,如果还把这些韵类构拟成开音节,那么无法解释谐声系列,因此就要给阴声韵构拟出相应于入声韵尾的浊塞音韵尾:跟-k对应的-g,跟-t对应的-d,跟-p对应的-b(此音存在于早于《诗经》的谐声时期);还有一个单独的-r,这是给歌部、脂部、微部的一部分字构拟的,因为那些字跟阳声韵的元、真、文部互相谐声。这样构拟,语音上的理由就是清浊两类辅音的发音部位相同,发音方法上只有清浊的对立,而在其他方面都相同。但是这样构拟的结果,是上古音的音节结构几乎都成了闭音节,开音节非常贫乏;后来董同和、陆志韦等则更加减少了甚至完全取

---

① 《上古汉语的韵母系统》,《汉语史论集》,北京大学出版社1989年,19页。

消了开音节,拟测的系统成为一种现实中不可能存在的语言。但是后来的音韵学家中沿着高本汉的思路构拟韵尾者仍不在少数。

多数古音学家用投射式方法构拟的上古音比较一致,可见这是比较可靠的方法。

三、根据特定的音位聚合关系拟测古音

垂直投射拟测的方法只能适用于一部分音类。在很多情况下,某些上古音类与中古音类的关系比较复杂,不能简单上推,就用另外的办法。本书第三章"谐声法"已经提到高本汉构拟上古声母曾经用填补空格的方法,第六章"审音法"里边有些方法也与此有关。所谓填补空格,实际上是对音位聚合关系中的某些特殊的规则加以分析,给聚合群内理论上可以出现某一音而实际上没有出现的位置拟测一个音。

这一方法的理论根据是:处在同一层面上的音位,其聚合关系(即分类关系)总是趋向于整齐对称。如果聚合群当中出现了一个缺口,即某个应该有音的位置上没有音,那么这很可能是历史演变的结果,原有的音在变化过程中失去了,造成所谓"空格"(赵元任译为"空档",徐通锵和叶蜚声改称"空格")。在汉语上古音的拟测中,如果发现某些线索,估计有一些音类是跟中古音的任何一个音类都不能够对应,这样的音类就应该往中古音的空格方向上考虑。

高本汉对喻母的上古读音是一个典型的用例。高氏认为中古音的喻母字(不分于、以)在上古有三个来源,一类跟舌头音互谐,一类跟牙音互谐,一类跟邪母互谐;高氏断定这些字有独特的声母,它们的古音如何构拟呢?高氏认为,中古音的声母系统里清声母有送气和不送气对立的两类,从音系结构讲,浊声母也可以是送气与不送气相配,但是浊声母没有这样的对立。按照高氏的拟音,只有送气音 b'、d'、g'、dz' 一类,没有不送气音 b、d、g、dz 等,后者的位置上就出现了"空格",这些空格可能是上古音中有过声母的位置。那么,可以为上古音拟出一套不送气全浊声母,喻母字的构拟正好可以填补这些空格:与舌头

音互谐的"甬"类字构拟成 d 声母,跟定母 d' 相配;与牙音互谐的"匀"类字构拟成 g 声母,跟群母(含匣母)g' 相配;与邪母互谐的"羊"类字构拟成 z,另把邪母构拟为 dz,跟从母 dz' 相配。这样为喻母找到了位置。此外还有中古的禅母,这个声母在谐声字中不跟精组字互谐,但是跟端组、知组字互谐,高氏因此推论禅母的上古音来源不是塞擦音而是塞音,于是构拟它为浊塞音ḍ。这样构拟出的声母在聚合关系上就很整齐了:

	清音		浊音	
	不送气	送气	不送气	送气
	k	k'	g	g'
	t	t'	d	d'
	p	p'	(b)	b'
	ṭ	ṭ'	ḍ	ḍ'

高本汉在谐声字材料的分析上有许多粗疏不妥之处,这自然影响了构拟的成绩。除此之外,填补空格的方法本身也还是有内在的缺陷。

填补空格,在历史语音学上有成功的经验。如果运用得当,可以取得很好的效果。但是,这种方法是严格地受条件限制的,如果没有其他材料的支持,仅仅看到空格就以为是演变的后果,就要加以填补,那是不慎重的。任何一个共时的音位系统,内部决不可能是完全的整齐划一、均衡对称的,都会有不平衡不对称的地方,或者是有冗余部分,或者是有空缺部分,如果一味地追求整齐,见到空格就想填补,就必然会走上形式主义的错误道路,背离了构拟的初衷。董同龢说:"我们拟测古音,并不须要把所有的空当都去填满。一个空当能不能填,事实上还要看另外是不是有可靠的证据。"[①]这是值得注意的。所以后来的古音学家并不过分强调填补空格。

四、根据特定的声韵组合关系拟测古音

汉语的声母跟韵母的组合关系有一定的规律性。一个系统内,有

---

① 《上古音韵表稿》,台联国风出版社 1995 年,19 页。

第八章 内部拟测法

的声母可以跟各类韵母结合,有的声母只跟某些韵母结合,而不是自由地跟任何韵母结合。声母跟韵母结合上所受到的条件限制,也是一种特定的规则。音韵学家把这类特别的组合规则作为研究古音的线索,据以区分古代的声类韵类。以现代汉语来说,舌根音声母k、k'、x和卷舌音声母tʂ、tʂ'、ʂ、ʐ都只跟开口呼和合口呼韵母结合,不跟齐齿呼和撮口呼韵母结合,这就是特定的组合功能,可以看作寻找古音演变线索的突破口。事实上,我们已经从文献知识了解到这类声母在古代能够跟齐齿呼和撮口呼韵母结合的。假如不存在这方面的文献材料,就可以从这种地方推测古音,猜想它们古时能够跟"细音"韵母结合,那就是内部拟测法了。

李方桂把这种方法叫做"声韵结合的方法"。他在《上古音研究中声韵结合的方法》一文中把本方法看作是谐声、诗韵之外的一种新方法,他说:"这个方法我管它叫声韵结合的研究。声即声母,韵即韵母。即通过《切韵》声母和韵母结合的情形来看上古音的演变。""我们如果从《切韵》的结构系统来上推上古音,即研究《切韵》的声韵结合,然后研究这种结合的面貌是怎样变来的。"《切韵》声母跟韵母的特定组合关系,是声母的"五音"分类与韵母的"开合""四等"分类在结合上的条件限制,而这些分类基本上都以等韵图的分类为依据,所以李方桂说:"韵图事实上就是一部分声韵结合的资料。这部分资料很重要,它表示在《切韵》时代声韵结合的大体情形。这种形式用途很广,我们既可以利用它看看这种语言的语音将来会怎么样,也可以利用它来看看这种声韵结合的情形是怎么变来的。我就从这个观点去把大致是《切韵》的音韵资料研究一番,从它的声韵系统发现上古音到《切韵》音所发生的变化。"[①]

在李氏提出这个名目之前,实际上已经有学者在运用同样的方法研究上古音,他们所依据的原理和研究的思路都大体一致。研究的材料是《切韵》音系,分析的对象是声母跟韵母结合时的特定规律,如舌头音端组声母只跟一等、四等韵母结合,不跟二等、三等韵母结合;正

[①] 《语言研究》1983年第2期,1—2页。

齿音章组声母、邪母、日母、群母则只跟三等韵母结合。诸如此类,都提供一些语音演变的线索。

1. 黄侃的"声韵相挟以变"说

黄侃研究上古音有所谓"声韵相挟以变"的理论,即声母和韵母连带着发生变化,某些声母发生变化时,它们所结合的韵母也发生变化;某些声母没有发生变化,它们所结合的韵母也不变。他的研究方法最特出之处是从《广韵》音系里指定三十二个"古本韵"和十九个"古本纽"。"古本韵"都是一、四等韵,二、三等韵都是"变韵";"古本纽"都是一、四等韵里出现的声母,只在二、三等出现的声母都是"变声"。他的证明方法是以声证韵,反过来以韵证声。他说:"二百六韵中,但有本音不杂变声者为古本音;杂有变声者,其本声亦为变声所挟,是为变音。"① 又说:"古声既变为今声,则古韵不得不变为今韵,以此二物相挟以变。"② 这样推论下去,《广韵》里不保持上古读音的韵,里边的声母也是变化后的读音。钱玄同对他的方法有更精确的概括:"知此三十二韵为古本韵者,以韵中止有十九古本纽也。因此三十二韵中止有古本纽,异于其他各韵之有变纽,故知其为古本韵。又因此三十二古本韵中止有十九纽,故知此十九纽实为古本纽。本纽本韵,互相证明,一一吻合,以是知其说之不易。"③

黄侃的证明法明显有"循环论证"的弊端,林语堂、张世禄、王力诸家对此都有比较尖锐的批评(参见林语堂《古音中已遗失的声母》、张世禄《中国音韵学史》第八章、王力《黄侃古音学述评》等)。但是李方桂则对黄氏的方法持基本上肯定的态度。李氏《上古音研究中声韵结合的方法》说:"他(黄侃)只是说出古音韵基本声母是这十九个,其余的声母者是变体、变体、再变体。至于怎么个变体,他也不怎么说。但是他心里是有数的,不是在胡说八道。所以老一辈的学术见解我们也要注意研究。……当时人们的一般讲学态度就是:我下一个定论就是

---

① 《与人论治小学书》,《黄侃论学杂著》,上海古籍出版社1980年,157页。
② 《音略》,同上,62页。
③ 《文字学音篇》,《钱玄同文集》第5卷,中国人民大学出版社1999年,47页。

如此,你看得懂看不懂是你的事,我不负讲解的责任。"[①]李氏采用C+A(声母+韵母)的方式为中古音列表,根据配合方式把中古韵分为三类,一四等韵为一类,二等韵为一类,三等韵为一类。第一类里边只包含十九个声母,就是黄侃的古本纽,是从上古保存到中古而未变的声母,"如果我们把这十九个音看作是声母系统中最普通的辅音,那么,说它们是比较基本的音也未尝不可。"[②]

我们认为,黄侃能够从声母跟韵母的结合关系上研究上古音,在传统的小学方法之外另辟蹊径,在方法论上有积极意义。但是他的论述方式和钱玄同的解释方法都不正确。语言的演变有其条件性,声母可能由于韵母的条件而变,韵母可能由于声母的条件而变,但是,不可能两个方面同时都变,当声母由于韵母的影响而变化时,韵母应该是不变的;反之,当韵母由于声母的影响而变化时,声母应该是不变的。所谓"声韵相挟而变"的看法不合乎语音变化规律。至于黄氏理论中的循环论证问题,有多家作过详细分析,也是不必隐讳的弊端。

2. 从中古声母与四等韵母的结合情况拟测上古音

A. 李方桂对三等声母的拟音

李方桂虽然肯定了黄侃的研究方法,但是他的方法其实跟黄侃有重大的不同,他是根据高本汉构拟的中古音,把中古韵母分成三类:一、四等为一类,二等为一类,三等为一类。"把三类韵在声母上、韵母上各有什么特殊之处说出来,从这些特殊的地方我们可以推论曾发生过某些变化。"[③]以此为基础建立上古的拟音系统。下面只用他在《上古音研究》一书中对三等声母的分析作为例证。

中古音里有些声母只出现在三等韵,这应该算作是比较特别的现象。李方桂认为这些声母都是上古音里所没有、后来变出来的。他从这一条件重新审查高本汉构拟的上古声母系统,改变其中十五个声母的拟音。《上古音研究》说:

"现在就近来学者所拟定的上古声母系统的分配上再看一看,也

[①] 《语言研究》1983年第2期,3页。
[②] 同上,3页。
[③] 同上,6页。

可以看出一些很特殊的现象。这种分配不均匀的现象可以指示我们应当作进一步的研究。现在先举高本汉的上古声母系统作个例子,别人的如董同龢、王力的系统也可依此类推。

高本汉上古声母表

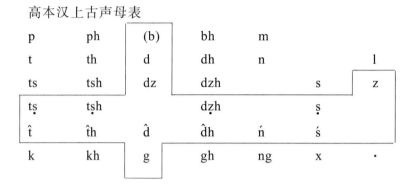

这个声母系统排列起来似乎很整齐。我把其中的十五个声母用笔圈出来成一个类似十字的形状。这十五个声母只在有介音j的三等韵前出现,别的十九个声母可以在任何韵母前出现。这两类声母分配的情形很不一样。在全体三十四个声母中几乎有半数的声母分配很特殊,很有限制,这使我们对于这十五个声母发生疑问。……这些声母恐怕不是原有的,是受特殊环境的影响而分化出来的。"①

李方桂说这十五个框起来的声母是后来分化出来的,上古时本来没有,理由就是这些声母只跟三等韵母结合而不跟其他声母结合(庄组声母有二等,高本汉已经归入精组),分化的条件就是三等韵的j介音。这样把韵头作为声母的演变条件,跟所谓声韵二者"相挟以变"有本质上的区别。

去掉了这十五个声母,剩下的十九个声母正好跟黄侃的十九个"古本纽"相当。但是这并不意味着李氏的上古声母系统跟黄侃的声母系统相同。李氏的系统里边还有其他许多声母。框起来的十五个声母,不是简单地归并到"古本纽"中去了,而是拟测了另外的形式。

李氏改拟的结果如下:

---

① 《上古音研究》,商务印书馆1980年,12—13页。

高氏拟音	李氏拟音	声母范围
*b	*brj	以母跟唇音互谐者
*d	*r	以母跟舌音互谐者
*z	*r	以母跟邪母互谐者
*dz	*rj	邪母
*ś	*hnj,stj,skhj	书母（注：skhj后来又改为hrj）
*tṣ, tṣh, dẓh, ṣ	*tsr,tshr,dzr,sr	庄初床山
*t̂, t̂h, d̂, d̂h, ń	*tj,thj,dj,nj	章昌船（禅）日
*g	*gwj	于母

除了以上这些，李氏还拟测了清鼻音和清边音 hm、hn、hŋ、hl，和圆唇的舌根音 kw、khw、gw、hŋw、ŋw、hw 等。可见李氏的声母系统跟黄侃的声母系统差别很大。我们看到，李氏的系统里有 r，有清鼻音和清边音，有圆唇舌根音，有前加 s，后带 r 的复辅音，这样一来，框起来的十五个声母就不是简单地从"古本纽"变来的。这个拟测结果，也充分反映出李方桂的方法跟黄侃的方法有着根本性的差别。

B. 关于来母在二等的"空格"及拟音

雅洪托夫看到中古音的二等韵里来母字极少，而二等韵里其他声母的字又有很多跟来母字谐声，就给二等韵的上古音拟测了 -l- 介音。他说：

"众所周知，在中古汉语中所有的字被分成四个等。三等字和四等字有介音 i̯ 或 i；一等字和二等字的区别在于主要元音的性质：比起一等字来，二等字的元音舌位比较靠前或者开口度比较小（一等 ɑ, e, o, u；二等 a, e, ɐ, ɒ）。此外，以正齿音（tṣ, tṣh, dẓh, ṣ）作声母的字即使含有介音 i̯，也总列在二等。

"二等字几乎任何时候都不以辅音 l 起首。从董同龢的音韵表中可以看出，在《说文》中只能找到三个声母为 l 起首的二等字，而其中又只有一个是常用字：冷 leng（其余两个是：苓 låk；醶 ngiäm, lɒm）

"然而，当一些声母为 l 的字和声母为其他辅音声母的字处在同一字族时，声母为其他辅音的字（如果它没有介音 i̯ 或 i）在多数场合是二等字而不是一等字。声母为 l 的字可能是声母为任何其他辅音的二等字的声旁;反之亦然,声母为任何其他辅音的二等字也可能是声母为l的字的声旁。最后,同一字既能表示声母为l的音节,又能表示声母为其他辅音的二等字。对一等字来说,同样声母为l的字就不存在这种关系。

……

"二等字既然像上面我所指出的那样同声母为l的字紧密联系,那么它们当中应该有过介音l,即它们的声母曾是复辅音kl、pl、ml等等。当然,这种复辅音的字在语音上曾经跟声母为l的字相当接近,这样这两类字才能进入同一字族。另一方面,这样来解释二等字的起源时,为什么声母为l的字不可能属于二等就很清楚了:因为在声母l之后不可能还有介音l。"①

雅氏的观察很敏锐。来母很少出现在二等韵,这一特别现象可能包含着上古音的信息,可以成为拟测上古音的一个突破口。以前高本汉等人拟测"k+l"类型的复辅音,都是凭借谐声字的证据。哪些字应该拟测成k,哪些字应该拟测成l,哪些字应该拟测成kl,需要有别的依据。雅氏把这个问题解决了。认为二等字有l作介音,那么kl一类的音就应该是二等字的声母,单独的k或l是其他等字的声母。雅氏的主张得到很多人的支持,也是由于他的看法在音理上更有道理一些。后来的人把这个介音l改写成r,倒不是什么根本性的修正。

3. 从中古声母与开合韵母的结合情况拟测上古音

雅洪托夫为汉语上古音构拟了一套圆唇的舌根音声母,他的根据是中古的牙喉音字在谐声关系中有开合分别的趋势。李方桂则从中古音的结构分析来论证这个构拟方式。他指出,在《切韵》音系,多数有开合对立的韵系里,合口韵母只跟牙喉音或唇音结合,这是一种特别的分布状态。李方桂认为这说明中古的合口介音"多半是受唇音及圆唇舌根音的影响而起的",这就给构拟上古的圆唇舌根音声母找到了更多支持。他说:

"《切韵》系统里有许多合口韵母,只见于唇音及舌根音声母,在别

---

① 《上古汉语的复辅音声母》,《汉语史论集》43—45页。

的声母后绝对不见或少见。如微、废、齐、夬、佳、皆、元、先、文、阳、登、庚、耕、清、青等韵（举平以赅上去）。此外有些韵不分开合，有的认为开，有的认为合，如模、鱼、虞、豪、肴、宵、萧、侯、尤、幽、江、东、冬、钟以及覃、谈、衔、咸、盐、添等韵。至于合口韵母见于一切声母之后的不多，如歌（戈）、寒（桓）、咍（灰）、泰、祭、山、删、仙、痕（魂）等，这些韵似乎都很有限制韵尾多收 -n(-t)、-i，少数 -â。如果暂时把这些少数的韵除外，留到后来讨论每个韵部的时候再来叙述这类合口的来源，我们可以说合口介音多半是受唇音及圆唇舌根音声母的影响而起的。唇音的开合口字在《切韵》时期已经不能分辨清楚，在上古时期也没分开合的必要，只有舌根音的开合口应当区别。"①

　　这里讲到的中古音合口韵包含了三类音，一类是牙喉音（舌根音）合口字，一类是唇音合口字，一类是山摄、果摄、蟹摄等有合口舌齿音的韵。三类若能同时解决，圆唇舌根音的拟测才有更大把握。单从牙喉音这一类讲，拟测圆唇声母问题不大。但唇音合口字有些疑问。按照韵图的归类，中古音的唇音字有的属开口，有的属合口，尽管各韵不存在唇音开合的对立，但是我们仍可以认为开、合两类有发音方面的区别。那么，拟测上古音时需要解释：为什么有的韵里唇音字变成开口、有的韵里唇音字变成合口？关于山摄、果摄、蟹摄，不仅牙喉音、唇音有合口字，舌音和齿音也有合口字更需要有合理的解释。李方桂对后者的解释不是很圆满的。他给这些韵拟测了"复合元音"ua，作为合口介音产生的依据。这个说法不够合理。一个 u 处在声母之后、另一个元音之前，不管把它叫做什么名称（介音或复合元音的前一个元音），它的语音性质、地位和作用都是一样的。有这样的复合语音，就不能再说上古没有合口介音。这个复合语音的拟测，是李氏系统内理论和实践的自相矛盾。可能像雅洪托夫那样，给歌、元、祭等几个韵部拟测单纯的圆唇元音作韵腹，内部的矛盾就不存在，也许是略好一些的解决办法。

---

① 《上古音研究》16—17页。

4. 从声母与韵母结合时的互补关系拟测古音

以上的例子都是把一个声母或一组声母跟韵母的结合状态与整个系统内其他声母与韵母间的结合状态相比较,从而看出这个声母或这一组声母的特殊性。此外还可以观察两个或两组声母跟韵母结合时的"对立""互补"状态,即以两个音或两组音能否在同一条件下出现为考量的尺度,分析中古音里的两个音位或两组音位在上古音是否属于同一个声母或同一组声母。

高本汉在拟测中古音的群母和匣母的上古音值时,发现这两个声母在四等上正好是互补的:群母只出现在三等(高氏说是"有附颚作用的韵母"),匣母只出现在一、二、四等(高氏说是"简单的韵母"),并且在谐声系列里它们也经常互谐,因此推断它们在上古本来是一个声母。他是拿这两个声母跟见母、溪母等的分布状况对比的:"关于舌根音 g 或 ɣ,不难就得到一个结论。咱们已经知道 k, kʻ 等声母在古音或是简单的跟韵母相接:哥 kâ,古 kuo,见 kien,或是有舌面附颚作用的(yodicized,就是加 j),寒 kjiän,几 kji。可是 ɣ 匣母的字总是用在没有附颚作用的韵母前的(何 ɣâ,胡 ɣuo,县 ɣien),而 gʻ 群母的字总是用在有附颚作用的韵母前的(乾 gʻjiän,强 gʻiang,其 gʻji)。那么说它在上古音本来是一个声母,到后来因韵母的不同而分歧为两个声母,倒也是近理的说法。"[①]他又根据自己对谐声字的观察得到的印象,说匣母字常常跟见母谐声(如古—胡之类),但清擦音晓母却不怎么跟见母互谐,可见群母和匣母上古音应该是塞音,所以拟测为 gʻ。后来人们批评他对谐声字的观察不准确,但对他所依据的原理则没有否定。另有一些学者是赞同高氏拟音的。

古音学家也以同样的原理拟测舌音和齿音。清代钱大昕以来,古音学家曾有"古无舌上音""照三归端""照二归精"等说法,意思是说:中古音《切韵》音系的舌上音"知彻澄娘"四母在上古音本不存在,那些声母的字原来属于舌头音"端透定泥";《切韵》音系的正齿音照组三等声母"章昌船书禅"在上古音也属于舌头音,正齿音照组二等声母"庄

---

① 《高本汉的谐声说》,《国学论丛》第一卷第二号,33—34页。

初崇山"在上古音属于齿头音"精清从心"。这都是从文献考证中发现的现象。这些说法是否都正确呢？人们也从各组声母之间的互补和对立关系加以评判。关于"古无舌上音"，大体上得到古音学家的普遍认可，因为端组声母跟知组声母在语音分布上是互补的：端组只出现在一、四等，知组只出现在二三等。而"照三"是否归端、照二是否归精，则受到质疑。高本汉构拟上古声母时没有把照三组当作端组一样的音，也没有完全把照二组当作精组一样的音，真实的原因是其间存在同样条件下的对立。王力对这个问题有明确的论述："钱大昕说：'古人多舌音，后代多变为齿音，不独知彻澄三母为然也。'他的意思是说照穿等母的字在上古时代也有许多读舌音的。他所举的例子是古读舟如雕，读至如窒，读专如尚，读支如鞮。他的话是颇有道理的，但是只限于少数照系三等字（主要是照母三等），与照系二等（庄初床山）无关。这些照系三等字如果认为古读舌音，拿就和知系三等字混用起来了。我们只能说它们的读音相近，不能说相同。"①黄侃把庄初床山并入上古的精清从心，"他合并得颇有理由。从联绵字看，萧瑟、萧疏、萧森、潇洒等，都可以证明精庄两系相通。我之所以踌躇未肯把庄系并入精系，只是由于一些假二等字和三等字发生矛盾。如私与师，史与死等。留待详考。"这样他构拟的上古音声母就是照三系为独立的一组声母，照二系也为独立的一组声母。②

　　同样的情形还有娘母跟日母的关系。王力说："章炳麟作《古音娘日二钮归泥说》，企图证明先秦没有娘日两个声母。说古无娘母是对的（这是钱大昕证明了的），说古无日母则是错误的，因为娘日二母都是三等字，如果上古'女''汝'同音，'日''昵'同音，后来就没有分化的条件了。高本汉把泥娘二母的上古音拟测为[n]，日母的上古音拟测为[ȵ]，是完全合理的。"③

　　以上所谈的这些方法，都是以互补关系作为音类分合的检验条件。从原则上，人们对这种方法没有异议，而且广泛运用。但是在具

---

① 《汉语语音史》21页。
② 同上，20—21页。
③ 同上，21—22页。

体的操作当中,人们的思路各不相同。如在"照二归精"的问题上,高本汉采取的办法是把庄组一分为二:二等字跟精组不冲突,就构拟成跟精组相同的 ts、tsh、dzh、s,三等字跟精组对立,则构拟成跟中古音一样的 tṣ、tṣh、dẓh、ṣ。董同龢的做法和王力相反,他不是因为精、庄(照二)有对立就把它们定为不同的声母,而是反过来,设法证明两组声母原先没有对立,庄组字在上古只有二等,没有三等,《切韵》时代的三等庄组字都是更早的时候从二等字变来的,也就是说,它们之间的对立是后来形成的。于是庄组还是可以合并到精组声母。他说:

"目前的推论无形中是在一步一步的迫我们回过头去考虑旧派古音学家以照系二等完全并于精系的措置。的确,他们的措施,除谐声反切之外还是有许多通假的证据的。不过,现时如信这一说,最严重的问题仍在如何解释三等韵中 ts 系与 tṣ 系的分别。

"远在没有考虑这个问题的时候,由于《广韵》的臻栉两韵(只有 tṣ 系音)之为独立二等韵而未并入真与质,有些三等韵的 ts 系字又多在相当的二等韵里有同母的又音,如'潺'dẓ'iän, dẓ'an,'霎'ṣiäp, ṣap,'生'ṣieng, ṣeng,我曾经疑心过,中古三等韵的 tṣ 系字在上古或有原属二等的可能。它们由上古的二等韵变入中古的三等韵,就好比中古二等韵的 k-系字有好多到现代许多方言里变同三四等韵字。"[①]

董氏用了相当长的篇幅论证三等庄组字来自上古的二等,这里不再引述。他的结论是否牢靠,或许还是可以进一步探讨。而我们看出来,他的理论依据和王力等人是一致的,即认为在两组音互补的情况下就可以说明它们本来是同一套声母,否则就得承认它们在上古音不是同一套声母。构拟的结果是否成功,取决于各人的证据是否可靠,而不是方法本身。

我们看得出来,以对立互补关系为尺度分析中古声母在上古时代的分合,是各家都采用的办法。问题是中古音跟上古音之间的差别究竟有多大,中古音对立的声母在上古音是否就对立还是曾经互补,这都是不大容易搞清楚的难题。在音位学上,"互补"与"合并音位"不是

[①] 《上古音韵表稿》21 页。

必然的因果关系。互补的两个音,可能是一个音位,也可能不是一个音位。到了古音研究中,哪些互补的音可以合为一类,也不是轻易就可决断的。这里需要把"审音"与"考古"两种方法妥善结合起来,从多种视角定位,裁决音类的分合。

五、根据特定的韵母内部组合关系拟测古音

韵母由介音、韵腹、韵尾三部分组合而成。从组合能力的角度看,应该是每个介音都能够跟所有的韵腹配合,每个韵尾也都能够跟所有的韵腹配合;但是,一个韵母系统里边往往有参差不齐的现象,理论上可以出现的韵母组合形式实际上没有出现。这通常表现为韵尾与韵头的互相排斥:具有某种韵尾的韵母就不出现某个相应的韵头,具有某种韵头的韵母就不出现某个相应的韵尾。例如现代汉语的韵母系统里,作韵头、韵尾的元音 i 跟作韵腹的元音 a、e 结合成的韵母有 ia、ie、ai、uai、əi、wəi,但是没有 iai、iəi 这样的韵母;作介音、韵尾的元音 u 跟作韵腹的 a、e 结合成的韵母有 ua、uə(uo)、au、iau、əu、ieu,但是没有 uau、uəu。对这一现象,语音学上的解释就是韵头与韵尾的互相排斥而导致"异化"演变:韵母里保存了 i、u 作韵尾,作韵头的同样的音就会失落;或者反过来,如果保存了 i、u 韵头,作韵尾的同样的音就会失落。韵母内部组合关系中的这种"缺席"现象,也是一种空格,这样的现象也是古音研究的一种线索。我们能够推论:从前本来存在过 iai、iei 这两个韵母;uau 和 ueu 也许存在过。

类似于上述现象的"空格"在中古和上古的韵母系统里也不少见,其中有一些被古音学家用来构拟上古音。

1. 高本汉对闭口韵部合口韵母的拟测

高本汉注意到中古音闭口韵(深摄、咸摄)缺少合口呼,若跟与它在各方面平行的山摄、臻摄相比尤其明显。《上古中国音当中的几个问题》一文把这一现象作为依据,补充了闭口韵的合口韵母。

"咱们假如翻开《切韵指掌图》,或是《康熙字典》里的《切音指南》,那类的表,就可以看出来所谓开口跟合口两种表的很规则地相配的现

象。这是关乎声与韵当中的 u 或 w 的有无。凡开口 kâ 就是跟合口 kuâ 相配,开口 gâng 跟合口 gwâng 相配,开口 ki̯ang 跟合口 ki̯wang 相配,其余类推。在这样,咱们假如拿那些韵表前五百年的《切韵》的韵母再照韵表的原则来排列起来,同时特别研究两大类有许多地方相类的韵母,咱们就可以得一个表如下:

等	韵	韵
一	寒 kân	桓 kuân
二	山删 kan	山删 kwan
三跟四	仙 ki̯än	仙 ki̯wän
三	元 ki̯ɐn	元 ki̯wɐn
四	先 kien	先 kiwen
一	覃谈 kâm	O
二	咸衔 kam	O
三跟四	盐 ki̯äm	O
三	严 ki̯ɐn	凡 b'i̯wɐm
四	添 kiem	O

这样看起来,在 -n 韵尾有一全套的合口韵,而在 -m 韵尾,差不多全没有合口的韵。咱们就得问,为什么会这样?那么最显然的回答,就是在那 -m 韵里,-m 是一个唇音,u(w) 也是一个唇音,所以一个很可能的解释就是说在最先倒是真有像 kuâm、kwam、ki̯wäm 那类的字,可是后来因为一种异化作用,就是在同一个字里头避免有同类音隔开音而读两次的现象,使得那类的字改变了音,所以在表的右边发生了空档了。"①

高本汉所举出的填补闭口韵合口呼例字是"风""熊"等:

"这种现象在上古中国语的存在,倒是极容易证明的。拿一个'风'字,在古音(《切韵》音)是 pi̯ ung,可是风字从凡声,凡字在古音是 b'i̯wɐm,是 -m 尾字,可见得上古风字的音是 pi̯um。还有在《诗经》里风字照例跟'心',古音 si̯əm,林,古音 li̯əm,押韵,也是一个证据。所以说

---

① 《史语所集刊》第一本第三分,345—346 页。

风字的上古音是 pi̯um 是稳当的。还有熊字古音 ɣi̯ung，也是一个同样的例。熊字从 ɣi̯um 变成 ɣi̯ung，就如同风字从 pi̯um 变成 pi̯ung 一样。"①

高本汉的拟音很有道理。从音理上说，元音 u（或半元音 w）发音有嘴唇的聚拢动作，辅音 m 发音有嘴唇的关闭动作，二者的发音有共性，出现在同一个音节中就可能导致异化的演变。高氏又能够从谐声字、押韵等材料中找到旁证，所以他的拟音比较可靠。根据章炳麟、王力等人中国学者的研究，上古冬部在早期上古音中跟侵部属于一个韵部，这一部是收 m 韵尾的闭口韵，而高本汉拟测这一部是 ŋ 韵尾。若拟测为 m 韵尾，高本汉所指出的空档会填补得更好。依照王力的拟音，冬部就是《诗经》时代侵部的合口字，拟音为 uəm、i̯uəm 等，收 m 尾的合口字就多出很多。

2. 赖惟勤对上古舌根音韵尾的拟测

日本学者赖惟勤分析了前人拟音中上古韵母的韵尾分布和中古音的系统，提出了上古音有一套圆唇舌根音韵尾的构拟意见。

他首先对高本汉、董同龢等人所拟上古音系统中几类韵尾的分布状况作了分类排比。从韵尾上看，董同龢构拟的上古音各韵部可以分成以下四类：

收舌根音韵尾的：侯、东、幽、中、宵、鱼、阳、之、蒸、佳、耕

收舌尖音韵尾的：祭、元、微、文、脂、真

没有韵尾的：歌

收唇音韵尾的：叶、谈、缉、侵

赖氏认为，收舌根音韵尾的韵部比唇音和舌音韵尾韵部多得多，影响到整个系统的整齐，这样的拟测值得怀疑。他因此而假定，舌根音韵尾的韵部并非只有一类，而应该分成两类，所有韵部可以排列成下面的布局：

第一类：侯、东、幽、中、宵

第二类：鱼、阳、之、蒸、佳、耕

第三类：祭、元、微、文、脂、真

---

① 《史语所集刊》第一本第三分，346 页。

第四类:歌

第五类:叶、谈、缉、侵

为了证明这一点,他分别考察收舌根音韵尾的两类韵部在中古音里有没有韵头、韵腹、韵尾的差异,然后从音系学的角度对差异进行解释,最后拟测不同的韵尾作为这两类韵部的语音差别。

这些韵部演变到中古音,在《切韵》音系里的分布情况如下:

第一类　幽、中部:豪肴萧幽尤,沃觉锡屋三,冬江东三。

　　　　侯、东部:侯虞,屋一觉烛,东一江钟。

　　　　宵部:豪肴宵₁宵₂萧,沃铎开屋一觉药锡。

第二类　佳、耕部:佳支齐,麦昔锡,耕庚三清青。

　　　　之、蒸部:(开口)咍皆之,德麦职,登耕蒸。

　　　　　　　　(合口)灰皆脂侯尤,德麦职屋三,登耕蒸东一东三。

　　　　鱼、阳部:(开口)麻二麻三模鱼,陌二陌三昔铎药,庚二庚三唐阳。

　　　　　　　　(合口)麻二(模)虞,陌二铎药,庚二唐阳。

(韵目之后的汉字数目表示等位,阿拉伯数字1表示重纽四等,2表示重纽三等)

为了证明上古拟音,首先要观察这些韵类在中古音拟音系统的分布情况。

两类之间在介音上没有差别。

在主要元音上,阴声韵和入声韵没有什么差异,都可以出现各种各样的元音;阳声韵的情况有差别,第二类可以有各种各样的元音,而在第一类中没有前元音。

第二类的二等韵有重韵,即佳皆麦陌耕庚;而第一类的二等韵则只有肴觉江,没有重韵。

在韵尾方面,阴声韵第一类大抵都是-u,没有-i;第二类主要是-i,还有-o和-u。入声韵和阳声韵的韵尾,两类都收-k和-ŋ,好像没有差异。

还有一个很值得注意的现象,即在《切韵》系韵书的韵目次序,第一类的入声韵和阳声韵都在前头(通摄、江摄),第二类的入声韵阳声韵都在中间(宕摄、梗摄、曾摄)。这或许暗示着某种语音的差别。

此外,赖氏还考察了泰语借用的汉语词也存在着差别,第一类的韵尾大抵是后元音-u、-o,第二类的韵尾有-u、-i、-o、-ə。

根据以上的语音线索,赖惟勤从介音、韵腹、韵尾三方面探讨两类韵部的具体语音差别。

介音方面似乎找不出什么区别的条件。

以前的拟音把差别体现在韵腹上,即构拟第一类的韵腹为后元音,构拟第二类的韵腹为其他元音。赖氏不同意这种思路,他主张上古音里高元音只应该作为介音,像u这样的后高元音不适合作为韵腹。

剩下的选择就是韵尾有差别,这是赖氏所主张的。把第一类韵部的韵尾拟测成具有圆唇作用的舌根音,用的符号是-Gw, -qw, Nw,其实就是-gw, -kw, -ŋw;而第二类韵的上古音韵尾应该是普通的舌根音-g, -k, -ŋ。[①]

赖惟勤的构拟思路,最重要的立足点是对上古韵母拟音系统内部的结构分析,即各类韵尾的分布不能太不平衡。为了达到平衡,就把原先拟成舌根音韵尾的韵部分成两类,分别拟测韵尾,以消除畸轻畸重的不合理状态。这一思路应该归入本书所说的"审音法"(见第六章)。赖氏对中古音的分析,是他研究过程的第二步,用来证实他的假设。这跟直接从后代音系出发推论古音的"内部拟测"有所不同,不过所依据的原理是一致的,在广义上还是内部拟测法。

赖氏所分析的几种中古音现象中,有的有利于他的推论,如主要元音方面,第一类有央、后元音而没有前元音;在韵尾方面,第一类里的阴声韵韵尾大都是u而没有i;以及《切韵》阳声韵和入声韵的排列次序等,似乎都可以支持他的拟测。有的现象跟他的拟音关系不大,例如有重韵与没有重韵。赖氏的拟音被李方桂等人采纳,产生较大的影响,也说明他的拟音有独到之处。

[①] 参看筱崎摄子《赖惟勤合口性喉音韵尾说简介》,《语苑撷英》,北京语言文化大学出版社1997年。

3. 张琨对原始汉语韵母的拟测

有些学者主张构拟原始汉语要依靠汉藏语系的比较,但是汉藏语系的研究还不够成熟,从这方面入手构拟原始汉语困难重重。张琨尝试着探索另一条途径,他用构拟的上古音和中古音的比较,拟测一个较有条理的原始汉语音韵系统。他从两方面下手,一是对古汉语方言的比较,一是对《诗经》音系的内部分析。后者就是内部拟测法。下面所述是他在《古汉语韵母系统与〈切韵〉》一文中的研究方法。

《诗经》拟音系统的不平衡关系是张琨构拟原始汉语韵母的一个突破口。他说:"要构拟原始汉语,我们首先得从《诗经》韵部元音的分配上去找线索。"他有一个自己的上古韵母拟音系统:

ig		ug		ik	uk		iŋ	uŋ	
支		侯		锡	屋		耕	东	
	əg	uəg	əug	ək	uək əuk	əŋ	uəŋ	əuŋ	
	之	之	幽	职	职 觉	蒸	蒸	冬	
		âg	âug	âk	âuk			âŋ	
		鱼	宵	铎	药			阳	
id				it			in		
脂				质			真		
	əd			ət			ən		
	微			物			文		
		ad âd		at ât			an ân		
		祭 祭		月 月			元 元		
əb				əp			əm		
(?)				缉			侵		
		âb		ap âp			am âm		
		(?)		叶 叶			谈 谈		
ir									
脂(?)									
	ər								
	微(?)								
		â							
		歌							

(摘自华中工学院出版社1987年《汉语音韵史论文集》164页,今稍微有调整,并加注通用韵部名称,有疑问处加问号)

张琨的主要分析如下：

"我们发现，在《诗经》诸韵部里有极不均衡的元音分布状态，就是在舌根音韵尾前的元音种类比舌尖音、唇音韵尾前的元音多。在舌尖音和唇音韵尾前，有前 a 和后 â 的对立，在舌根音韵尾前没有这个现象；只有在舌根音韵尾前，才有元音 u 和带 u 的复合元音。

"我们首先假定，原始汉语里元音的分布更广泛，换句话说，不像上古汉语那样受韵尾的限制。我们的基本假设就是，那些出现在舌根音韵尾前的元音，在较早时期也都曾经出现在舌尖和唇音韵尾之前。这个假设的证据就是前文讨论过的元韵在福州和日语吴音读后圆唇元音的例子。闽南和闽北的反映都是高圆唇元音，我们给殷韵构拟了一个 *u 元音，例如'斤'字（阴平）的原始汉语形式是 *kjun；福州 kyng，厦门 kun。我们比较《诗经》的'斤' *kjən 和上面那个拟音（*kjun），就可以知道为什么《诗经》系统里的 *jən 在《切韵》分见于真（*jən）、殷（*jun）两韵：*jun 和 *jən 在《诗经》的方言里合并了，但在南部方言里并未合并，《切韵》以南方方言为根据予以分立。

"其次，我们假定，上古时期以后影响舌根音韵尾前的元音的那些变化，在前上古时期也曾影响过在舌尖和唇音韵尾前的那些元音。这种变化的一个例子是后上古时期的 -uə 换位成 -əu，变化的环境是介音 -j- 和舌根音韵尾（*-k,*-g,*-N）的中间。《诗经》的 -juəg 与 -jəug 在《切韵》同归尤韵。我们推测 -uə 变成 -əu，而不是 -əu 变成 -uə，这是从现代方言的反映情形来考虑的。现代方言通常有个复合元音，-u 为其中的第二个成分，从不作为第一个成分出现。我们如果采取这个办法，那么原始汉语 juən 和 jəun 到了《切韵》就合并成 jəun，即我们构拟的元韵的韵母。那么重唇音到轻唇音的变化，就是由于（1）-j- 介音和舌尖音韵尾中的圆唇后元音 *-u 和 *-əu 引起的；（2）唇音韵尾前的介音 -ʮ- 引起的；（3）舌根音韵尾前的单纯后元音（*-â-,*-u-）以及复元音 *-əu 引起的。

"另一个后上古时期的变化就是 *-j- 介音和 *-k 韵尾中间的 *-au- 变成 *-â-。我们用这个变化来说明唇音韵尾及舌尖音韵尾之前的元音有前 a 和后 â 的对立：《诗经》的 *-jâk 与 *-jauk 在《切韵》里属于药韵。我们构拟的原始汉语元音系统中只有一个 a 元音：

$$i \quad u$$
$$ə$$
$$a$$

这个 a 元音有两个变体，在唇音和舌尖音前头为前元音 a，在舌根音韵尾前头是后元音 â。*-au- 变成 *-â- 以后，就产生了前上古时期与《诗经》时期的 a:â 对立（在舌尖音和唇音韵尾前头）。而单纯的元音系统就演变成这样的局面：

$$i \quad u$$
$$ə$$
$$a \quad â"^{①}$$

经过填补空格，张琨拟测出一个组合关系比较整齐的韵母系统。这个原始汉语韵母系统如下[②]：

ig	ug		ik	uk		iŋ	uŋ	
əg	əug	uəg	ək	əuk	uək	əŋ	əuŋ	uəŋ
ag	aug		ak	auk		aŋ	auŋ	
id	uud		it	ut		in	un	
əd	əud	uəd	ət	əut	uət	ən	əun	uən
ad	aud		at	aut		an	aun	
ib?	uub?		ip?	up		im?	um	
əb	əub?	uəb?	əp	əup	uəp	əm	əum	uəm
ab	aub?		ap	aup		am	aum	
ir								
ər								
a								

---

① 《汉语音韵史论文集》91—93 页。
② 同上，165 页，本表问号为原文所有。

这个拟音系统跟上文的《诗经》韵母系统相比,最大的差别就是韵母数目增加,增加的方式是让《诗经》韵母系统里只出现在舌根音韵尾前的 au、əu、uə 也出现在舌尖音韵尾和唇音韵尾之前。这是典型的填补"空格"。

这个原始汉语是什么性质的呢?张琨说:"把原始汉语设想成一个语言,后来分裂为方言群,例如先分裂成原始吴语、原始闽语等等,然后再分裂为各个方言。这是荒谬的假设。早期汉语的方言必定比今天更为复杂,一个小的相当孤立的部落必定有它自己的语言。后来由于科技的进步,人口的繁殖,语言接触的机会增多,也越趋向频繁,方言越来越加感受到标准语统一的影响力。因此,我们的原始系统不是一个历史上的语言,而是一个假想的对立系统,要用最简单的、最合乎语言实际的办法来解释已知的历史文献上的记录。"①

原始汉语时代遥远,要弄清它的真实面目相当困难,用多种方法加以探讨是必要的。张琨的研究方法是很有意义的尝试,应该说,这种方法的价值比目前的汉藏语系的比较研究还要高一些,或者说,至少不比后者差。但是,上古汉语的拟音问题还没有解决,各家的拟音有很大出入,那么,以不同的上古拟音作为拟测原始汉语的出发点,得到的结果就会有很大出入。看来,原始汉语的研究要等上古音的研究更加成熟以后才会有理想的成绩。

六、内部拟测法用于上古和远古汉语研究的效用

内部拟测法在上古音的研究中的重要性是没有疑问的,它可以解决历史比较法和文献考证方法所不能解决的一些问题。以现代方言的比较研究上古音有比较大的困难,亲属语言的比较能够提供的东西太少,因此历史比较法在上古音研究中的作用很有局限。文献材料不能反映音值,并且文献考证得出的是韵部大类和粗略的声母接触关系,不能完整细致地反映韵母的所有类别,也不能具体地反映声母的

---

① 《汉语音韵史论文集》90页。着重号为引者所加。

面貌。运用内部拟测法,一是推断了音值,二是划分了韵类,三是分析出声母单位。这些功用决定了这一方法的重要性。上古拟音的主要成绩来自内部拟测法,20世纪的主要的古音学家都把这一方法放在第一位。

内部拟测法在上古汉语音韵中的成绩,基本上都是与文献考证方法相结合而取得的。单独用内部拟测,对中古音系统的结构分析发现了历史演变的痕迹,但这些痕迹说明什么问题,提示了哪些音变现象,还是不很清楚的,需要进一步借助于文献考证。高本汉很懂得这一点,他构拟上古的不送气塞音和塞擦音声母,就是在详细分析谐声字的基础上填补了 d、ɡ、ḓ 等"空格";他构拟上古有比中古音更多的合口的 m 尾韵母,也用了押韵和谐声的证据。李方桂等人的研究也都把《切韵》音系的结构分析跟谐声粗略紧密结合起来。可见汉语史的研究要"多管齐下"才能收到比较好的效果。

内部拟测法有自身的弱点。它的出发点是针对一个共时系统内的"异常现象"和"例外现象",设想更古老的语言系统内这些异常的现象原本不异常,例外的现象原本不例外,那么这个系统里的音位聚合关系很整齐,音节的组合方式也是很整齐的。这并不符合语言的实际情况。一般说来,一个活的语言系统里,音位的聚合分布和音节组合方式都会存在着缺口或冗余的现象,不会处处整齐划一、十分严整。古音里边何处是规整的,何处是不规整的,不大容易判断。单纯用内部拟测法,总是尽量把拟测对象做成更加规整的系统,其中必定有脱离实际、不合乎自然语言本相的内容。张琨对这一点有清醒的认识,他说自己的原始汉语音系"不是一个历史上的语言,而是一个假想的对立系统",这是客观的态度。目前对于原始汉语或"远古汉语"拟测,都脱不出这一定评。

主要参考文献:

董同龢《上古音韵表稿》,台联国风出版社1975年。

高本汉 Analytic Dictionary of Chinese and Sino-Japanese, Geuthner, Paris, 1923。

第八章　内部拟测法

《高本汉的谐声说》,赵元任译,《国学论丛》第一卷第二期,1927年。

《上古中国音当中的几个问题》,赵元任译,《史语所集刊》第一本第三分,1930年。

《中上古汉语音韵学纲要》,聂鸿音译,齐鲁书社1987年。

黄　侃《黄侃论学杂著》,上海古籍出版社1980年。

赖惟勤《中国音韵论集·赖惟勤著作集(一)》,1989年。

李方桂《上古音研究》,商务印书馆1980年。

《上古音研究中声韵结合的方法》,《语言研究》1983年第2期。

钱玄同《文字学音篇》,《钱玄同文集》第五卷,中国人民大学出版社1999年。

王　力《汉语史稿》上册,中华书局1980年。

《先秦古音拟测问题》,《北京大学学报》1963年。

筱崎摄子《赖惟勤合口性喉音韵尾说简介》,《语苑撷英》,北京语言文化大学出版社1997年。

徐通锵《音系中的变异和内部拟测法》,《徐通锵自选集》,河南教育出版社1993年。

《历史语言学》,商务印书馆1991年。

《音系的结构格局和内部拟测法》,《语文研究》1994年第3期。

徐通锵、叶蜚声《内部拟测方法和汉语上古音系的研究》,《语文研究》1981年第1期。

雅洪托夫《汉语史论集》,北京大学出版社1986年。

张　琨《汉语音韵史论文集》,华中工学院出版社1987年。

郑张尚芳《上古韵母系统和四等、介音、声调的发源问题》,《温州师范学院学报》1987年第4期。

第九章　译音对勘法

一、概　说

用汉语和其他语言的对音材料分析汉语古音的音值和音类,叫译音对勘法。

研究汉语古音的对音材料可以分为三类:域外汉字音、对音字、注音字。域外汉字音主要是日本、朝鲜、越南等国家从汉语引进的词语,这类借词在现代还大量地使用,汉语音韵学上曾经把它们称作"域外方言",在历史比较法中的作用相当于一种汉语方音,因此,我们把这类材料放在了"历史比较法"一章内讨论。本章讨论的是后两类材料,即对音字和注音字的研究。"对音字"也可以分两种:一种是汉语与梵语以及古代西域语言的对音,大部分是用汉字记录的外语词;一种是汉语与中国少数民族语言的对音,有汉字记录的外语词,也有别种文字记录的汉语词;"注音字"是指用外国的或外族的拼音文字给汉字标注的读音。把某一类对音材料中的用字排比出来,从大多数字的对音中总结出规律,可以推究出古代汉语的语音。同类音的材料越多,表现形式越一致,证明作用就越强。但是,对音的两方不都是同样的音恰好等值相对,其中有很多复杂情况。研究对音的大量工作是要解决那些复杂的问题。

中古以前的对音材料以梵汉对音为主,因为时代久远的关系,那一段时间里的汉语古音音值比较难于构拟,梵汉对音恰好提供了丰富的证据来帮助人们解决这个困难。汉藏对音、汉夏对音等主要用来研究唐宋时期的汉语。明清时期的主要对音材料是用外文给汉字注音的著作,这个时代距离现代汉语很近,若单从构拟音值的目的出发,以现代的语音作历史比较法的研究是最主要的手段,但是研究那些外文的注音材料能够发现不少普遍性的对音规律,对于研究更古老的对音具有参考借鉴的用处,所以也是不可忽视的。

近代以来关于对音材料的研究首先是从梵汉对音开始的。自东汉以后,随着佛教的传入和译经事业的发展,大量的梵文音译词出现于历代佛教经典当中,反映了不同时期的语音特点。现代音韵学者十分重视这些对音,把它们看作研究汉语古音的重要依据。

清代一些古音学著作里涉及过古代的音译词,但那不是直接的音值考察,而是音类考求。如钱大昕提出"古无轻唇音"和"古无舌上音"时,所用的证据中也有佛经译名的读音。他说:"释氏书多用'南无'字,读如'曩谟'。梵书入中国,绎译多在东晋时,音犹近古,沙门守其旧音不改,所谓礼失而求诸野也。"又说:"'笃厚'字本当作'竺',经典多用'笃',以其形声同耳。《汉书·西域传》:无雷国北与捐毒接,师古曰:'捐毒即身毒,天毒也。'《张骞传》:'吾贾人转市之身毒国',邓展曰:'毒音督',李奇曰:'一名天竺'。《后汉书·杜笃传》:'摧天督',注:'即天竺国'。然则竺、笃、毒、督四文同音。"(《十驾斋养新录》卷五)前一例子是用后代佛门弟子的读音证明古音,后一例子是根据异文来证明古音,都不是根据梵文的原来读音作为证据。这样的证明法还不是译音对勘法。

19世纪末,有些西方学者开始注意到梵汉对音在研究汉语古音中的用处,但还没有走上研究的轨道。真正的汉语古音构拟是从20世纪初开始的,对音材料受重视也是在这个时候。高本汉的《中国音韵学研究》一书里列了三项研究汉语中古音的材料,其中第一项就是"外国语言里翻译中国字的对音跟中国语言里翻译外国字的对音(例如梵文的字,尤其是中亚细亚语言的字)",不过他对运用梵汉对音持非常谨慎的态度,他的书中基本上没有用到这类材料。马伯乐于1920年发表的《唐代长安方音》一文,利用了唐代不空所译佛经里的对音来证明长安的声母。到1923年,俄国学者钢和泰发表《音译梵书与中国古音》一文,引起了中国学者的注意和兴趣。

钢和泰的文章由胡适翻译成汉语,发表在北京大学《国学季刊》第一卷第一期。文中认为研究古代的汉字读音有三种材料可用,一是汉语方言和日本、朝鲜、越南的汉字音,二是古代的韵书和韵图,三是"中国字在外国文里的译音与外国字在中国文里的译音"。而特别重要的是第三项,文中说:

"在那些外国字的汉文译音之中,最应该特别注意的是梵文的密咒(Mantras)一类。这些梵咒(亦称陀罗尼,Dhāraṇī,译言总持)曾经用汉字译音,使那些不懂印度文字的人也可以依汉字念诵。"[①]"梵咒的音读因为有宗教的性质,故在中国古音学上的价值比一切非宗教的译音(如地名人名等)格外重要。此外,这些咒还有一个优点:译者的姓名与年代往往都有记载可考,不比那些不带宗教性质的地名人名大都是不知起于何代的。况且平常的外国地名人名至多不过几个字,而一篇陀罗尼里有时竟有几百或几千个字的。这一点更可见这些梵咒的价值了。"[②]

钢和泰从宋代法天所翻译的梵咒和宗教颂诗里举出三百个例字,证明译音与高本汉构拟的中古音大致符合。这篇文章具体考证的语音内容并不多,但在研究方法上的倡导作用才是更重要的。胡适的大力推介扩大了本文的影响。

随后出现的一篇重要文章是中国学者汪荣宝的《歌戈鱼虞模古读考》。该文以日本假名跟汉字的关系、古代西方国家所记的中国古地名国名、中国古书里的梵汉对音和西域地名等,证明《广韵》的歌戈二韵在唐宋以前的韵母是 a 而不是 o,鱼虞模三韵在魏晋以前的韵母是 a 而不是 u 或 y。这篇文章引起了一场大辩论,推动了音韵学研究方法上的进步。

此后的二三十年间,梵汉对音的研究主要是一些专题研究。有影响的论著如罗常培的《知彻澄娘音值考》,以译音的证据推论舌上音知彻澄娘的音值是舌尖后的塞音和鼻音 ṭ、ṭh、ḍ、ṇ;陆志韦的《古音说略》和李荣的《切韵音系》以对音的惯例证明中古汉语的全浊声母不送气。

80年代以后发表的论著大多从对音中研究完整的汉语音系。代

---

① 《国学季刊》第一卷第一期,49页。
② 同上,50页。

表性著作有俞敏的《后汉三国梵汉对音谱》,以及尉迟治平的北周隋代音系研究、刘广和的中唐音系和晋代音系研究、施向东的初唐音系研究等。

在梵汉对音研究的带动之下,其他对音材料的研究也陆续展开。关于汉藏对音的研究有罗常培的《唐五代西北方音》等,汉语和西夏语对音的研究有李范文的《宋代西北方音》等,八思巴字和汉语的对音研究有龙果夫的《八思巴字与古官话》等。西洋文字给汉字注音的材料,人们最关注的有《西儒耳目资》;朝鲜谚文给汉字注音的材料,人们最关注的是《翻译老乞大·朴通事》,各有若干研究论著问世。

在过去一个世纪的对音研究中,曾经出现过争论。主要的争议焦点是译音的可靠性如何,在这个问题上,人们的态度分为三种,一种是非常肯定,一种是怀疑乃至否定,还有一种意见是既肯定对音的用处,也感到其中问题较多而采取比较审慎的态度。

钢和泰就主张梵汉对音是绝对可靠的。首先,他认为梵咒的译音都是准确的,"释迦牟尼以前,印度早已把念咒看的很重要。古代的传说以为这种圣咒若不正确的念诵,念咒的人不但不能受福,还要得祸。梵文是诸天的语言,发音若不正确,天神便要发怒,怪念诵的人侮辱这神圣语言。这个古代的迷信,后来也影响到佛教徒,所以我们读这些汉文音译的咒语,可以相信当日译音选字必定是很慎重的。因为咒语的功效不在它的意义,而在它的音读,所以译咒的要点在于严格的选择最相当的字音。"其次,他认为梵文的读音也是长期不变,非常稳定,"这两三千年以来,梵文的音读不曾经过变迁。"因此,用译音考证汉语古音是可靠的,"这几层理由使我们明白这些梵咒的言语学上的大功用。只要我们能寻出梵文原文来和音译的咒语对照,便可以知道那些汉字在当时的音读了。"①他的话是一种有代表性的意见。

在汪荣宝发表文章之后的大辩论中,认为梵汉对音可靠的占优势,如钱玄同、林语堂、唐钺、李思纯等。他们在具体问题的看法上不免有分歧,总的原则是一致的。

---

① 《国学季刊》第一卷第一期,49页。

辩论中的反对一方则说译音不可靠。当时参加辩论的章炳麟、徐震等都从不同方面阐述同一观点。章氏认为，译音时不过是用读音近似的字对译，不是完全同音。"内典译者，自隋以上，皆略取相似，不求谐切。玄奘、窥基、义净之书，译音渐密，然亦尚有疏者。如宋明人书，译金元音不能正确，盖不足为典要矣。"①又以现代日本语里汉字音跟汉语的差别为例来证明译音不能准确："日本人吴音汉音之别，吴指金陵，汉指长安。今两方音皆不与日本所传者同，上推唐韵，证以切纽，亦无一相似者。盖辗转侏离，尽失故读矣。观彼中学近代英语者发声尚不能谐切，况古代之吴音汉音乎？或欲据此倒证中土唐音，甚谬。"②徐震则主要从语音的地域差别和时间差别上否定译音的可靠性，他说："声音之变，不独随时代而殊，亦复因方域而异。故有一字可读数音者。……今汪先生所取证者，外国译音也。然西人文字，虽以声为主，亦决无经久不变之理。凡西人所译地名，如以 Sīla 为斯罗，以 Wāquāq 为倭国，当时西人音读如何，今固无自证明者。""若乃梵英字汇所译印度之音，与中国所译之内典，其时相去已远，梵音岂一无变迁耶？"③

这些持反对意见者提出的问题确实存在，值得重视，但并非不可克服。所以就有一派比较持中的态度：既承认对音材料中的复杂性，但并不因此而否定对音的价值，而是充分肯定对音的用处，要利用它来研究汉语古音。如罗常培在研究汉藏对音时提出一个说法："虽然当译音的时候彼此都不免有曲改读音，强人就我的毛病，可是在把本国的音类弄清楚以后，能够参照用音标所写的对音，那实在是打破读音'玄关'的一个秘钥。"④"用华梵对音推测中国古音的方法，有人不大以为然。但是这也要分别情形不可一概而论。"⑤"我对于应用华梵对音考证汉语古音的方法，虽然认为要有相当的限度，可是对于在推求守温字母的音值上，却觉得是颇可信据的。"⑥高本汉的态度属于"抽象

---

① 《与汪旭初论阿字长短音书》，《华国月刊》第一卷第五期，1页。
② 同上，4页。
③ 《歌戈鱼虞模古读考质疑》，《华国月刊》第一卷第六期，1—2页。
④ 《唐五代西北方音》，《历史语言研究所单刊甲种之十二》，1933年，1页。
⑤ 《知彻澄娘音值考》，《罗常培语言学论文选集》，科学出版社1963年，23页。
⑥ 同上，31页。

肯定、具体否定",他说:"因为各民族要迁就自己语言的读音习惯,对于外来的借字都有曲改读音的倾向,甚至改的认都认不出来了,所以有时简直连相近的音值都不一定找得到了。例如蒙古书中把汉语爆发音里的清音写作浊音,浊音写作清音。所以从这些对音材料上所拟出的音系决不能就算作是古代汉语的音系,至多只能算是中国古音最粗的一个轮廓罢了。对音的材料固然很重要,不过最好是先从本国的材料得了结果,然后再拿对音当一种试金石来对一对。"[1]高氏虽然把对音算作研究汉语古音的重要材料之一,可是他不肯轻易使用这类材料,可见他是不十分信任这类材料的。

研究梵汉对音和研究其他对音,遇到的问题很多是性质相同的普遍性问题,如需要分析和处理相近音的替代、分辨源语言的方言差别和目的语言的方言差别、区别连读音变和字母本音的差别,等等。此外,佛典对音还有一个特殊问题,即汉译经文的原本是否梵文。据一些学者研究,早期的佛教著作有很多不是直接从梵文翻译过来,而是从中亚地区转译过来的,译经人所依据的原本是本地语言而不是梵文。方壮猷说:"盖后汉魏晋时代中国所传之佛教,大抵由西域龟兹焉耆间接传入,其时所翻译之佛典,亦大抵由西域诸国语言如龟兹语焉耆语间接翻译而来。然西域诸国语言如龟兹焉耆等虽皆取法印度,然亦各有损益,与梵文原本不无异同。"[2]季羡林以西域考古的发现为根据,指出:"最早的汉文里的印度文借字都不是直接从梵文译过来的,而是经过中亚古代语言,特别是吐火罗语的媒介。……人们发现这些借字的音和梵文不相符合,于是就武断地说它是'讹'或者是'讹略'。事实上既不是'讹'也不'略',只是来源不同而已。"[3]"汉末三国时候,西域许多小国的高僧和居士都到中国来传教,像安士高、支谦、支娄迦谶、安玄、支曜、康巨、康孟详等是其中最有名的。到了这时候,西域小国对佛教入华才真正有了影响。这些高僧居士译出的经很多,现在推

---

[1] 《中国音韵学研究》,赵元任、罗常培、李方桂译,商务印书馆1995年,15页。
[2] 《三种古西域语之发现及其解释》,《女师大学术季刊》1930年第四期,30页。
[3] 《吐火罗语的发现与考释及其在中印文化交流中的作用》,《语言研究》第一辑,1956年,306—307页。

测起来,它们根据的本子一定不会是梵文原文,而是他们本国的语言。"①这个问题的存在,增加了梵汉对音研究的难度,需要研究者多多注意考古成果,多多利用相关学科的知识。

二、利用梵汉对音和西域对音局部地构拟汉语古音

20世纪前期,用梵汉对音的材料以及其他古西域语言的对音材料构拟汉语古音,主要是针对某一时代汉语的某一部分音类而进行。以下就韵母、声母、声调的研究各举一例,借以窥见基本的研究方法。

1. 韵母研究例

汪荣宝的《歌戈鱼虞模古读考》一文以多种对音材料证明《广韵》的歌戈韵在唐宋以前读 a 韵母,《广韵》的鱼虞模韵在魏晋以前也读 a 韵母。

证明歌戈韵的韵母读 a,用到三方面的材料。一是日本假名的造字所依据的汉字读音。"考日本之有汉籍在西晋初,而其采汉字以制假名为切音之用在唐之季世。日本之所谓汉音,正六朝唐人之读音也。今观假名五十音中,其代表 a、ka、sa、ta、na、ha、ma、ya、ra、wa 十音者,用'阿加左多那波末也罗和'十字,即属于歌韵者五字,属于戈韵者二字,属于麻韵者二字,属于入声末韵者一字。夫依声托事,必取其声之相近者,纵有一二通假之字不必与本音全相吻合,要其大体当不甚违异。今 a 列十字中取材于歌戈者七字,则歌戈之必与 a 音相谐可知。"②

二是古代西域人所记的东方地名、国名。"谓日本之所谓汉音未足据,则更试求古代西人译语证之。第九世纪——即我晚唐时代——阿剌伯商人所著中国游记,或称:'中国滨海方面与 sīla 诸岛为界,其民白皙,臣属中国,自言若阙朝贡,国必不雨。惜我国人无亲至其地者',此必指朝鲜。是时半岛全部方在新罗王国统一之下,中国亦称之曰斯

---

① 《浮屠与佛》,《史语所集刊》第二十本下册,103 页。
② 《国学季刊》第一卷第二期,242 页。

罗(《南史·新罗传》)。阿剌伯人所记既非出自身经,则必得之中国人之传述。古音斯读如si,sīla之为斯罗译音,毫无疑义。此唐人读罗为la之证矣。又阿剌伯人之知日本,亦在是时,而名之曰Wāqwāq。西人治东故者,或以此为日本语Wakoku(倭国)之音转。余按,日本无自号倭国之事,倭国云者,正自古中国人称日本之名,阿剌伯此语亦必直接译自汉文,此又唐人读倭为wa之证矣。"①

三是中国古书里的梵汉对音和用汉字记载的外国专名用字。"若夫中国古来传习极盛之外国语,其译名最富而其原语具在不难覆按者,无如梵语。故华梵对勘,尤考订古音之无上法门也。六朝唐人之译佛书,其对音之法甚有系统,视今人音译泰西名词之向壁自造十书九异者,颇不相侔。今寻其义例,则见其凡用歌戈韵之字,所代表者必为a音,否则为单纯声母(consonne)。试举例以明之。"②所举例证有六七十条,今择举于下:

汉字译名	梵文转写形式
阿伽陀	agada
阿耨多罗	anuttara
阿弥陀	amitta
阿输柯	aśoka
阿湿婆	aśva
阿修罗	asura
迦频阇罗	kapiñjala
羯布罗	karpūra
……	
波帝	pati
贝多	pattra
婆那娑	panasa
婆罗末陀	paramârtha

---

① 《国学季刊》第一卷第二期,243页。
② 同上,244页。

婆罗伽　　　pāraga
…………

"综合上列译字观之,其中属于歌戈韵者二十一字,为'阿迦柯伽多埵陀驮那波簸婆磐魔摩磨罗逻娑莎诃',今唯'阿迦伽那'四字有读 a 音者,余皆读 o,而古概用以谐 a,苟非古人读歌戈如麻,则更无可以说明之法。"①

"且此非独梵书译例为然也。凡当时所译外国人名地名,语源之可考者,按其对音之例,无不相同。随举数事,足资证验。阿剌伯,唐时谓之大食,史家以为其王姓大食氏。虽传闻之异,然古来西域诸国所以称阿剌伯人者,其音实与大食二字相似。即波斯语回纥语谓之 tazi,亚美尼亚语土耳其语谓之 Tadjik 或 Tazik,西里亚语谓之 Tayi Ta-i 或 Tayoyé,明大食译音所出,而唐人亦谓之'多氏',其证一矣。大食人名见于史传者,如阿蒲罗拔即 Abul Abbas,为阿拔斯系哈里发初祖;如诃论即 Harun-al-Roshid,为同系第五世哈里发,其证二矣。大食王都谓之亚俱罗,即 Akula,为当时西里亚人及下希伯来人称阿拔斯故都 Kufa(《元史》作苦法)之名,其证三矣。……以上诸名,皆唐以前旧译,重规袭矩,斠如画一,谓非六朝唐人读音如此,不可得也。"②

论证魏晋以前鱼虞模韵读 a 音主要依据汉代典籍的外国地名人名用字。

"何以知汉魏之音虽鱼虞模之字亦读 a 音也?无论何种国语,开齐之音常多于合撮,复缀语尤然。试观梵语,a 音之缀字殆占其全部字汇十分之九以上,而现在诸国语中其无 ü 音者,尚往往而有,此明证也。乃检《史记》《汉书》所译外国人名,依今音读之,其含 a 音者寥寥无几;反之而其属于鱼虞模韵当读 u 音或 ü 音者,如'姑孤车渠吾都屠涂徒图奴蒲莫诸且苏疏胥乌于呼虚胡余卢闾'等字,触目皆是。是何开口之少而合撮之多乎? 余以异文异同校之,则见同一语音而在宋齐以后用歌戈韵字译对者,在魏晋以上多用鱼虞模为之。因恍然于汉魏时代之

---

① 《国学季刊》第一卷第二期,250页。
② 同上,250—252页。

第九章　译音对勘法

鱼虞模即唐宋以上之歌戈麻,亦皆收 a 音,而非收 u、ü 音者也。"①

汪氏这篇文章,是对音研究的一个成功的范例。它的成功,在于搜罗材料丰富,而且各种材料的指向都是一致的,都是唐宋之前歌戈韵读为 a。该文成功的另一个原因,是它讨论的题目本身就相对说来比较简单:a 这个音是各种语言中使用比较普遍的音,用在对音里的例子也很多。在人类语言中,有些音的使用很普遍,两种语言之间容易找到相当的字(词)对应;有些音的使用不那么普遍,音译的时候"失真"程度较高。显然,前一种情况下,对音的研究就容易得多,后一种情况下对应的研究就难一些。罗常培关于中古音知彻澄娘四母音值的研究属于后者,虽然也搜集了很丰富的材料,研究方法也很精密,但是没有能够得到牢不可破的结论。汪氏持论有这样坚实的足够的证据,人们实在不能找出真正有力的反驳理由。汪氏在文末宣称:"南山可移,此案必不可改",可谓当之无愧。历来构拟中古音的人已经把歌戈韵读 a 音作为定论。

汪氏此文的弱点,是在讨论魏晋以前鱼虞模韵读音时,没有说出此时歌戈韵跟鱼虞模韵之间有什么区别,似乎当时鱼虞模韵跟歌戈韵同样读 a。林语堂对此提出批评说:"今据汪君所说,魏晋以上鱼部既与歌部相合(同为 a),何以魏晋以下鱼歌的历史有不同呢?鱼歌之演化既异,岂不是其本来的发音有不同吗?所以就使鱼部古读极与歌部相似,也绝对不能与歌部合一。"②汪氏又一缺点是没有办法限定"魏晋以上"的时间上限,因为魏晋以前的历史还是很长久的,一个韵的读音一定还有时间先后的变化。王力又批评说:"中古的外国译音不适宜于作上古音值的证据,所以汪氏所谓魏晋以上似乎只能直溯到汉音,先秦的音值是不能单靠外国译音来断定的。"③不过,近代以来学者们构拟的先秦古音都是把鱼部定为 a 音,所以实际上汪氏的结论并未出差错。

---

① 《国学季刊》第一卷第二期,255 页。
② 《读汪荣宝〈歌戈鱼虞模古读考〉书后》,《语言学论丛》,开明书店 1933 年版,上海书店 1989 年影印,144 页。
③ 《汉语音韵学》,中华书局 1980 年,429 页。

2. 声母研究例

罗常培的《知彻澄娘音值考》,用佛经对译梵文字母所用的字、佛经里的音译名词、藏译梵音,以及现代方言、韵图的字母排列方式等,论证知彻澄娘的读音是跟梵文的舌音 ṭ、ṭh、ḍ、ḍh、ṇ 相当的舌尖后音。

文中用到的梵文字母的译音用字,有西晋竺法护译《光赞般若波罗蜜经观品》等12部经典里的"圆明字轮"四十二字,有东晋法显译《佛说大般泥洹经文字品》等15部经典里的"四十九根本字"。合起来两个系列的对译字的情况是:

对 ṭ 母的,用知母的"吒"16次,"咤"2次,"縧""哲"各1次。

对 ṭh 母的,用彻母的"姹"6次,"咃"5次,"侘"3次,"诧"3次,"咤"2次,"摅"一次。

对 ḍ 母的,用澄母"茶"9次,"荼"6次,"咤"1次。

对 ḍh 母的,用澄母"茶"9次,"荼"4次,"橬""棖""择"各1次。

对 ṇ 母的,用娘母"拏"19次,"儜"4次。

罗氏作了细致的统计计算。按百分比算,27种译音里对译 ṭ、ṭh、ḍ、ḍh、ṇ 用的字里知彻澄娘二等字最少在百分之六十以上。"所以我们可以推断,知彻澄三母在六朝时候或者还有些地方保存上古的舌头音,没有完全分化;然而从六世纪之末(592),到十一世纪之初(1035),它们确曾有过读作 ṭ、ṭh、ḍ(或 ḍh)音的事实,至少在梵文字母译音里找不到反证。"[①]

佛经里音译名词的对音用字,罗氏一共选择了151个含有舌音的名词,用字的情况是:

在含有 ṭ 音的51个梵名里,有45个对译知母,对译澄母的4个,对译定母和穿母各1个。

在含有 ṭh 音的梵名里,有7个对译彻母,3个对译知母,1个对译透母。

在含有 ḍ 音的36个梵名里,有31个对译澄母,对译定母的有5个。

---

① 《罗常培语言学论文选集》28页。

第九章　译音对勘法

在含有 ḍh 音的4个梵名里,对译澄母的3个,对译彻母的1个。

"根据这些材料所得的结果,恰好跟前项的推论若合符节,那么知彻澄读作 ṭ、ṭh、ḍ(或 ḍh),就格外可以添一层保障了。"[①]

至于 ṇ 和娘母的对音,比以上三母略为复杂。"其实就隋以后的译音看,知彻澄既然能够和端透定分别,娘和泥在原理上也应当有分别,不过鼻声的混化,比较口声更为容易,所以唐末的沙门还不敢公然把它们独立罢了。"[②]

舌上音的音值,比较不容易确定。从韵图的分布地位和后来的发展情况看,它介乎端组和章组之间。高本汉构拟这组音为舌面前的塞音,罗常培改拟为舌尖后音。陆志韦坚定地反对罗氏的说法,他对译音提出了以下的疑问:

1. 译音用"吒"等字当 ṭ 等,法显以后大都如是。知彻澄三母之下尽多通用的字,译者何以必用"吒咤"等怪字呢?并且又造了些"咃𠺗"等口旁字,那就叫人不能不诧异了。

2. 译音也有不用"吒"等当 ṭ 等的。僧伽婆罗译《文殊师利问经字品》,就用"轻多轻他……"。可见第六世纪的初年(518)汉语不像有相当的卷舌音。

3. 最不可理解的,译经何以有时用来母字 l 来代 ṭ、ḍ ? 例如

究罗瞋摩罗	Kuṭaśalmali	首罗	Cūḍa
僧伽梨	Samghaṭi	迦楼罗	Garuḍa
舍勒	Saṭaka	陀毗罗	Drāviḍa
俱俱罗	Kukkuṭa	吠瑠璃耶	Vaiḍūrya
周利槃陀迦	cūḍapanthaka	拘邻(居轮)	Kauṇḍinya

陆志韦的结论就是"当时汉语不能有卷舌的知彻澄",[③]他同意高本汉的拟音,即把知彻澄拟作舌面前的塞音。

[①] 《罗常培语言学论文选集》35页。
[②] 同上,29页。
[③] 《陆志韦语言学著作集(一)》,中华书局1985年,13页。

从中古时代知组的音韵地位来看,构拟成卷舌音或舌面塞音,两者都讲得通。从中古以后的演变看,两种拟音都能够从语音规律上得到解释:ṭ类音可以直接变成卷舌的塞擦音 tṣ、tṣʻ、dẓ;ṭ类音可以先变成舌面的塞擦音 tɕ、tɕʻ、dʑ,然后再变成卷舌塞擦音。往前追溯来源,知组在上古属于端组,因为结合的韵母是二三等,后来分化出来了;若把它们的中古音构拟成卷舌音,那么可以说原来结合的是一个 r 介音;如把它们的中古音构拟成舌面塞音,可以说原来结合的是 i(及 e)类的介音。总之,两种构拟方式都可以从历史发展上和共时系统内讲通,后来的人就各有所从,有的沿用高氏的拟音,有的沿用罗氏的拟音。从这一组音的构拟,又反映出译音的局限,当译经人用了近似音对译源头语言的某一种音的时候,今天想确定借入方的准确音值是不容易的。

3. 声调研究例

对音材料不能直接反映汉语的声调,但梵语的元音长短差别和轻重音差别在译音用字上有所反映,可作为探索汉语声调的线索。

周法高《论平仄》一文根据佛徒译经时用汉语的平声字对梵文的长音、用仄声字对梵文的短音这种现象,论证唐代的平声是长音,仄声是短音。梅祖麟《中古汉语的声调与上声的起源》一文,用几本佛经著作的对音,证明他的上声是短调的论点。"在几本佛经著作中,长音与短音都用同一个汉字表示,而长短的对立用其他方法表达之,有些用声调表示。凡是用声调表示原文梵文短音节的,都用'上'或'上声'的字样附加在汉字之下表示之。"[①] "根据梵汉对译我们可以认定中古汉语的上声,因为较短,可以在当时被认为最适合对译梵文的短音节。"[②] 丁邦新肯定了周法高的主要论点:"他的观察大致是对的,可惜受到材料的限制没有顾及全面性。"丁氏认为,平声的特点在于平调,上去入声都不是平调。他把若干佛经的对音列成两表,一个表上都用单字对译梵文的元音,代表长元音的用的平声字,代表短元音的用仄声字;另一表上是汉字前加"长""短"字样代表梵文的元音,如 a 为"短阿"、ā 为

---

① 《中国语言学论集》,台湾幼狮文化事业公司1977年,178页。
② 同上,180页。

"长阿"等。对前一表,丁氏说:"照我们的假设,平声是平调,易于曼声拉长,所以适合代替长音。调的本身虽不特别长,但比入声总是明显地长一点,各家对于入声是短促调这一点无异说。其他用上去声字跟平声字对立的原因,主要在于上去声非平调,无法自然地延长,所以适合用来代替短音。"[①]关于后一表,丁氏说:"这个表上的资料有一个共同的特点,即用平声字代替短音,足见平声调在当时未必特别长,只是由于平调易于拉长,所以用平声字加一'长'字来代替长音。……平声只是一个普通的平调,不特别长,也不特别短。"[②]针对梅祖麟关于上声是短调的主张,丁氏也把相关的对音列成一表,"表面看来,似乎上声短,平去声长,但在仔细的勘察之后,我们发现下列几点现象:1.代替梵文短音的汉字有两种形容法,平声字说'长声',去声字说'兼引',或'长引',或只用一个'引'字,特点是都有'引'字。2.代替梵文短音的汉字有三种,上声字如哀、坞,入声字如噁、亿、郁,最多的是平声字如阿、伊、乌。无论哪一种字都读上声,或加一个上声的反切。根据这两点现象,我们相信梵文长短的区别主要已由普通调的字与加'引'或注明'长声、长呼'的字两两对立的情形表示清楚了。……那么短音字加注上声的意义何在呢?我们认为这跟义净要把平、去、入的字都读成上声的意思是一样的,大概是指发音时的高低而言。"[③]"我们相信上声是一个高升调,虽然它并不短,但由于高升的缘故无法拉长来代替长音,又由于高的缘故,可以用来形容短音的字。"[④]

同样的一些材料,三家的理解方向不同,得出的结论也大不一样。比较起来,丁邦新研究更透彻一些。三家都只在梵文字母的译音用字上作文章,没有关注词汇的轻重音,后来刘广和、尉迟治平、施向东等把长短音和轻重音合并考察,研究成绩就大大提高。

轻重音与音高有关,所以可用来研究汉字声调的高低。这里只以刘广和研究的中唐对音为例。刘氏《唐代八世纪长安音的韵母和声

[①] 《丁邦新语言学论文集》,商务印书馆1998年,71页。
[②] 同上,72页。
[③] 同上,75页。
[④] 同上,77页。

调》一文说:"梵文的轻重音用音乐重音,轻音 anudātta(简称为 an*)是低调,重音 udātta(简称为 ud*)是高调。梵文有长短元音对立,利用梵汉对音可以考察汉语四声的情况。"具体的考证是。一,音高。"梵文辅音字母后头全带 a,是音节字母,单念一个字母音节得用重音;元音字母单念也是一个音节。字母对音用上去声字,或者注明'上''去',反映不空的长安音上声去声高,平声低。""长安音平声有分化的迹象。在可以核查重音的资料里,阴平字都出现在 an* 上,可是一部分浊声母阳平字占了 ud* 的位置,……平声都比较低,阴平和阳平的调型似乎不同。"二,音长。"去声比上声入声长。从字母表对音看,短元音用上声和入声对音,长元音用去声对音。""大势是去声平声长,上声比较短,入声最短。""入声短促在对音里的另一种反映是经常光对辅音丛的一个辅音。"三,升降。"字母对音透露出去声该读降调。咒语对音有典型的例证,一段咒念诵到结尾,尾音是降调,svāhā 经常作一段咒儿的结束语,最后一个音节 hā 通常对'贺',贺是去声。那么,去声可能是高降调,没有清浊分别。"[①]

相对比而言,从对音中拟测中古音声调,比起用现代方言上推的历史比较法,终究还是可靠一些。

三、利用梵汉对音构拟古汉语某一完整音系

利用梵汉对音材料全面系统地研究某一时代的汉语音系,在 20 世纪 80 年代以后广泛开展。俞敏的《后汉三国梵汉对音谱》是一篇代表性的文章,也是在 80 年代以后才正式发表的。该文以东汉三国期间佛教译著中的五百多个对音用字为材料考察那时的语音系统,篇幅较长,下面把其中讨论声母的部分作为分析的范例加以讨论。我们先概括原文的意见,然后再总结作者的研究方法和需要注意的问题。

文中按照梵文的辅音分组,观察对译所使用的汉字,分析汉字声母的音值。

---

① 《河北大学学报》1991 年第 3 期,37—38 页。

第九章　译音对勘法

1. 舌根音组比较简单,主要用汉语中古音的牙音对译。

ka 姑,kha 佉,ga 伽,gam 含,gha 伽,ñ:aṁ(g)鸯

本组中的辅音有几个是跟汉语的声母完全相同的:k 为见母,kh 为溪母,g 为群母,ñ 为疑母。有的辅音是汉语没有的,即送气的浊辅音 gh,用群母字对译,是取其音近。

匣母字对译 g,俞敏解释为连读使得 g 发生音变,"这种匣在译咒法师嘴里反映两个元音中间 g 后来变擦,好象有些德国人把 Tage 念成[t'a: ɣə]。"即不认为汉语的匣母在译经的时候读塞音 g。至于说汉语的匣母是否这样变来的,俞敏说"暂且没法儿断定"。①

2. 舌面塞擦音 c 组对译情况复杂得多。

c 音用章母字对译的多,如"周舟旍招遮占瞻震支真"等。其他声母的字有檐懿阎(以母)、坻(端母、彻母二音)、作(精母)、甾(庄母)、沙(山母)等。

ch 音用了昌母字对译,如"车阐"。其他声母的字有佉(溪母)、秦(从母)、孙先(心母)等。

j 音用以母字最多,如"延夷耶蛇悦阅逸阇";其次为禅母字,如"禅涉殊逝";再次有群母字(耆衹)、定母字(荼)、章母字(瞻)、庄母字(辐)、邪母字(旬)、于母字(越炎)等。

jh 音用"荼耶"对译。

俞敏对本组对音情况的分析是:"可以有资格作'正例'候选者的,在 c 里占 10/17,在 ch 里占 1/3,j 里占 4/22。例外字的来源又那么复杂。结论只可能有一个:汉末的汉话里没有塞擦音。'日'也不能单成一个音位。"又因禅母字对译 j,就同意陆志韦的主张:"禅应该是塞擦音,应该跟'神'之类掉一个过儿。"②

3. ṭ 组

ṭa 罗,ṭha 兜,ḍa 罗,ḍha(无例字),ṇa 那。

对译本组音的汉字也比较特别,来母字对译塞音。俞敏分析:"这组里有两个梵文字母底下,只收了三个音节。凭这么零星的材料作结

---

① 《俞敏语言学论文集》,商务印书馆 1999 年,11 页。
② 同上,12 页。

论太危险了。咱们换一个办法:把ṇ底下的字列出来,看有几个是和n底下用同样的音节的。重的底下加'·'。

那㯼迺提祁尼日若然

这里'提祁'不是鼻音,日对ṇī,可能有错字,除非咱说它跟藏文 ñima一样。结论很好作:ṇ、n分不开。

从这个基础上再推一步:汉末没有这组音。"[①](按即舌上音还没有产生,仍读舌头音,因此没有适当的字对译梵文的ṭ等)

4. t组

ta都,tha陀(佗?),da陀,dha陀,na那

本组音用等韵字母"端透定泥"对译,音值容易确定。

本组音有用章组字和端组字共译一音的,有单用章组的:

提(定)遮(章)阇(禅)——共译tya;

遮——tya;

旃延——tyayan;

舟——tyu;

支——tye。

俞敏认为这种对译方式说明了"照穿床"分化出来的条件,即有介音y。东汉时章组还在端组音位。

又对译ti音的是"致知坻"与"提(堤)底题"杂用,"可以同意'舌音类隔之说不可信'。"[②]

泥、娘不分,因为娘母的"尼"字可以对译ni、nī、ne、nai。又根据日母的"然"字对译ntya(nyam),知道日母仍在泥母。

5. p组

pa波,phal潘,ban槃,bha婆,ma摩。

这些例字是中古音的重唇音。另外本组音还用了不少轻唇音字对译:分——pin、pun,富——pu,不弗——pūr,沸费——pus,浮符——bu,佛——bud,浮负——bhū,无——ma,芜——mr,文——māi、mun,

---

① 《俞敏语言学论文集》13页。

② 同上,13页。

勿——mud。"可以信'古无轻唇音'的话到三国还合用。"①

6. 半元音组 y,v,r,l

单用的 y,基本上是用以母字对译。有三个字似乎是例外,"蛇炎术",也都有合理的解释。

甲,"炎"字在中古音有两读,平声盐韵于廉反,于母,又音余念反,以母;去声艳韵以赡反,以母,又音于淹反,于母。"咱只要采用去声里给的反切,也就是平声里给的又音,就不是例外了。"②

乙,"蛇"字有二音,一为食遮切,船母麻韵;一为弋支切,以母支韵。对译 y 音的应该是后一音。"果公译《中本起经》yaśas 作'蛇蛇',谦公译《撰集百缘经》作'耶舍',这说明后汉人'蛇'字自有这么个又音。果公连用两个'蛇'字,材料最可宝贵。"③

丙,船母"术"字对译 y,俞敏用是印度的方音差别来解释:"'术'最多出现在 ayuta 和 nayuta 里,这是个方音。现代孟加拉文把梵文的 y 全念 j 了。prākṛta 就有这样的。"④

对以母音值的推测,这个音"是 ś 的浊音",即[ʑ]。

v 的对译字分两类,一类是並母字(含部分帮母字),一类是匣母和于母字。

並母字:婆脾盘拔梵毗鼻;帮母字:波法巴非。

这些用双唇音对译的 v,在源语言里的发音并不是唇齿擦音或半元音,而是塞音 b。梵文的 v 在印度的某些方言里读 b,自古以来就有。

匣母字:和恕桓亘会扈还;于母字:于越域云洹曰卫为位韦围。

这些都是合口字,它们的声母是[w]。"看起来这些字从来没有经过[ɣw]一阶段。到唐朝,人们把它们和另一部分来源不同的音合成一个匣纽,那是两支合流。"⑤

对译 v 的还有其他声母的字,俞氏看作例外:以母的"维惟"可能是"帷"的形讹,"夷"字可能是经师偶然翻不准,邪母的"随"和定母的

---

① 《俞敏语言学论文集》14页。
② 同上,14页。
③ 同上,14页。
④ 同上,14页。
⑤ 同上,16页。

"堕"可能是"隳"的错字。

l 对译的是来母。

r 是汉语没有的音。

7. 擦音组

ś,通行的念法是[ɕ]。常用的对译字是审三母字,如"尸舍释世势深扇式湿首说输奢摄叶"(叶字兼有以母读音)。以母字也比较多,如"邪耶翼盐阅",它们读音的是浊化的 ś,即与审母相对的浊擦音 ʑ。此外还有山母字如"师沙",心母字如"斯暹萨速修",俞氏认为这些字对译的是印度方音,"因为 P 型的方言 ś、ṣ 一律念 s,这里的例外就多了点儿。"①

ṣ,音值是[ʂ],"在梵文里,常常是受前后的 i 元音同化的 s 变成的。"通常是用山母字对译,如"沙师色裟瑟疏驶术瘦"。例外字有审母的"舍睒尸"等和心母的"私"等。

s,用心母对译,心母是这个音。

h,用晓母字对译,晓母是这个音。

二合音 kṣ 用初母字对译,音值是[tʂʻ]。

有些中古声母的字没有在对音还用到过,俞氏根据以上出现过的对译用字,类推出"庄床精清从"几个字母的读音。"有初山,庄床大概也有了;有心,精清从大概也有。"同时也推断邪母还没有产生:"从 ś 浊化成'邪、耶',s 浊化成'育、夷'看,'邪'之类还不像有。要不价 upasika 也不至于翻成'优婆夷'。放着那些'邪'之类字干什么不用?为什么不译成'优婆兕'?"②

根据俞氏的拟测,我们可以看到,对音中梵音与汉音的关系有以下几种情况。

甲,梵音和汉音都有的音,对应简单的。如 k—见,kh—溪,g—群,t—端,th—透,d—定,n—泥,p—帮,ph—滂,b—並,m—明,l—来,s—审,s—心,h—晓。拟音时直接把梵文的读音(除去连读音变和方音以外)就看作汉字声母的读音了。

---

① 《俞敏语言学论文集》16页。

② 同上,17页。

乙,梵音里有而汉语里没有的。如送气的浊辅音、c组、t组、r、v这些音。这些音需要从汉语里选取比较接近的音来对译,用字情况复杂一些。

对译送气浊音的那些字,已经出现在甲类里了,它们的声母就是不送气的辅音。如对译 gh 的伽,声母是 g;对译 dh 的陀,声母是 d;对译 bh 的婆,声母是 b。对译 c 组、t 组、r、v 音的字,有的属于甲类,有的不属于甲类,而是下边的丙类。

丙,汉语有而梵音没有的辅音。如主要对译 c 组的照类声母,对译 v 的匣母和于母。这些字母的音值是需要推敲的。

丁,有的一个梵文字母在源语言里有两种读音,所以用来对译的汉字属于两个声母。

戊,中古汉语的一个声母在汉代有两个读音,可以对译两个梵文辅音;

己,两个中古声母在汉代是一个读音,因而对译一个梵文辅音。

要通过各种复杂现象推断汉语声母的确切音值,需要考虑多种因素。俞敏的分析已经涉及以下几个主要问题。

(一)一个梵文辅音字母有两种读音的,大致属于连读音变或古印度的方音差别。

a)连读音变有两个元音中间清辅音的浊化、塞音的擦音化等。

对译 g 音的有群母字,也有匣母字。匣母字所对译的音,在源语言里并不是 g,而是擦音 ɣ。这是 g 在前后两个元音之间擦音化造成的。

对译 ś 的有审母字也有以母字。审母字是[ɕ],以母字对译的不是[ɕ],而是[ɕ]浊化成的[z]。

b)古印度方音本有不同读法的,例如 v 有[b]和[v]音,汉字并母字对译的是[b];汉字匣母、于母字对译的是[v],汉语声母则是[w]。

y 音的对译字出现了一个船母字"术",是因为有的古印度方言把 y 读成 j 字母的音。

c)梵文 ś、ṣ、s 三个字母的对译字互有参错,都出现审、山、心三字母的字。这种混用,既有古印度方音的问题,也有连读音变的问题。

前者如"P型的方言,ś、ṣ一律念s",后者如"ṣ这个音是[ṣ],在梵文里常是受前后的i元音同化的s变成的。"

中古两个声母的字对译梵文一个音的,有少数是汉代本为一个声母。如匣母部分字和于母字都对译v,符合前人说的"喻三归匣"现象,俞氏拟测它们当时有共同的声母[w]。

(二)同一个中古声母的汉字对译两个以上梵文辅音的,有的是汉代本是两个声母,如中古匣母分为[ɣ]和[w]二音,分别对译g、v。有的字到中古以后仍是一字二音,如"蛇"字。

(三)有些用字可能是传抄中写了错字,或者是经师误用。如"'维惟'是例外,可是没人用过的'帷'不是,也许有抄错的。""'夷'也是例外。……还不如说译经师偶然翻不准好。""'随堕'可能是'隳'字的错字。"[①]

以上这些,都是研究对音材料必须考虑的重要问题。除此之外,还有其他一些问题也很重要,需要稍作讨论。

第一个是佛教经典译本的来源语言是否都是印度语言?俞敏对印度的方言差别和连读音变考虑比较多,但是对于经文原本来源讨论得不多,他倾向于多数原本是梵文。他说:"因为译经法师绝大多数是中亚人,象支娄迦谶是月支人,安世高是安息人,康孟详是康居人,帛延是白国人,……那经本一定是梵文本。"虽然他也指出有些字是从中亚语言翻译成汉语的,"至于有和梵文不合的,里头有些是中亚方言"[②]。前文已经提到,季羡林等根据考古发现证明了早期佛经译本可能是以中亚吐火罗等国的语言为依据的,那么说译经人所依据的原本都是梵文就有疑问了。

第二个是译经人所使用的汉语是否有方言的差别?俞敏所用的译经出自二十多位翻译者之手,这些人在不同的时代从不同的国家来到中国,早期落脚在不同的地方,学习汉语的条件未必都相同,学习对象也许有差别,他们使用的汉语难免杂有方音,若把众多佛经里的对音当作同一种语音系统恐怕是不可靠的。诚然,以今天的研究条件,

---

① 《俞敏语言学论文集》16页。

② 同上,5页。

要分辨译经人的方音是困难的,但完全不谈这个问题似乎也是不全面的。

第三个是如何推断近似音。梵文里有而汉语没有的音,译经人要用接近的音来对译,这样在翻译之后就出现读音上的"误差",梵文的读音不是汉字的实际读音。选择音近字有一定的活动范围,用简单化的举例来说,假如B与A近似,C又与B近似,在对译梵文B音时,可能有人用A,有人用C,而A与C的距离也许比较远。我们还原汉音,朝哪个方向去还原,恐怕要考虑更多的因素。

还有其他一些有规律的现象,也属于前面说过的一个梵文字母有两个以上读音的问题。刘广和(1991)指出,分析对音材料要注意:(1)元音替换,古印欧母语的ai在梵文的不同轻重音节里有元音替换,梵文i在弱音节是i,在重音音节是e,在强重音节里是ai;(2)字形混淆,悉昙字的ti、te、tai字形相近,i和e易混,e和ai易混。储泰松(1995)则指出"元音和谐律"支配下的元音变换。

80年代以后的梵汉对音研究在研究方法上又有所改进,比较注重时间性、地域性的区分。如尉迟治平的《周隋长安方音初探》《周隋长安方音再探》,以北周至隋代在长安翻译佛经的阇那崛多等人的对音来考察6世纪的长安音系;施向东的《玄奘译著中的梵汉对音和唐初中原方音》通过玄奘的对音考察7世纪的洛阳方音;刘广和《八世纪长安方音的声纽》《八世纪长安方音的韵系和声调》以不空等的对音考察中唐时期的长安音系,《东晋译经对音的晋语声母系统》《东晋译经对音的晋语韵母系统》以法显等人的对音考察东晋时期的洛阳、建康音系。这些研究者很注意汉语方言的差别,对研究材料精心选择。如尉迟治平所用阇那崛多的译著,只用他在长安所译的著作,排除了他在益州等地的著作;看重"四十九根本字"的梵文字母对音和密宗咒语对音,而对译名则持审慎态度,很少采用,因为译名往往沿袭前代的用字,对音不一定准确。他们还注意了梵文语音的历时性变化。如刘广和注意到:"牙音三等字既对带y的,也对不带y的,如迦ka、kya,这是唐代或者稍早的梵语把古印欧语k组的发音部位前移,往c组靠近,发音过程滋生近似 j 的过渡性介音。"①研究方法上的这些改进,把梵汉对音的研究水平提高了许多。

四、汉语与少数民族古代语言对音的研究

我国境内有些少数民族很早就创制了本民族的文字,并且有不少与汉语对音的材料保存下来,成为研究汉语语音史的重要依据。语言学界研究较多的有汉—藏对音、汉—回鹘对音、汉—西夏对音、汉—八思巴字的对音等。其中汉藏对音的材料最为古老,下面就以汉藏对音为例分析这类材料的研究方法。

汉藏对音的研究以罗常培的《唐五代西北方音》为代表。该书所用的材料共六种:藏文注音的《千字文》写本、藏文译音《金刚经》残卷、藏文译音《阿弥陀经》残卷、汉藏对音《大乘中宗见解》、注音本《开蒙要训》和《唐蕃会盟碑》拓本。这里边的《开蒙要训》注音用的是汉字,不属于对音范畴;《唐蕃会盟碑》是唐王朝中央政府与吐蕃王朝会盟的文书,汉语这边的语音应该用共同语,不大可能用西北方音。真正属于西北方音的对音材料可能只有前四种。

罗常培的研究在方法上有几个特点。

第一点,有明确的地域概念和时间概念,他把这几种材料里的对音都看作是唐五代时期的西北方音,而不是笼统地把研究对象里的语音现象说成"汉语"或"共同语"。他说:"这几种材料都是敦煌千佛洞所发现的写本,我们由发现的地点可以约略推测出它们所代表的方音区域,而且注音本《开蒙要训》的时代已然有明文可据,其余几种的时代也约略可以考定的"。"几种藏译汉音的写本大概都是吐蕃占据陇西时代为学习汉语的方便而作的,所以应该是唐代宗宝应二年(AD763)到唐宣宗大中二年(AD857)之间的东西。从发现的地域看,它们所译写的语言似乎就是当时沙州或沙州附近流行的方音。"②他利用了以前

---

① 《河北大学学报》1991年第3期,32页。
② 《唐五代西北方音》15页。

外国学者的考证成果,从多种角度证明这些文献的地域特性和写成时代。

关于藏文注音本《千字文》,日本的羽田亨说过:"这个对音的时代虽难确定,不过从写本的字体来看,不能否认它跟敦煌石室发现的其他五代宋初的写本风格迥异,拙劣之间犹不可掩唐代的笔致。那么这上边的注音也许是当吐蕃占据陇右时代,其人民为习读汉字的便利而附记上去的。如果这个假设不错,那么这种文字所表现的汉字读音应该是唐代中国西部的正确字音。"罗氏大致同意羽田亨的意见。①

关于两种藏文译音《金刚经》,陶慕士以为"从写本的出处看来大概是第八世纪到第十世纪","陶慕士因为它们是用一种生动秀丽的西藏字写的,于是联想这两种写本跟沿着新疆南路的东部地方有关系,换言之,就是从屯城到敦煌跟沙州以及沙州本地。"罗氏表示,"如果这个假设可以成立,那么它们所译的音当然就可以代表那时候这一带的方言了。"②

关于藏文译音本《阿弥陀经》残卷,也经陶慕士判断为同一时代的写本。

关于两种对音本《大乘中宗见解》,陶慕士也有考证,一种"时代大约是第八到第九世纪",另一种"第七到第八世纪"。罗氏认为"从语音演变的顺序来看,我以为还有研究的余地"③。

罗氏以注音本《开蒙要训》为坐标推定几种对音材料的时代。《开蒙要训》一书,隋唐史籍都没有著录,根据《日本见在书目》所载位次,罗氏认为它是东晋与齐梁之间的东西。注音本作者可能是后唐明宗时的敦煌人。

第二点,在汉文典籍与对音文献的关系上,重视汉文典籍中的音韵系统的参照作用,不是一味相信对音。凡是对音与古音文献的归类相矛盾的,有时要从对音的不确定性上找原因,不轻易否定汉语文献的音类划分。例如,中古音效摄四个等的韵母在对音里显得错乱,比

---

① 《唐五代西北方音》2—3页。
② 同上,7页。
③ 同上,10页。

方一等的豪韵字有的对音 au,有的对音 eu;三等宵韵字有的对音 au,有的对音 yau,有的对音 eu;四等萧韵字有的对音 yau,有的对音 eu。罗氏并不因此而认为汉语本摄的韵母已经合一,而是认为原因在于吐蕃人分辨字音的困难:"豪韵字分化成 au、eu 两韵,而'皋高藁'同属 k 组,'糟操'同属 ts 组,显然不能拿声母不同来解释。它们所以有这样纷歧的现象,或许由于吐蕃语没有 au 音所致。"①《切韵》侯、尤韵的字跟效摄字在这些文献里同样用的 eu 音对译,罗氏也不因此就认为两摄的韵母合一,还是从吐蕃人的辨音习惯上作解释,"第九摄的 e 元音藏文虽然写成一样,实际上恐怕流摄应该读[ə],效摄应该读[ɛ],因为藏文没有[ə]音,所以才用 e 来替代"②。之所以归因于吐蕃对译者,就是汉语典籍的古音系统没有证据显示效摄四个等的韵母合流,更没有证据显示流摄与效摄合流。

第三点,对于近似音替代的原因分析比较透彻。

一种原因是由于语音系统的差别。汉语里有些音在外文里没有,对译汉语遇到了困难,就只能用比较接近的音来对译,这样的情况下,外文读音到底代表了哪种汉语读音,是要费神推敲的。比如汉语的轻唇音在藏文用 p' 来对译,其读音不会是真正的送气双唇音。"非敷两母在这四种藏音里除去四个例外一律变成 p' 音,奉母在《千字文》跟《大乘中宗见解》里也逐渐有变成 p' 音的趋势,因此我觉得轻唇音在那时候已然开始分化了。""我们就可以设想非敷奉三母在这一系方音里似乎也有了变成[pf']或[f]音的痕迹,因为藏文没有相当的音,所以才勉强拿 p' 音来替代。在《阿弥陀经》里'非'读 p'yi,'覆'读 p'u,'发'又读 had,尤其可以表现转译时的困难。"③

另一种原因是掌握不同的语音系统的人们的辨音习惯有差别,听感上的差别表现在标音方式上,也造成所记音跟本族人听感有出入。例如正齿音本来多为三等字,根据别的方法的构拟是有腭介音的,但是在对译照组的 c、ch 等声母之后即直接接上韵腹,这个介音不出现,

---

① 《唐五代西北方音》50 页。
② 同上,51 页。
③ 同上,18 页。

罗氏认为:"这一组声母在 y- 类韵母前面常常省去 y 介音而直接跟主要元音相拼,所以它们的音值应该就是跟现代藏语相同的颚化音[tɕ][tɕʻ][dʑ][ɕ][ʑ][nʑ]。"①

还有一种原因是操不同语言的人对于音节的区别性特征看法的误差。例如一部分清声母的汉字在《千字文》和《大乘中宗见解》里对音混入全浊,这是什么缘故呢?"要解答这个问题,我们得知道藏语声母跟声调的关系。据白尔说,藏语的声调可以按照声母或前缀音分成三类:(1)高调,凡是起头儿有前缀音的字除去声母是 kʻ、g、cʻ、j、tʻ、d、pʻ、b、tsʻ、dz 的时候都用这个调。有 k、c、t、p、ts、ç、s、h 作声母的字也用这个调;(2)中调,起头儿拿 kʻ、cʻ、tʻ、pʻ、tsʻ 作声母的字不论有没有前缀音都用这个调;(3)低调,凡是起头儿有 g、n、j、n、d……作声母的字,还有那些把前缀音放在声母 g、j、d、b、dz 前面的字,都用这个调。我们由这一点再返回来看前面那些从全清混入全浊的字,就觉得有方法可以解释了。在那些字里,有二十七个是上声。……有二十二个是去声……此外不过有两个字。……如果那时吐蕃语用 b、d、j、dz、g 作声母的字也读如现代藏语的低调,那么我们可以假设这种方音的上去声或许就是低调或低降调,因为声调的类似,所以在吐蕃人的耳朵里往往就容易把声母误认作相同。"② 由于把声调的区别跟声母的区别捆绑在一起看待,译音人就把两类声母搞混了。

罗氏在研究中没有注重西北方音与共同语的区分。在那些属于官方文献的对音材料里,有些未必使用西北方音,而是依据当时的共同语。比如《唐蕃会盟碑》既然是大唐中央政府跟吐蕃政府之间订立盟约,参加会盟的是双方高层官员,他们应该不会用西北方音来交际,似乎也不会依照方言的对音镌刻碑文。后来有的研究者就把这个问题纠正过来了。如日本人高田时雄就把敦煌的对音资料分成中原地区方言与西北方音两部分看待。

---

① 《唐五代西北方音》22 页。
② 同上,27—28 页。

五、近代注音资料的研究

　　用拼音文字给汉字注音的材料,元代的重要文献有以八思巴字标注汉字音的著作如《蒙古字韵》等,明清时代最重要的是用外国的表音文字给汉字注音的那些著作。如明代有朝鲜人编的以谚文给汉字注音的汉语课本,明末以后有西方传教士编写的以拉丁字母给汉字注音的韵书、词典、课本等。研究这些对音材料,有两个问题值得特别关注,一是如何确定一种注音材料所依据的方言,一是如何推定那些不明确的音值。关于前一个问题,那些专门为一个方言编写的字典之类,可以无需考证;倒是那些以"官话"名义编写的课本、韵书之类,考证起来费一些周折。后一个问题,如果是基础方言已经肯定了,可以跟现代读音互相对比知道大概;如果基础方言不能肯定,音值的分析也有困难。以下用《西儒耳目资》音系的研究作为例证,分析近代注音文献研究的方法。

1. 关于基础方言的认定

　　明末来华的西洋传教士利玛窦、罗明坚等人曾设计过给汉字注音的拉丁文方案,后来的比利时人金尼阁继承利氏方法并有所改进,编成《西儒耳目资》一书。该书关于音韵的部分用传统的中国等韵图方式编成,但表上有罗马字母的注音,这是从前中国人所编的韵图所未曾有过的,其价值就在于指示了当时每个音类的大致音值。进入20世纪以来此书很受注意,出现过不少研究文章。

　　罗常培把《耳目资》的注音看作是当时的官话音,认为这些注音的作用之一就是"用罗马字母标注明季的字音,使现在对于当时的普通音,仍可推知大概",又对这个"普通音"的性质作了概括:"根据上面对于声韵调比较研究的结果,参酌金氏所谓'多省某字风气曰某',我们可以断定金利二氏所据的声音乃是一半折衷各地方言、一半迁就韵书的混合产物。用明代韵书的术语说,我们可以叫它作'中原雅音';用近代习用的术语说,也可以叫它作明末的'官话'。因为要想'五方之人皆能通解',所以不得不折衷迁就。……但是当时的国都既在北平,因为政治上的关系不得不以所谓'Mandarin'也者当作正音;并且《西儒耳目资》曾经'晋绛韩云诠订''秦泾王徵校梓',商订研究之际,也未尝不略受他们的方音影响。"①

陆志韦把《耳目资》音系看作山西的一种方音,理由是该书在山西写成。"《西儒耳目资》的序文是天启丙寅年(1626)写的,金尼阁已经到了陕西。这书所代表的语音可是他在二年以前在山西记下来的。他在1624年到了绛州,第二年就离开了。广义的说,这山西方言是一种近古的官话。"②在讨论音系时,陆氏都是作为山西方言看待,虽然并不能确定是哪一地点的语音。

后来还有人提出《耳目资》的基础音是明代的南京话,因为利玛窦等人来华后总是先在南方学习汉语,传教地点也是从南方再到北方,因此他们说的官话会是南京话。鲁国尧首倡此说,但他还是比较谨慎地说明代南京音"可能"是官话的基础方音。张卫东则推进一步,不仅十分肯定地说《耳目资》的基础方言就是南京音,而且断言南京音是明代官话的"标准音"。南京音跟《耳目资》的差别大,张卫东就把扬州、合肥等地的方音来跟《耳目资》比较,举出其中若干相似之处,作为"南京音说"的证据。其实,要从官话方言区的某一地点上找出几条跟《耳目资》相似的特征,都不算困难,但这样并不足以证明这个地点的方言就是《耳目资》的基础方言。只有一个方言的整体音系都大体与《耳目资》一致,而没有什么太大差距的情况下才可以联想为它的基础方言。事实上,扬州音或合肥音都与《耳目资》音系有显著差别,并且这些差别还不能用近代的历史演变来解释。例如:A,《耳目资》里"儿而尔耳二"类字的标音是ul,而扬州、合肥这类字的韵母是a;B,中古山摄咸摄阳声韵一等舌音字("丹担滩探难南兰蓝"之类)在《耳目资》韵母是an,而在扬州话里韵母是齐齿呼的 iæ;C,中古宕摄、江摄的开口呼入声字在《耳目资》的韵母是o,跟臻摄一等入声字有相同的韵母,如"各阁"与"葛割"同音,"恪"与"渴"同音,"恶"与"遏"同音,"剥博"与"钵拨"同音,"铎"与"夺"同音,"托"与"脱"同音,等等,而在扬州方言中他们分别属于两个韵母,前一类字读 aʔ,后一类字读 əʔ;D,中古通

---

① 《耶稣会士在音韵学上的贡献》,《史语所集刊》第一本第三分,307页。
② 《金尼阁〈西儒耳目资〉所记的音》,《陆志韦近代汉语音韵论集》94页。

摄阳声韵字在《耳目资》的标音为 um、ium，实际音值当是 uŋ、iuŋ（或 yŋ），而这类字在扬州方言的韵母是 oŋ、ioŋ，在合肥方言的韵母是 əŋ、iŋ；E，《耳目资》a 摄收的字是中古阴声韵麻韵、歌韵字和山摄咸摄一二等入声字，如"差茶槎诧—察"、"楂诈—札"、"巴把霸—八"、"打大—达"、"他—闼"、"拿那—纳"等，它们的韵母相同，而扬州、合肥方言里这些入声字跟阴声韵字韵母不同，麻韵字韵母是 a，入声字的韵母分别æʔ、iæʔ 和 ɐʔ。类似的情况还有不少。以上这些差别都不能看作语音的历史演变造成的结果，因此，即使认为《耳目资》的基础方言是明代南京话，也一定有某种折衷迁就别处方音的因素在内，不可能是纯粹的南京音。至于张卫东所坚持的南京话是全国唯一的官话标准音的观点，则与近代大量"正音"著作相抵牾。

"官话"系统的注音材料之所以不易断定基础方言，是因为古人没有今天这样的语言学观念，不肯承认共同语要以一个地点方言作为基础。所谓官话，是要照顾到广大地区多种方言的人们方便接受和认同的一种折衷产物，自古以来就要"共以帝王都邑、参校方俗，考核古今，为之折衷"（《颜氏家训·音辞篇》），因而编写韵书总尽可能综合较多的方言成分，还要参照古代韵书，往往抹杀了不少方音特征。至于那些外国来的注音人，他们学习汉语时必定受汉族学者的影响，可能在刚刚学习汉语的时候就接受了汉人士大夫的正音观念，在著书时为了合乎"正音"，必须向汉族学者求教，还要参考现成的韵书；他们的正音标准遵循了中国传统，不可能脱离旧有的轨辙。罗常培的判断是正确的，《西儒耳目资》的音系就是"一半折衷各地方言、一半迁就韵书的混合产物"，不可能是纯粹的某一地点上的方言。

西方传教士学习汉语是为了布道，所以他们很重视学习汉语方言，除了编写官话韵书和字典，还编写了不少方言字典和课本等。相比之下，朝鲜人学习汉语更重视官方外交上的需要，所以朝鲜谚文注音的著作都是以学习汉语官话为目的。但是，朝鲜人学官话也受中国官方正音的影响，所以明代的注音课本，既要以口语为基础，还要顾及明王朝的官韵，时时有向《洪武正韵》靠拢的倾向。因此，朝鲜的对音也跟北京话口语不一致，甚至比北京话的读书音更多了一层向古音靠拢的色彩。

2.关于音值的辨析

虽然这类注音材料是用的表音文字作注音符号,但是符号本身的音值不是十分精确,有些字母代表哪种汉语音值也很模糊,所以需要透过注音形式分辨它们所代表的真实读音,而不能把注音字母直接当作汉语的本来读音。近代音在时间上距离现代音很近,语音系统与现代汉语大同小异,因而分辨的准确度较高。

在《耳目资》里最简单也最容易识别的,是用 m 作韵尾代表[ŋ],罗氏指出:"那是因为法文跟意大利文都没有把 ng 两字作尾音的,不过法文的 m 用在韵母后边变成[˜]音(按即鼻化元音),所以金氏利用它代表[ŋ]音,跟 m 本来的音值丝毫没有关系。"①

金尼阁的 ul 摄的字就是近代北音"儿尔二"类字,对于它所代表的音,研究者基本上都认为是现代普通话的[ɚ],不过金尼阁所记的也许如同河南话那样是一个[ɯ]音。

金尼阁的字母表里有几个字母还分"甚""次""中"(u 摄三分,e、o、ie、io、uo 各分甚和次)。金尼阁自己解释说:"甚者,自鸣字之完声也;次者,自鸣字之半声也;减甚之完即成次之半。""中者甚于次、次于甚之谓也。""开唇而出者为甚,略闭唇而出者为次,是甚、次者,开闭之别名也。"但这是西人审音的说法,未必合乎汉语,罗氏说:"其实,据我研究的结果,这只是金氏对于不能用罗马字母标注的中国语音想出来的补救办法。"②如"资雌私"等字的韵母作为 u 的次音,"质赤实日"等字的韵母作为 e 的次音,"诸处书儒"等字韵母作为 u 的中音,一者是罗马字母没有适当的符号来表示,二者是西方人听起来较为接近的关系。入声字"疾七吉蜜"之类作为 ie 的次音,真实的读音应该是[iəʔ]。

又有汉语里本是一个音位而《耳目资》分别用两个符号代表的,一般情况下是把非音位性的细微差别都在字母上有所分别。如汉语的合口介音在中国人都看作一个音(现代用 u 来表示),齐齿呼介音在中国人看来也是一个音(现代用 i 表示),但《耳目资》分别看作两个音,

---

① 《史语所集刊》第一本第三分,296 页。
② 同上,283 页。

合口呼介音分为u和o,齐齿呼介音分为i和e。如ua—oa,uai—oai,ui、uei—oei,uan—oan,un、uen—oen,uam—oam,iao—eao,iam—eam,罗氏认为其间的差别是辅音影响元音的结果。"从音韵沿革跟宽泛的音位上讲,本来没有什么差异。它们的音值所以稍有不同,完全是受了'字父'发音部位的影响。"①

然而,金尼阁的记音并非处处都比中国人的分类更细致,也有汉语里本属两种音但金尼阁却混同为一音的。如en摄的字就包括了汉语里的en韵母的字(臻根文恩森狠)和an韵母的字(战然善),无论南京、扬州、合肥都没有这种两类合一现象,显然是金氏记音的特点;再如把汉语的ian类字("先千"等)记音作ien,把汉语的yan类字("全玄"等)记音作iuen,主要元音都跟en类(恩)、uen类(温)混同。这说明金尼阁在辨别ian、yan跟en、uen的主元音的差别时有一定困难。

相近音替代的记音方式在各种对音里随处可见。朝鲜谚文里没有表示[y]这个音的字母,对音里把汉语"元"类韵母标作 iuiən,这个韵母的实际读音应该是[yɛn]。

研究对音有时遇到些难以解释的现象。如《老乞大谚解》《朴通事谚解》里入声字的分派就很特别,里边的入声字按照韵母分别归入去声和阳平,韵母记作 i、u、iu、ia 的入声字注为去声,韵母记作 a、io、oa、u、iui 的入声字注为阳平,其余的字有的注为去声,有的注为阳平。这种分派方式跟元明时期北京话和北方话里以声母为条件的规律迥然不同,究竟原因何在,还没有找到令人满意的解释。从这一例子也可以看出,对音的情况是很复杂的。

我们可以推想,古老的对音和近代的对音,一定有很多共同的规律,近代对音研究所总结出的规律对于研究中古以至于上古的对音都有参考价值。研究近代对音所遇到的问题和解决办法大体也适用于中古甚至上古的对音的研究。

---

① 《史语所集刊》第一本第三分,287页。

主要参考文献:

蔡瑛纯《李朝朝汉对音研究》,北京大学出版社2002年。

陈云龙《梵汉对音中来纽对译 ṭ、ṭh、ḍ、ḍh 现象再探》,《古汉语研究》1992年第3期。

陈植藩《论崔世珍在朝鲜语文和汉语研究方面的贡献》,《民族语文论集》,中国社会科学出版社1981年。

储泰松《梵汉对音概说》,《古汉语研究》1995年4期。

　　　《施护译音研究》,《薪火编》,山西高校联合出版社1996年。

　　　《鸠摩罗什译音研究》,《语言研究》1996年增刊。

　　　《梵汉对音与中古音研究》,《古汉语研究》1998年1期。

丁邦新《平仄新考》,《丁邦新语言学论文集》,商务印书馆1998年。

方壮猷《三种古西域语之发现及其考释》,《女师大学术季刊》1930年第四期。

钢和泰《音译梵书与中国古音》,胡适译,《国学季刊》第一卷第一期,1923年。

龚煌城《十二世纪末汉语的西北方音》,《史语所集刊》第五十本第一分,1981年。

胡明扬《〈老乞大谚解〉〈朴通事谚解〉中所见的〈通考〉对音》,《语言论集》第一辑,中国人民大学出版社1980年。

胡　适《胡适学术文集(语言文字研究)》,中华书局1993年。

季羡林《浮屠与佛》,《史语所集刊》第二十本,1947年。

　　　《中国人对音译梵字的解释》,《世经日报·读书周刊》第七十一期,1947年。

　　　《吐火罗语的发现与考释及其在中印文化交流中的作用》,《语言研究》第一辑,1956年。

　　　《论梵文 ṭ、ḍ 的音译》,《中印文化关系史论丛》,北京人民出版社1957年。

李范文《宋代西北方音》,中国社会科学出版社1994年。

李维琦《从〈大唐西域记〉汉译梵音看作者的语音》,《古汉语研究》1988年1期。

林语堂《语言学论丛》,上海书店1989年影印开明书店1933年本。
刘广和《梵汉对音》,《中国大百科全书·语言文字卷》。
　　《唐代八世纪长安音的韵系和声调》,《河北大学学报》1991年3期。
　　《音韵比较研究》,中国广播电视出版社2002年。
龙果夫《八思巴字与古汉语》,科学出版社1959年。
鲁国尧《明代官话及其基础方言问题》,《南京大学学报》1985年第4期。
陆志韦《古音说略》,《陆志韦语言学著作集》(一),中华书局1985年。
　　《金尼阁〈西儒耳目资〉所记的音》,《陆志韦近代汉语音韵论集》,商务印书馆1988年。
罗常培《耶稣会士在音韵学上的贡献》,《史语所集刊》第一本第三分,1930年。
　　《唐五代西北方音》,《历史语言研究所单刊甲种之十二》,1933年。
　　《知彻澄娘音值考》,《罗常培语言学论文选集》,科学出版社1963年。
　　《梵文颚音五母之藏汉对音研究》,同上。
罗常培、蔡美彪《八思巴字与元代汉语》,科学出版社1959年。
梅祖麟《中古汉语的声调与上声的起源》,黄宣范译,《中国语言学论集》,台湾幼狮文化事业公司1977年。
聂鸿音《慧琳译音研究》,《中央民族学院学报》1985年第1期。
平田昌司《略论唐以前的佛经对音》,《26届国际汉藏语言及语言学大会论文集》,1994,大阪。
桥本万太郎《〈掌中珠〉番汉对音研究方法》,《中国语学》第109期,1961年。
施向东《玄奘译著中的梵汉对音和唐初中原方音》,《语言研究》1983年第1期。
谭世宝《汉译悉昙文字的一些问题研究》,《中国文化》第13期。
　　《略论佛典中的对音详略增减问题》,《敦煌文学论集》,四川人民出版社1997年。

汪荣宝《歌戈鱼虞模古读考》,《国学季刊》第一卷第二期,1923年。

王　力《汉语音韵学》,中华书局1981年。

魏建功《古音学上的大辩论》,《北京大学研究所国学门月刊》第一卷第一期,1926年。

吴葆棠《〈老乞大谚解〉中古入声字的分派研究》,《纪念王力先生九十诞辰文集》,山东教育出版社1992年。

辛岛静志《汉译佛典的语言研究》,日本花圆大学禅文化研究所《俗语研究》第4期,1997年。

徐通锵《历史语言学》,商务印书馆1991年。

徐通锵、叶蜚声《译音对勘与汉语的音韵研究》,《北京大学学报》1980年第3期。

徐　震《歌戈鱼虞模古读考质疑》,《华国月刊》第一卷第六期,1924年。

杨福绵《罗明坚、利玛窦〈葡汉词典〉所记录的明代官话》,《中国语言学报》第5期,商务印书馆1995年。

俞　敏《俞敏语言学论文集》,商务印书馆1999年。

尉迟治平《周隋长安方音初探》,《语言研究》1982年第1期。

《周隋长安方音再探》,《语言研究》1984年第2期。

曾晓渝《试论〈西儒耳目资〉的语音基础及明代官话的标准音》,《西南师大学报》1991年第1期。

张清常《唐五代西北方音的一项参考材料》,《内蒙古大学学报》1963年第2期。

张卫东《论〈西儒耳目资〉的记音性质》,《纪念王力先生九十诞辰文集》,山东教育出版社1992年。

章炳麟《与汪旭初论阿字长短音书》,《华国月刊》第一卷第五期,1924年。

周法高《说平仄》,《史语所集刊》第十三卷,1948年。

《梵文t、d的对音》,《史语所集刊》第十四卷,1949年。

朱庆之《佛典与汉语音韵研究》,《汉语史研究集刊》第2辑,巴蜀书社2000年。

第十章 研究汉语音韵史的几条通例

一、传统方法和现代方法相结合

从学术史分期的意义上把汉语音韵学区分为传统音韵学和现代音韵学,有着客观上的合理性。但对于"传统"与"现代"之间的关系持何种看法,则是因人而异:在一部分人看来两者有着天壤之别,甚至截然对立势同水火;在另一部分人看来,两者的联系贯通要大于其间的差异。笔者持后一种意见,认为传统音韵学和现代音韵学是一脉相承的关系而不是对立的关系,是同一事物的不同发育阶段。20世纪的现代音韵学是从19世纪以前的传统音韵学发展而来的,只不过有过一次飞跃式的发育过程,在它的骨肉躯壳内注入了西方历史语言学的新鲜血液,经受了新的社会背景和学术环境的深刻熏染,因而内在性质和外部面貌都有显著变化。换一种说法,可以认为现代音韵学是"传统"和"西方"两股势力融合成的一个新的统一体,它继承、包容了传统音韵学的主要精华,而不是舍弃、推翻了传统的东西。把现代音韵学跟传统音韵学割裂开,甚至对立起来,是不合乎事实的。

因为对音韵学中的"传统"与"现代"两者关系的看法不同,对待研究方法也就有了不同的态度。有的学者厚此薄彼,标榜"现代"而贬低传统,似乎讲传统就是"落后"的,把传统说成一钱不值才显示自己够新潮,于是把20世纪汉语音韵学的成就完全说成或者大部分说成是新的理论方法的成就。但是我们实事求是地回顾一下这个世纪的汉语音韵学研究,就应该承认,大多数的研究工作是把传统方法和现代方法结合起来,相互配合,相互补充,因而才能够有出色的成绩。

根据我们的理解,在音韵学里关于传统研究方法和现代研究方法

第十章　研究汉语音韵史的几条通例

的区分应该是跟汉语音韵学史的分期对应的,那么,19世纪以前产生于中国本土的研究方法就算作传统的方法,进入20世纪以后从西方引进的研究方法和中国学者创造的研究方法都算作现代的方法。本书所列的九个题目中,"韵脚字归纳法""反切系联法和音注类比法""谐声推演法""异文通假声训集证法"属于传统方法,"历史比较法""内部拟测法""译音对勘法"属于现代方法,"审音法""统计法"中半是传统方法、半是现代方法。传统方法和现代方法之间不存在对立,而是互相补充、各有优劣。传统方法的作用在于以历代文献和文字为依据考求音类和音系,审音法和统计法的作用也主要在于考求音类。历史比较法、内部拟测法、译音对勘法的作用在于拟测音值,兼能考求音类。传统方法的优点是有文献资料作为可靠的根据,弱点在于只能用汉字表示音类而不能显示确定的音值,因为汉字不是表音文字,每个字可以因时因地而有不同的读音,即不跟特定的读音有固定的联系;历史比较法等现代方法正好弥补这一缺陷。现代方法以能够拟测古音的音值见长,但在考求音类方面远不如传统方法来得可靠。历史比较法和内部拟测法还有本身固有的局限性。如拟音的时代不十分明确,拟出的一个"古音"究竟存在于哪一个时期,常常说不准,若有文献考据来帮助"定位"就好多了;再如所依据的现代语言材料既有古音的残迹,也有新生现象,若把新生现象当作了古音的残迹,拟测工作就南辕北辙。译音对勘法的缺陷是由于语言音系的差异、源语言和借入语言各自的方音因素、历时变化掩盖古代本相等原因,而导致相当数量的不能肯定的读音,拼音文字的标音并不都能真切地代表汉语的古音,这一缺陷可以用历史比较法予以弥补。传统方法和现代方法各有其优势和弱势,把两类方法结合起来,就可以实现优势互补,提高研究水平。片面注重某一类方法,会降低研究水平,不能获得应有的成果。

　　纵观20世纪的汉语音韵学领域,凡属比较重大的成绩,其研究过程都是把传统方法和现代方法结合起来运用的。那些取得显著成就的可以称得上名家的学者,从来没有轻视更没有抹杀传统方法的作用。高本汉构拟《切韵》音系,首先是凭借《广韵》一系的反切上下字整理所谓的"真声母"和"真韵母",也就是说,他把陈澧发明的反切系联法作为了"重建"中古音系的第一级台阶;又把等韵图的开合、四等、十六摄作为区别韵头、韵腹、韵尾的根据;在这个基础上才进行历史比较法的拟测,即以 33 种汉语方音和域外汉字音为根据的音值构拟。把高本汉的成绩简单地看作历史比较法的成果是不合乎事实的。假如没有文献音类的考据而单纯地使用历史比较法,很难想象高本汉会达到这样高度的研究成绩,他也未必在中国现代语言学史上会占有如此显赫的一席之地。反观另一方面,单纯地运用历史比较法进行研究而导致失败者则不乏其例。罗杰瑞拟测"原始闽语"的失败,是一个明显例证。

汪荣宝以梵汉对音论定中古音的歌戈韵字读 a,是译音对勘法的一大成功。但是汪氏上推魏晋以前鱼虞模韵字也读 a,则是得失参半。他的失败之处在于没有说清楚鱼虞模韵跟歌戈韵在那时有什么区别,给人的印象就是他把两系列的读音都混同为一样的 a,不存在什么差别。所以林语堂等人对他提出了批评。汪氏之所以考虑不周,原因可能是他对上古诗韵未予注意,不理会从先秦到南北朝韵部的分合,一味地强调了译经中所反映的字音,而忽略了汉语文献考据的成果。如果了解到歌戈韵跟鱼虞模韵自先秦至南北朝一直是畛域分明,就应该有更周密的深入考察,看出两系的分别,不至于造成那么大的漏洞给别人讥弹。实际上,当对音所反映的音类分合与其他汉文典籍所反映的音类分合不一致的时候,就需要追究分歧产生的原因,不能把对音当作唯一的依据。

汉语音韵学中的内部拟测法,也同样要以传统方法作为依托才得以施展。内部拟测法主要用在上古音的构拟,这种构拟把《切韵》音系作为基础,但是上古音系的框架却不是仅仅从《切韵》音系的内部分析得出,而要依靠诗韵、谐声字等上古时期文字文献材料的考证。到目前为止,上古音的构拟还远谈不上成熟,多家的拟音体系共存,而且相互之间差别很大。不过,自从高本汉以来,多数研究者的路子还是一致的,即拟测韵母要以清代以来的分部成果为框架,拟测声母则把谐声字当作重要线索。将来上古拟音问题的根本解决,还离不开传统的韵部归纳和谐声字系联等方法所奠定的基础。

第十章　研究汉语音韵史的几条通例

整个20世纪的音韵学史都表明一个道理：在所谓"现代"音韵里边，传统的研究方法决不是可有可无，而是起着不可或缺的重要作用。那种把"现代"与"传统"对立起来的观念，以为提倡现代音韵学就要否定传统精神、抛弃传统方法的想法，是片面、狭隘、错误的。在高本汉成功地构拟了《切韵》音系之后，就有人以为从此以后就可以把传统的音韵学扔进扬子江了，如胡适说高氏"他几年的成绩便可以推倒顾炎武以来三百年的中国学者的纸上工夫"，并且鼓励青年"一拳打倒顾亭林，两脚踢翻钱竹汀"[①]，这是带有鲜明的"五四"色彩的过激言论，既不合乎当时的实情，也没有成为后来的现实。后来的历史进程表明，顾亭林没有被打倒，钱竹汀也没有被踢翻；他们的结论可以被修正，他们的方法却一直被继承。到20世纪末，又有人说："自高本汉以后，汉语音韵学在研究方法上有了根本的改变，最重要的改变是从乾嘉学派的面向文献，改为面向活的语言。不仅其研究是以复原有声语言为目标，而且其研究方法也是通过活的方言和亲属语言的历史比较来进行构拟工作。"[②]这更是一种带有很大片面性的评价，完全不符合这门学科的实际情况。实际情况是，高本汉以后的中国音韵学在研究方法上是大大地丰富了，增加了一些重要的方法，既重视文献考证，也重视活语言的比较，但不是从面向文献"改为"面向活语言，因而也不能算是"根本的改变"。把历史比较法说成是现代音韵学的唯一的（或基本的）研究方法，若不是出于偏见而曲解事实，就是对现实情况的了解还有欠缺。

至于说"以复原有声语言为目标"，则是一种过度理想化的目标，实际上是做不到的。语言现象和语言的发展都十分复杂，有很多古语现象是无法知道其真实原貌的，比较法的拟测只能得出一个大致的系统，不可能达到"复原"古音的程度。"复原原始语"曾经是早期历史比较语言学的追求目标，但是这样的主张早已经被后来的语言学家放弃并进行了批评。如法国历史语言学家梅耶说过："构拟只能给我们一个不完备的，而且毫无疑问是极不完备的关于'共同语'的概念。""比

[①]《治学的方法与材料》，《胡适文存》第3集，黄山出版社1996年，102页。
[②] 潘悟云《汉语历史音韵学·自序》，上海教育出版社2000年，1页。

较方法只能得出一种相近的系统,可以作为建立一个语系的历史的基础,而不能得出一种真正的语言和它所包含的一切表达方式。"[1]美国结构主义语言学家布龙费尔德的说:"比较法在原则上并不能告诉我们关于构拟形式的音响性质,只是指出构拟形式中一再出现的单位是哪些音位。"[2]"比较法只能带领我们走很有限的一段路程。"[3]中国的历史语言学专家岑麒祥说:"重建的形式其实只是一种符号,人们利用这些符号来简单地表明各有关语言间的语音的对应。我们不可能想象它可以代表任何原始共同语的发音的真实情况。"[4]语言学界对于历史比较法的局限性已经有足够清醒的认识,没有必要再来过度抬高它在汉语音韵学中的作用。

二、文献材料与活语言材料相结合

在汉语音韵学中,研究材料和研究方法是互为表里的,一种方法往往是针对着特定的某一方面的材料而发明,因此这个题目和上一个题目紧密相关。自从引进了历史比较法以后,活的语言材料就跟文献语言材料一起成为汉语音韵学研究的主要对象,重要的研究都要把两类材料同时并举,相辅相成。文献材料与活语言材料相结合,也是20世纪音韵学研究上的一个通例。

传统的方法主要是从文献语言材料中考证古音,历史比较法则用活语言材料推断古音。中国古代的音韵学家也有人能够认识到方言与古音有关系(如江永、钱大昕),但是他们既没有完备的以今音推古音的手段,也没有这样做的意识。历代都有致力于研究当时的活语言即"时音"的学者,不去研究古音而是整理现实的音系,他们与"考古"的音韵学者的研究方向上不同,但有共同的局限性,就是不能够清晰地认识到今音与古音的关系,更不懂得"以今音推古音"的原理和方

---

[1] 《历史语言学中的比较方法》,世界图书出版公司2008年,15页、16—17页。
[2] 《语言论》,商务印书馆1980年,389页。
[3] 同上,393页。
[4] 《语言学史概要》,北京大学出版社1988年,138页。

法。把活语言作为拟测古音的重要依据,是历史比较法带给汉语音韵学的重大转折,也是"现代音韵学"的主要特征之一。有了历史比较法,清代大儒为之困惑为之慨叹的音值拟测问题得到解决,这方法的重要性无可怀疑。

但是,把一种方法的作用评价过头则会走向谬误。新鲜事物登上了历史舞台,又获得成功,很容易受到超乎实际的过分推崇,汉语音韵学中的历史比较法也曾有这样的机运。有一部分人,过分看重了历史比较法的作用,以为有了历史比较法,其他方法都无足轻重,以为研究汉语音韵史就应该主要依据活语言,文献语言的研究可有可无,甚至应该取消文献语言的研究。这都是不正确的观念。

在20世纪的一段时间里,曾有西方学者宣称,他们要抛开所有的汉语文献,完全凭借现代的方言建立汉语音韵史,理由是文献材料并不能真实地反映古代的语言,只有对现代方言进行历史比较才是研究汉语音韵的最佳方法。这些人还有过"某某学派"的称呼。中国大陆实行改革开放以后,也有人对这种主张持赞赏态度。然而,从汉语音韵学研究的实际条件来说,这些人所提出的并不是最佳的研究路子。

研究汉语音韵史,重视现代方言和亲属语言是应该的,但是以为单独依靠现代方言和亲属语言就可以进行历代古音的研究,却是十分片面的。活语言的比较研究有它不可克服的局限性,许多重要问题不能从历史比较得到解决。有的古汉语语音特征,也许在所有方言中都已泯灭,活语言中不存在任何痕迹;古汉语本来没有的语音特征,也许由于平行的发展而出现在不同的方言中;现代方言中哪些现象是古音的痕迹、哪些现象是后来发生的,有时也不是很容易区别。历史比较法是在把语言的变化设想为自足的、没有外部因素干扰的连续性变化的理论前提下进行研究的,而实际上方言之间或语言之间在历史上有相互之问的影响和渗透,并不是如历史比较法所假想的那样简单。此外,即使方言比较能够发现的古音变化,也不能确定一个现象的存在时间、变化的发生时间。因此,活语言的比较研究并不能建立语言的全部发展历史,也不能准确地给发展史上的各种细节甚至大的事件定位。

如果研究对象是一种没有历史文献的语言，就只能凭借活语言来研究它的历史了，而那也是有几分不得已。但是在有文献可以利用，尤其是像汉语这样有极其丰富的文献材料可以利用的情况下，偏偏还要舍弃文献而独尊活语言，则是近乎偏执的行为。

汉语音韵学是一门历史学科，这一性质注定了它应该重视历史文献。不仅音韵学，任何属于中国历史学术的学科也都在很大程度上依赖于文献。文献材料包含着古人所记录下来的事件和事实，那些事件和事实，我们现代人既未眼见又未耳闻，古人则是见之于目、闻之于耳而书之于笔。对于研究音韵史来说，古代的文献所包含的大量语音材料是直接证据，现代活语言里所存在的还仅仅是间接证据，而今人的"拟测"仅仅是推理。到底应该重视直接证据，还是应该重视间接证据，答案是显而易见的。文献里的音韵材料虽然因用汉字记录而不能反映音值，但是它们提供了多种共时性的音系框架，而且很多音系框架的时代比较确定，可以从中了解种种音变的发生时间。这正是上面所谈到的靠活语言无法解决的问题。

简单地断言汉语的音韵文献"不可靠"，这是错觉或者曲解。我们当然知道，古代的音韵学文献复杂多样，有其难于董理之处；我们同时也知道，古代音韵文献主要反映通语，不能全面反映汉语方言的复杂性。但是这不能改变对音韵文献总体上的评价，即复杂多样的历史文献中包含着极为丰富的历史语言事实。诗歌韵文的押韵要以韵母为条件，反映不同时期的韵部；谐声的条件是声符跟谐声字的读音相同或相近，为上古声母和韵母的研究提供了线索；译音用字讲究尽量的对音准确，也是一大宗音韵文献。作为音韵学专著的韵书和等韵图，其中有的音系不是一时一地之音的实录，而有折衷古今、调和南北的因素，这从今人的眼光看来不免算是消极因素，但从另一面看，综合音系的素材也是从现实的语言（或者更古时代的实际语言）中汲取而来的，有真实的基础而不是向壁虚造，仍然具有研究的价值；何况还有很多韵书韵图的音系基本上是现实音系的实录！林林总总的音韵学文献，是研究汉语古音的主要依据，这是不可抹杀的。20世纪汉语音韵学的实践过程就是将两类材料相结合的研究过程，主要的成就几乎离

第十章　研究汉语音韵史的几条通例

不开文献材料的考证。在上古音的研究中,先秦韵母的拟测是以《诗经》和其他诗歌韵文的分部为基础的;声母的"重建"至今尚在摸索之中,已有的主要成绩是以异文通假字和谐声字等为线索的。两汉的音系有汉赋、民歌的考索,出土文献通假字的整理,梵汉对音的勘比。中古音的研究有《切韵》音系以及其他韵书、等韵图、音注等,魏晋以后诗歌韵文和梵汉对音也是文献的大宗。宋辽金时代音韵研究的特色部分是词韵韵部和等韵图音系。对元代《中原音韵》的研究可谓蔚为大观。元明清的各类外文注音文献之多,已吸引国内外的同行投入极大的热情与精力。毫无疑问,重视文献的作用是这个世纪音韵学研究的主流学者的共同点。

　　总之,无论从理论的要求来看还是从一个世纪的实践过程来看,进行汉语音韵史的研究都要把文献材料跟活语言材料结合起来,把梳理语音系统跟构拟音值结合起来。这个说法可能跟有些人的观点相左,如潘悟云就认为"自高本汉以后","其研究方法也是通过活的方言和亲属语言的历史比较来进行构拟工作"(参看上一节的引文)。事实究竟如何？我们先看高本汉本人是怎样说的。高氏并不认为自己的成功完全取决于历史比较法,他认为他的好运气在于从文献材料中找到了很好的依据:"十分幸运的是,由于综合研究了大量内容极不相同的资料,如韵书、外语转写、朝鲜和日本的汉语借词以及互不相同的现代方言等等,我们把汉语发展的一个阶段弄清楚了:隋和唐初(公元6世纪到7世纪初)首都长安的方言"。"我们也十分幸运地得到了汉语发展另一阶段中两种内容全然不同的材料,即《诗经》韵脚和假借字(两者均依据上古音在隋代的发展形式加以研究),这些材料基本上跟同一时代的语言有联系,所以我们能够把代表上古汉语的周初首都语音的主要特征构拟出来。"[①]由此可见,高本汉不仅在实践中使用了文献材料,而且他在观念上也丝毫没有轻视文献材料的意思。高本汉如此,其他音韵学大家也是如此。

　　作为中国的语言学者,在古音研究中充分发挥文献材料的重要作

[①] 《汉文典·导言》,潘悟云等编译,上海辞书出版社1997年,3页。

用,也是一种责任。中国几千年历史中积累的丰富文献,是中国人民的一笔宝贵财富。许多治汉学的西方人士对这笔财富不是那么熟悉,在运用这类材料时,难于得心应手,他们因此而舍弃了这条道路,专门搞活语言的研究,这是他们善于扬长避短的一种聪明作法。但是要因此而贬低文献材料的作用、否定文献材料的研究,却是不公道的。在这方面,中国学者有自己的独立意识,别人不能做到的,中国人未必就不可以做,而且很有必要去做。20世纪我们曾经有一段封闭时期,缺少跟外界的交流,对国外的研究状况了解甚少,因此而在开放之后的一段时间里对他人的东西都感到新奇,在吸收别国的优秀研究成果的同时,难免也有良莠不辨的时候。特别是在"国际化"成为一个时髦名词的时候,有人更可能滋生一些过度看重"洋货"的意念,不论何种事物,都把"舶来品"置于"国货"之上,以为在音韵学研究中用外国的理论、方法取代中国的理论、方法就叫"国际化"、"与国际接轨"。这样的观念是脱离实际的。把这样的想法付诸实施,结果将是"邯郸学步",他人的长处没有学到,反而把自己的长处也丢掉了。中国人研究汉语史,懂得发扬自己的长处,坚持自己的优良传统,不会轻易放弃对文献材料的利用。鲁国尧曾经撰文讨论"历史文献考证法与历史比较法的结合"的问题,他主张:"研究汉语史的最佳方法,或者最佳方法之一,是'历史文献考证法'与'历史比较法'的结合。"[①]并说:"我们中国研究汉语史的学人应该扬己之长,理直气壮地将历史文献考证法列入,而且要置于首位。要研究汉语几千年的历史,如此辉煌、如此丰富的文献,如果我们不高度重视,不充分利用,就难免遭数典忘祖之讥。"[②]这种结合是20世纪音韵学的成功之路,也将是今后一个时期内本学科的进步发展之路。

[①] 《论历史文献考证法与历史比较法的结合》,《鲁国尧语言学文集》,上海古籍出版社2013年,136页。

[②] 同上,137页。

三、内部分析和外部考察相结合

这里所谈的主要是研究韵书、等韵图时的必要手续。

韵书和等韵图是中古以后音韵学文献的大宗。对这类著作的研究往往涉及一些复杂的问题,因此在研究时既需要从内部进行分析,也需要从外部进行考察,也就是所谓"多角度、全方位"的研究。

内部分析的内容包括音系的构成和同一书里各部分之间的互相发明。

音系的构成就是一部韵书或等韵图内各个音类的构成,即每个声类、韵类、调类各包含哪些字。分析音系构成的通用手段是把《切韵》音系作为参照系,看每个声类包含了《切韵》哪些声类的字,每个韵类包含了《切韵》哪些韵类的字,每个调类包含了《切韵》哪些调类的字。音类的构成反映了一个音系的性质和时空特征。

韵书的主体是分类编排韵字的"韵谱",等韵图的主体部分是对汉字进行分类的表格。除了这些以外,一般的韵书和韵图还有其他部分,如序跋、凡例;有的还附录更多的文字内容,如刘鉴《切韵指南》所附录的《经史动静字音》,《中原音韵》里的《正语作词起例》;有的作者则是把韵图跟其他论著合并在一部书里,韵图还算不上是全书的主体,如宋代邵雍的《皇极经世书》、清代李汝珍的《李氏音鉴》。在所有这些著作里,韵谱和韵图是现代音韵学者的主要关注对象,但其他内容也需要被纳入视野之内。各附属部分可能包含了作者的撰述目的和作者的学术观点,以及某些背景资料,有的还提供了韵谱、韵图之外的语音内容。这些附属内容,可以跟韵谱、韵图互相发明互相补充,起到重要的作用。这套研究方法也是音韵学者惯用的而且是很有效的,显著的例子是借助于《正语作词起例》来研究《中原音韵》的音系。宁继福就是根据《中原音韵》的研究而取了"内部分析法"这个名称。其他的内部分析的例子还可以举出许多。比如宋代邵雍的《皇极经世书》,里边的《观物外篇》包含了一套用来解释世界的生成规律和演化规律的唯心主义的"先天象数学"体系,书中的韵图——《声音唱和图》——是为了证明这套独特体系而设计的,其声类和韵类的数目都要跟象数学的范畴一致,所以声类韵类中不仅有虚位,还有同音而异类的重复现象。如果不了解《观物篇》的象数学体系,就不可能正确地分析《唱和图》的音系。

至于外部考察,涉及的方面就更广泛,凡是跟韵书韵图有关的因素都可以列入考察范围。主要方面是学科史背景的考察和社会文化背景的考。

学科史背景的考察主要是分析韵书、韵图与前代韵学著作之间的传承因革的关系。我们所能看到的传世韵书和韵图,无论是所谓"革新"性质的还是所谓"保守"性质的,都在不同程度上参考了前代的著作,在内容或形式上有沿袭前代著作的成分。即使是元代北曲韵书之类最富于革新精神的韵书,从它的外在形式也依稀地看到一些《广韵》的影子,即它的韵目次第仍然跟《广韵》《礼部韵略》大体上保持一致。它的革新性则体现在对旧韵的大规模合并,而且是合中有分,不是机械地合并。针对上述情况,当研究一部韵书或韵图时,就需要把这个研究对象跟历代的韵书和等韵图作对比,搞清楚它跟前代的哪一种韵书、韵图有比较密切的关系,辨析它与历代韵书韵图的异同,看出它在哪些方面是承袭前代著作,哪些方面是作者的独创。这种关系弄清楚了,可以对若干问题做出正确的解释,对音系的定性和定位就更有把握。例如我们通过比较,知道兰茂的《韵略易通》在《中原音韵》和《洪武正韵》之间做了折中,它的编排形式有依从《洪武正韵》的地方,那么,书中入声字分配在阳声韵部,明显是承袭了《洪武正韵》,而不是那时的"官话"普遍地存在 -p、-t、-k 三种韵尾。再例如,我们通过对比知道徐孝的《重订司马温公等韵图经》的韵图格式沿袭了刘鉴的《切韵指南》,《图经》在齿音部分把正齿音和齿头音合并在一格,以齿头音为"上等"和"下等",以正齿音为"中等",其用意在于跟《切韵指南》保持形式上的一致;那么,我们就不会被表面的形式所迷惑,不至于认为在"上等"(开口和合口)和"下等"(齐齿和撮口)之外还有其他类型的介音。当然,我们作出这样的判断时实际上还跟其他相关著作所反映的同时代的音系作了比较。总之,韵书因革关系的考察是研究中的重要一环。

为了更全面地研究韵书和韵图的音系,还应该对社会文化背景进行考察。这样做的目的在于了解音韵学者的学术理念受了哪些社会文化因素的影响,韵书韵图的作者以什么样的态度对待当时的语言事实和古今的语言材料,带着什么样的目的和以什么样的方式去建立他的语音体系。

以哲学观念的分析为例,古代人的哲学观念跟音韵学是有关系的。古代音韵学者中曾经广泛地存在一种理念,以为语音的结构中包含着天地之间某种根本性的和普遍性的规则。这种理念的根源就是天人合一的世界观,"天人合一"的内涵之一是认为世间万物都有共同的起源并具有相同的构成规律,如太极、两仪、四象、八卦之类,以及木火土金水五行之气禀赋于万物等。持这种世界观的音韵学者用这种眼光看待语音,就把音类的分合跟种种理论上的哲学法则挂上了钩,数目为四的音类就附会于四象,数目为五的音类就附会于五行,数目为十二的音类就附会于十二律,如此等等。在这一理念的支配下,编写韵书、韵图时就可能对实际语言的面貌进行"加工",修改某些音类的实际数目,以合乎哲学观念。如清初樊腾凤的《五方元音》把实际的十九个声母改为二十个,把零声母一分为二,就是要配合"四五二十、天地之数"的规律。注意到这些意识形态方面的时代特征,对于"透视"著作里的音系是十分必要的。

儒家的"中和"思想也长期地在"正音"问题上起着重要作用。自古以来汉语就有方言分歧,在广阔的国土上推行一种统一的标准音是很难的,正如明代陆容《菽园杂记》所说:"书之同文,有天下者力能同之;文之同音,虽圣人在天子之位,势亦有所不能也。"而要把某一个方言定为唯一的正音也会遇到很大阻力。因此以北方话为基础方言的"通语"的标准就有一定的模糊性,口语交际时容许"各挟土风"。而理论上的"正音"则以折中性为原则,以便尽可能使它代表的"面"要大、可接受性较强、遇到的抵制和阻力要小。《洪武正韵》"凡例"讲到:"五土声气各有所偏……必五方之人皆能通解者,斯为正音。"这是同类思想中有代表性的论述,这类论述明确体现"中和"的精神,即以持中、不偏颇的态度确立标准,尽量照顾比较多的方言人群,而不让人看作站在某一方言立场,避免可能发生的抵触。正是在这一思想的主导下,很多韵书和韵图的音系都包含着折中的意味,这是我们理解古代韵学专书的要点之一。

"内外结合"的分析,是研究韵书和韵图的必要途径。以往的学者在这方面有不少成功的范例,今后的研究仍离不开这条途径。

主要参考文献:

布龙菲尔德《语言论》,袁家骅等译,商务印书馆1980年。

岑麒祥《语言学史概要》,北京大学出版社1988年。

高本汉《汉文典》,潘悟云等编译,上海辞书出版社1997年。

胡　适《治学的方法与材料》,《胡适文存》第3集,黄山出版社1996年。

鲁国尧《鲁国尧语言学文集》,上海古籍出版社2013年。

梅　耶《历史语言学中的比较方法》,岑麒祥译,世界图书出版公司2008年。

潘悟云《汉语历史音韵学》,上海教育出版社2000年。

北京大学出版社语言学教材总目

博雅21世纪汉语言专业规划教材：专业基础教材系列

语言学纲要（修订版）　叶蜚声、徐通锵著，王洪君、李娟修订
语言学纲要（修订版）学习指导书　王洪君等编著
现代汉语（第二版）（上）　黄伯荣、李炜主编
现代汉语（第二版）（下）　黄伯荣、李炜主编
现代汉语学习参考　黄伯荣、李炜主编
古代汉语　邵永海主编（即出）
古代汉语阅读文选　邵永海主编（即出）
古代汉语常识　邵永海主编（即出）

博雅21世纪汉语言专业规划教材：专业方向基础教材系列

语音学教程（增订版）　林焘、王理嘉著，王韫佳、王理嘉增订
实验语音学基础教程　孔江平编著
现代汉语词汇学教程　周荐编著
简明实用汉语语法教程（第二版）　马真著
当代语法学教程　熊仲儒著
修辞学教程（修订版）　陈汝东著
汉语方言学基础教程　李小凡、项梦冰编著
语义学教程　叶文曦编著
新编语义学概要（修订版）　伍谦光编著
语用学教程（第二版）　索振羽编著
语言类型学教程　陆丙甫、金立鑫主编
汉语篇章语法教程　方梅编著（即出）

汉语韵律语法教程　冯胜利、王丽娟著（即出）

新编社会语言学概论　祝畹瑾主编

计算语言学教程　詹卫东编著（即出）

音韵学教程（第五版）　唐作藩著

音韵学教程学习指导书　唐作藩、邱克威编著

训诂学教程（第三版）　许威汉著

校勘学教程　管锡华著

文字学教程　喻遂生著

汉字学教程　罗卫东编著（即出）

文化语言学教程　戴昭铭著（即出）

历史句法学教程　董秀芳著（即出）

博雅21世纪汉语言专业规划教材：专题研究教材系列

实验语音学概要（增订版）　鲍怀翘、林茂灿主编

现代汉语词汇（第二版）　符淮青著（即出）

现代汉语语法研究教程（第四版）　陆俭明著

汉语语法专题研究（增订版）　邵敬敏等著

现代实用汉语修辞（修订版）　李庆荣编著

新编语用学概论　何自然、冉永平编著

外国语言学简史　李娟编著（即出）

近代汉语研究概要　蒋绍愚著

汉语白话史　徐时仪著

说文解字通论　黄天树著

甲骨文选读　喻遂生编著（即出）

商周金文选读　喻遂生编著（即出）

汉语语音史教程（第二版）　唐作藩著（即出）

音韵学讲义　丁邦新著

音韵学答问　丁邦新著
音韵学研究方法导论　耿振生著

博雅西方语言学教材名著系列
语言引论(第八版中译本)　弗罗姆·金等著,王大惟等译(即出)
语音学教程(第七版中译本)　彼得·赖福吉等著,张维佳译(即出)
语音学教程(第七版影印本)　彼得·赖福吉等著
方言学教程(第二版中译本)　J. K. 钱伯斯等著,吴可颖译
构式语法教程(影印本)　马丁·休伯特著(即出)
构式语法教程(中译本)　马丁·休伯特著,张国华译(即出)